Student Activities Manual

Cuaderno de actividades y manual de laboratorio

to accompany

¡Dímelo tú!
FOURTH EDITION

Student Activities Manual

Cuaderno de actividades y manual de laboratorio

to accompany

¡Dímelo tú!
FOURTH EDITION

Fabián A. Samaniego
Emeritus, University of California—Davis

Thomas J Blommers
California State University—Bakersfield

Magaly Lagunas-Solar
California State University—Sacramento

Viviane Ritzi-Marouf
Cosumnes River College—Folsom Lake

Francisco Rodríguez
Santa Barbara City College

Harcourt College Publishers

Fort Worth   Philadelphia   San Diego   New York   Orlando   Austin   San Antonio
Toronto   Montreal   London   Sydney   Tokyo

Cover image: Tony Stone Images/Chicago Inc.

ISBN: 0-03-029093-7

Address for Domestic Orders
Harcourt, Inc., 6277 Sea Harbor Drive, Orlando, FL 32887-6777
800-782-4479

Address for International Orders
International Customer Service
Harcourt, Inc., 6277 Sea Harbor Drive, Orlando, FL 32887-6777
407-345-3800
(fax) 407-345-4060
(e-mail) hbintl@harcourt.com

Address for Editorial Correspondence
Harcourt College Publishers, 301 Commerce Street, Suite 3700, Fort Worth, TX 76102

Web Site Address
http://www.harcourtcollege.com

Printed in the United States of America

1 2 3 4 5 6 7 8 9 0   095   9 8 7 6 5 4 3 2 1

Harcourt College Publishers

Contents

MANUAL DE LABORATORIO   281

MANUAL DE LABORATORIO ANSWER KEY   405

Cuaderno de actividades

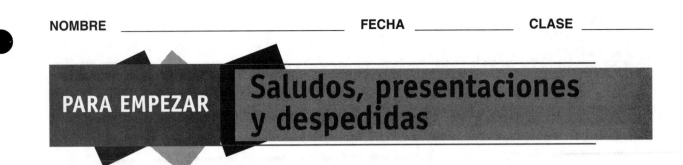

PARA EMPEZAR Saludos, presentaciones y despedidas

P.1 *Tú* and *usted* and titles of address

Addressing people

A. ¿Tú o usted? *Would you address the following people formally or informally? If formally, circle* **usted;** *if informally, circle* **tú.**

1.	el profesor Trujillo	**tú**	**usted**
2.	una amiga, Irene Gutiérrez	**tú**	**usted**
3.	un amigo, Mario Carrillo	**tú**	**usted**
4.	la doctora Montes	**tú**	**usted**
5.	la profesora Ramírez	**tú**	**usted**

B. ¡Hola! *It is the first day of class. You are at the cafeteria and you hear different people greet each other. Indicate which of their greetings are formal and which are informal by circling* formal *or* informal.

1.	¡Hola, Señora García! ¿Cómo está?	**formal**	**informal**
2.	¿Cómo estás, Margarita?	**formal**	**informal**
3.	Hola, Juanito. ¿Qué hay de nuevo?	**formal**	**informal**
4.	Buenas noches, profesor Mena.	**formal**	**informal**
5.	Buenas noches. ¿Cómo se llama usted?	**formal**	**informal**

C. ¿Qué hay? *While you are in the cafeteria, several people greet you. How do you respond?*

1. ¡Hola! ¿Qué tal?

_____

2. ¿Cómo se llama usted?

_____

3. ¿Cómo está usted?

_____

4. Buenos días.

_____

5. Mucho gusto.

_____

6. Hasta mañana.

_____

D. ¿Qué se dice? *What would you say in the following formal and informal situations?*

	Formal	**Informal**
Morning greeting		
Afternoon greeting		
Evening greeting		
Asking how someone is		
Introducing yourself		
Saying good-bye		

E. Te quiero presentar a... *Complete the following dialogues between you, your friend Ramón, and Professor Rivera.*

TÚ: ¡Buenas _____, Ramón! ¿Cómo _____?

RAMÓN: Muy _____, gracias. ¿Y _____?

TÚ: Bien, _____.

While walking together, you meet one of your professors.

TÚ: _____ tardes, profesora.

PROFESORA: _____ _____.

TÚ: Mira, Ramón, te _____ a mi _____ de español.

RAMÓN: Mucho _____, profesora Rivera.

PROFESORA: El _____ es mío, Ramón.

P.2 The Spanish alphabet and pronunciation: Vowels and diphthongs
Spelling and forming vowel sounds

Diferencias. *Answer these questions about the Spanish alphabet.*

1. How many letters does the Spanish alphabet have? How does that compare with the English alphabet?

    _____

2. What letters of the Spanish alphabet are not part of the English alphabet?

    _____

3. What letters were removed from the Spanish alphabet in 1994? What two letters appear only in words borrowed from other languages?

    _____

4. Can you spell your last name in Spanish? Write it out first, then write the Spanish name of each letter.

    _____

5. What are the Spanish vowels? Which are strong vowels and which are weak vowels? What is a diphthong?

    _____

Leamos un poco más

Antes de empezar, dime...

1. Circle the gestures you and your friends use when greeting or saying good-bye.

a. apretón de manos

b. adiós

c. abrazo

d. beso en la mejilla

e. hola

f. gestos

2. In the United States, which of the above gestures would be used by men (**hombres**) and which would be used by women (**mujeres**)? Circle who would use each one. If both would use the gesture, circle both; if none, don't circle any.

a.	apretón de manos	**hombres**	**mujeres**
b.	gesto: adiós	**hombres**	**mujeres**
c.	abrazo	**hombres**	**mujeres**
d.	beso en la mejilla	**hombres**	**mujeres**
e.	gesto: hola	**hombres**	**mujeres**
f.	otros gestos: _____	**hombres**	**mujeres**

3. When would you shake hands or embrace when greeting a person?

_____

4. Would you ever kiss a person on the cheek(s) when greeting them? If so, when?

_____

Lectura

Saludos y despedidas:
El apretón de manos, el abrazo y el beso

El saludo y la despedida son expresiones culturales muy importantes en la sociedad humana. En la sociedad hispana, por ejemplo, el apretón de manos, el abrazo y el beso son características típicas de todos los saludos y despedidas. El apretón de manos es típico entre hombres, entre hombres y mujeres, y entre mujeres. El abrazo también es típico entre hombres, entre hombres y mujeres, y entre mujeres. El beso es más común entre mujeres o entre hombres y mujeres, pero no entre hombres. Es importante reconocer que el beso no es un beso romántico. Al contrario, es un beso en las mejillas. En Hispanoamérica el beso es en una mejilla, pero en España generalmente es en las dos mejillas.

Y ahora, dime...

1. In Hispanic culture, what gestures are used only when greeting? when saying good-bye? Which are used in both greeting and saying good-bye?

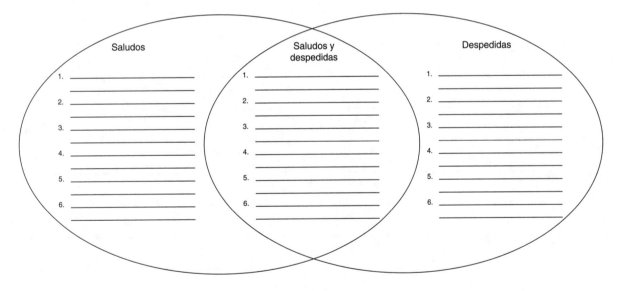

2. In the Spanish-speaking world, which of the groups indicated would use the gestures listed? Circle all that are correct.

a. apretón de manos

hombres/hombres   **hombres/mujeres**   **mujeres/mujeres**

b. gesto: adiós

hombres/hombres   **hombres/mujeres**   **mujeres/mujeres**

c. abrazo

hombres/hombres   **hombres/mujeres**   **mujeres/mujeres**

d. beso en la mejilla

hombres/hombres   **hombres/mujeres**   **mujeres/mujeres**

e. gesto: hola

hombres/hombres   **hombres/mujeres**   **mujeres/mujeres**

Escribamos un poco más

Imagine you are getting ready to compete in a vocabulary contest with other first-year Spanish students. How many different greetings can you write in two minutes? Time yourself.

_____   _____

_____   _____

_____   _____

_____   _____

_____   _____

_____   _____

_____   _____

_____   _____

_____   _____

Now list as many different ways as you can to say good-bye in two minutes. Time yourself.

_____   _____

_____   _____

_____   _____

_____   _____

_____   _____

_____   _____

_____   _____

_____   _____

_____   _____

_____   _____

CAPÍTULO 1 **¡Bienvenidos a la universidad!**

Paso 1

En preparación

1.1 Subject pronouns and the verb *ser:* Singular forms

Clarifying, emphasizing, contrasting, and stating origin

A. ¡Tantos nombres! *You are talking with a classmate who is trying to recall various students and professors on campus. What do you say to help your classmate?*

> **MODELO** ¿José? ¿Amigo de Ricardo?
> **Sí, él es amigo de Ricardo.**

1. ¿Luisa? ¿Amiga de José?

   _____

2. ¿Camila? ¿Presidenta de la asociación de estudiantes?

   _____

3. ¿Tú? ¿Secretario(a) de la asociación?

   _____

4. ¿El señor Peña? ¿Profesor de arte?

   _____

5. ¿Andrés? ¿Compañero de cuarto de Mario?

   _____

B. ¿Quiénes son? *There are many new students on campus this semester and you want to know where they are from. What do your classmates say when you ask them these questions?*

> **MODELO** ¿Es la muchacha de Lima?
> **Sí, ella es de Perú.**

1. ¿Es el estudiante de Tegucigalpa?

   _____

2. ¿Eres tú de Caracas?

_____

3. ¿Es el muchacho de Montevideo?

_____

4. ¿Es la estudiante de San Salvador?

_____

5. ¿Es Elena de Asunción?

_____

6. ¿Es usted de Los Ángeles?

_____

1.2 Gender and number: Articles and nouns

Indicating specific and nonspecific people and things

A. ¿Qué buscas? *You are ready to leave for school but first you have to find everything you will need today. What do you look for?*

> **MODELO**   lápices
> **Busco los lápices.**

1. bolígrafo

_____

2. calculadora

_____

3. mochila

_____

4. libro de español

_____

5. cuadernos

_____

6. diccionario

_____

B. Mi cuarto. *Your Spanish instructor wants to know what things there are in your room that are conducive to studying. What do you say?*

> **MODELO**   escritorio
> **Hay un escritorio.**

1. mochila

   _____

2. cuadernos

   _____

3. libros

   _____

4. silla

   _____

5. bolígrafos

   _____

6. goma

   _____

7. papeles

   _____

8. lápices

   _____

C. La sala de clase. *There are several school supplies in the classroom below. What are they?*

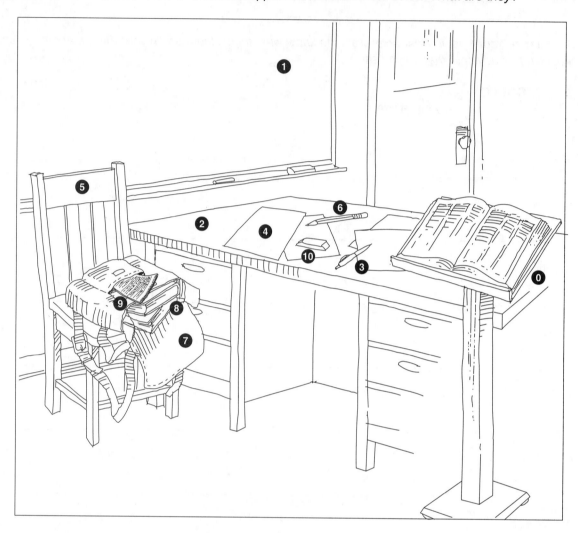

MODELO   **Hay un diccionario en la clase.**

1. Hay _____ _____ en la clase.

2. Hay _____ _____ en la clase.

3. Hay _____ _____ en la clase.

4. Hay _____ _____ en la clase.

5. Hay _____ _____ en la clase.

6. Hay _____ _____ en la clase.

7. Hay _____ _____ en la clase.

8. Hay _____ _____ en la clase.

9. Hay _____ _____ en la clase.

10. Hay _____ _____ en la clase.

1.3 Adjectives: Singular forms

Describing people, places, and things

A. ¡A clarificar! *There are rumors going around about some of your classmates and you decide to put a stop to them. How do you contradict the rumors you hear?*

> **MODELO**   Myrna es muy aburrida, ¿no?
> **No, ella es muy divertida.**

1. Miguel es muy conservador, ¿no?

    _____

2. Ramona es muy perezosa, ¿no?

    _____

3. Tomás es impaciente, ¿no?

    _____

4. Jaime es tonto, ¿no?

    _____

5. Daniel es serio, ¿no?

    _____

B. ¡Personalidades! *What are your classmates like? Describe two male friends and two female friends. Point out at least two personality traits.*

> **MODELO**   Silvia: Silvia es simpática y sociable.

1. _____: _____

    _____

2. _____: _____

    _____

3. _____: _____

    _____

4. _____: _____

    _____

Vocabulario

A. Examen. *Circle the word that does not belong in each series.*

MODELO   libro   papel   (básquetbol)

1. refresco   estudiante   profesor

2. bolígrafo   lápiz   mochila

3. inteligente   goma   popular

4. divertido   pizarra   serio

5. librería   silla   escritorio

B. Materiales escolares. *Make a list of school supplies you can buy at the campus bookstore. Include at least six items.*

1. _____

2. _____

3. _____

4. _____

5. _____

6. _____

C. Marcas famosas. *Find words in the chapter vocabulary that you can associate with the following well-known brand names.*

MODELO   Matemáticas 101, Español 201: **clases**

1. Webster's, Larousse: _____

2. Bic, Paper-Mate: _____

3. *¡Dímelo tú!*: _____

4. Yale, Harvard: _____

5. Casio, Texas Instruments: _____

Escribamos un poco más

¡Yo! *Write a short paragraph describing yourself as you answer the following questions Julio asked you in the ¿**Qué se dice...?** section of this **Paso.***

¿Y tú? ¿Cómo te llamas? ¿De dónde eres? ¿Eres norteamericano(a)? ¿Eres estudiante universitario(a)? ¿De qué universidad? ¿Eres conservador(a) o liberal? ¿paciente o impaciente?

_____

_____

_____

_____

_____

_____

_____

_____

_____

_____

_____

_____

_____

_____

Viajemos por el ciberespacio a... LAS CATARATAS DE IGUAZÚ

If you are a cyberspace surfer, try entering any of the following key words to get to Iguazú Falls:

Iguazú   **Cataratas de Iguazú**   **Cataratas**

Or, better yet, simply go to the *¡Dímelo tú!* Web site using the following address:

http://www.harcourtcollege.com/spanish/dimelotu

There, with a simple click, you can

- look at panoramic photos of the Iguazú Falls.

- find out the length of Iguazú Falls and what countries it borders.

- discover the exact distance between Iguazú Falls and your own house.

- read what others have to say about the falls.

Do at least two of these activities and write and turn in a brief description of what you learned.

Paso 2
En preparación
1.4 Infinitives
Naming activities

A. Responsabilidades. *Do you need to do the following activities this week?*

> **MODELO**   estudiar
> **Sí, necesito estudiar.** [o] **No, no necesito estudiar.**

1. comprar bolígrafos

_____

2. escribir cartas

_____

3. llamar a unos amigos

_____

4. comer

_____

5. leer libros

_____

6. estudiar mucho

_____

B. Actividades favoritas. *What are the favorite activities of the following people? If you don't know, guess.*

1. Mi actividad favorita es _____.

2. La actividad favorita de mi amigo _____ *[name]* es _____.

3. La actividad favorita de mi amiga _____ *[name]* es _____.

4. La actividad favorita de un profesor típico es _____.

5. La actividad favorita de un estudiante típico es _____.

1.5 Subject pronouns and the verb *ser:* Plural forms
Stating origin of several people

A. Estudiantes internacionales. *The president of the International Students' Association is introducing herself and some of the new students. What does she say? Use the correct forms of* **ser** *as you tell what she says.*

César y yo **(1)** _____ de Bolivia. Yo **(2)** _____ de La Paz y él **(3)** _____ de Sucre.

Elena **(4)** _____ de Ecuador. Ella **(5)** _____ estudiante de economía. Felipe y Jorge

(6) _____ de Venezuela. Ellos **(7)** _____ de la capital, Caracas. Todos nosotros

(8) _____ de Latinoamérica. Y ustedes, ¿de dónde **(9)** _____?

B. ¡Preguntas y más preguntas! *What does Memo answer when his little brother asks him these questions?*

> **MODELO**   Niño: ¿Ellos? ¿Amigos? (Sí)
>   Memo: **Sí, ellos son amigos.**

1. Niño: ¿Ellas? ¿Estudiantes de la universidad? (Sí)

   Memo: _____

2. Niño: ¿Ella? ¿Una amiga? (Sí)

   Memo: _____

3. Niño: ¿Ustedes? ¿De Venezuela? (No)

   Memo: _____

4. Niño: ¿Tú? ¿De los Estados Unidos? (Sí)

   Memo: _____

5. Niño: ¿Ellos? ¿Estudiantes también? (Sí)

   Memo: _____

6. Niño: ¿Yo? ¿Tímido? (No)

   Memo: _____

1.6 Gender and number: Adjectives

Describing people

A. Los profesores. *Ana is on the phone with her parents. They want to know all about her new professors. What does she say?*

> **MODELO**   la profesora de sociología / elegante / serio
>   **La profesora de sociología es elegante y seria.**

1. los profesores de historia / inteligente / liberal

   _____

2. las profesoras Carrillo y Álvarez / paciente / divertido

   _____

3. el profesor de física / tímido / serio

   _____

4. la profesora de matemáticas / inteligente / simpático

_____

5. todos los instructores de español / estupendo / popular

_____

B. ¡Opiniones! *You are completing a survey about your own university. Express your opinion about the following.*

> **MODELO**   el profesor de química
> **El profesor de química es inteligente y divertido.**

1. los profesores de español

_____

2. los estudiantes de la universidad

_____

3. el profesor de historia

_____

4. mis amigos

_____

5. la universidad en general

_____

Vocabulario

A. Profesores famosos. *Circle the class that each of these people would be most likely to teach.*

1.	Pablo Picasso:	drama	arte	literatura
2.	Miguel de Cervantes:	economía	literatura	zoología
3.	Antonio Banderas:	cine	música	educación física
4.	Fidel Castro:	biología	física	ciencias políticas
5.	Hernán Cortés:	ingeniería	química	historia
6.	Gabriela Sabatini:	inglés	matemáticas	educación física

B. Similares. *Match the words in these two columns according to their use.*

	A		B
_____	1. bolígrafo	a.	tomar
_____	2. biblioteca	b.	escuchar
_____	3. libro	c.	hablar
_____	4. radio	d.	estudiar
_____	5. televisión	e.	escribir
_____	6. teléfono	f.	mirar
_____	7. café	g.	leer

Escribamos un poco más

El amigo ideal. *Write a list of the characteristics you consider most important in the ideal friend.*

_____

_____

_____

_____

_____

_____

_____

_____

_____

_____

_____

_____

_____

_____

_____

Viajemos por el ciberespacio a... CHICAGO Y MIAMI

If you are a cyberspace surfer, try entering any of the following key words to get to Hispanic newspapers published in the United States:

La Raza   **CNN en español**   *Diario de Las Américas*   *La Nueva Cuba*

Or, better yet, simply go to the *¡Dímelo tú!* Web site using the following address:

http://www.harcourtcollege.com/spanish/dimelotu

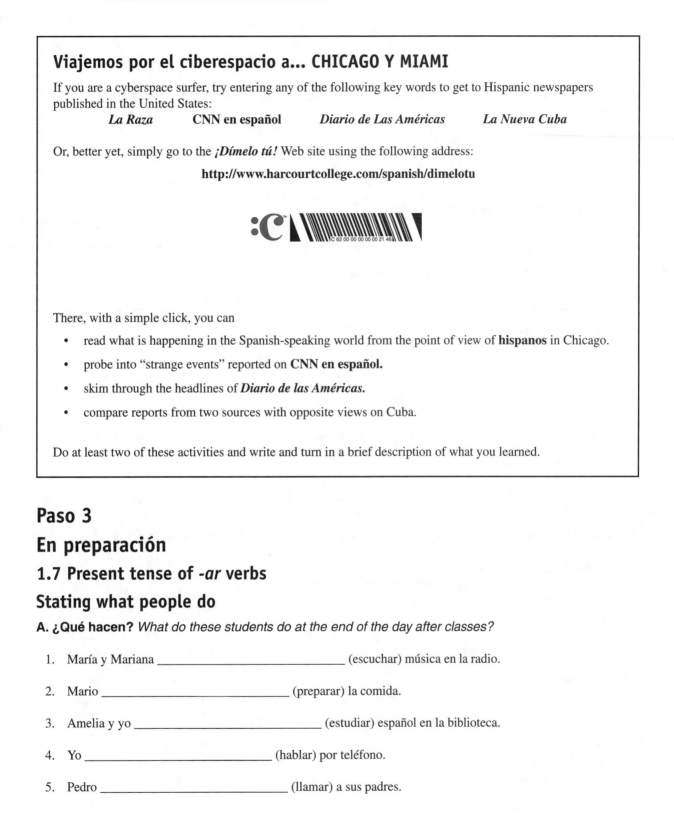

There, with a simple click, you can

- read what is happening in the Spanish-speaking world from the point of view of **hispanos** in Chicago.

- probe into "strange events" reported on **CNN en español.**

- skim through the headlines of *Diario de las Américas.*

- compare reports from two sources with opposite views on Cuba.

Do at least two of these activities and write and turn in a brief description of what you learned.

Paso 3
En preparación
1.7 Present tense of -ar verbs
Stating what people do

A. ¿Qué hacen? *What do these students do at the end of the day after classes?*

1. María y Mariana _____ (escuchar) música en la radio.

2. Mario _____ (preparar) la comida.

3. Amelia y yo _____ (estudiar) español en la biblioteca.

4. Yo _____ (hablar) por teléfono.

5. Pedro _____ (llamar) a sus padres.

6. Juan Miguel y Francisco _____ (mirar) la tele.

7. Víctor y yo _____ (tomar) unos refrescos.

8. Tú _____ (estudiar) mucho.

B. ¡Ay, papá! *Your father calls you to find out how things are at school. Answer his questions in complete sentences.*

1. ¿Practicas español todos los días?

   _____

2. ¿Miran mucha televisión tú y tus amigos?

   _____

3. ¿Escuchan música muy fuerte *(loud)* tú y tus amigos?

   _____

4. ¿Estudias todos los días?

   _____

5. ¿Eres paciente con tus compañeros(as) de cuarto?

   _____

6. ¿Necesitas más dinero?

   _____

C. ¡Somos típicos! *What do you, your friends, and your professors do after classes every day?*

> **MODELO**   mis amigos
> **Mis amigos estudian y escuchan música.**

1. yo

   _____

2. mi amiga *[name]*

   _____

3. los profesores

   _____

4. mis amigos y yo

_____

5. tú

_____

1.8 The verb *ir*

Stating destination and what you are going to do

A. ¿Qué hacemos? *Where are the people listed in the first column going? (Answers in column B may be used more than once.)*

	A		B
_____	1. Yo...	a.	vamos a un restaurante.
_____	2. Gabriel y yo...	b.	va a la biblioteca a estudiar.
_____	3. Mis amigos...	c.	vamos a la clase de español.
_____	4. Tú...	d.	vas a la cafetería.
_____	5. Ustedes...	e.	voy a la universidad.
_____	6. Usted...	f.	van a las canchas para jugar tenis.
_____	7. Luz María...		

B. ¡El fin de semana! *What are these students going to do on the weekend?*

MODELO Rogelio / comer en / restaurante
Rogelio va a comer en el restaurante.

1. mis amigos / comprar libros en / librería

_____

2. yo / estudiar en / biblioteca

_____

3. tú / tomar refrescos en / cafetería

_____

4. Josefina y yo / comer en / cafetería

   _____

5. Ana y Julio / comprar comida en / supermercado

   _____

Vocabulario

A. Actividad favorita. *What is your professor's favorite activity? To answer, circle the twelve student activities that complete the phrases following the letter box and that are hidden in the puzzle. Then write the remaining letters in the spaces below.*

¡__ __ __ __ __ __   __ __   __ __ __ __ __ __ __ __ **L** !

H	E	S	C	U	C	H	A	R
P	E	S	C	R	I	B	I	R
R	A	C	O	M	E	R	H	C
E	B	A	I	L	A	R	A	O
P	T	B	L	A	R	E	B	M
A	O	L	E	E	R	N	L	P
R	M	E	S	P	A	Ñ	A	R
A	A	L	L	A	M	A	R	A
R	R	O	M	I	R	A	R	R

1. _____ por teléfono

2. _____ hamburguesas

3. _____ cartas

4. _____ en una discoteca

5. _____ a tus padres

6. _____ a la biblioteca

7. _____ televisión

8. _____ libros en la librería

9. _____ la radio

10. _____ un libro interesante

11. _____ la cena

12. _____ refrescos

Leamos un poco más

Antes de empezar, dime...

1. How often do you shake hands when you greet someone?

   _____

2. When you do shake hands, do you extend your arm to maintain a "safe" distance between you and the person you are greeting or do you bend your elbow to create a more "intimate" distance?

   _____

3. What do you consider an appropriate distance between two people talking?

   _____

Lectura

Distancia y espacio

El concepto de distancia y espacio es muy importante en la cultura hispana. En todas las culturas hay contacto diario con otras personas: en los metros y en los buses, en los cafés y restaurantes, en el trabajo o en la universidad y en la familia. Este contacto es más evidente cuando los hispanos hablan. La distancia y el espacio entre dos hispanos que hablan son muy diferentes a la distancia y el espacio entre dos personas de los Estados Unidos que hablan. Usualmente entre dos hispanos que hablan no hay mucha distancia y espacio, mientras que entre dos norteamericanos que hablan hay más distancia y espacio.

Es interesante observar cuando un hispano habla con un norteamericano. El hispano no necesita mucha distancia ni espacio, pero el norteamericano necesita más distancia y espacio entre él y la persona con quien habla.

Por esa razón, el hispano avanza para mantener una distancia más íntima, y el norteamericano se mueve para conservar más distancia y espacio entre él y la otra persona. Es obvio observar que para el norteamericano la distancia es más importante mientras que para el hispano una distancia íntima es preferible.

Cuando un norteamericano saluda, generalmente extiende el brazo al darle la mano a la otra persona. Un hispano también da la mano pero, para eliminar distancia, también da un abrazo o, entre las mujeres, besos en la mejilla.

Obviamente, los saludos son excelentes ejemplos de como los hispanos favorecen una distancia más íntima.

Y ahora, dime...

A. Distancia y espacio. *Based on what you read, compare how Hispanics and North Americans react to distance and space when doing the following activities.*

Distancia y espacio

	Los hispanos	Los norteamericanos
Cuando dos personas hablan		
Cuando dos personas se saludan y dan la mano		

B. Características. *How are Hispanics and North Americans similar? How are they different? Indicate if the following characteristics describe* **hispanos (H), norteamericanos (N),** *or both* **(H/N)** *according to what you read.*

_____ 1. Dan besos y abrazos.

_____ 2. La distancia es más grande.

_____ 3. Favorecen eliminar distancia al hablar.

_____ 4. Dan la mano.

_____ 5. Necesitan mucha distancia y espacio.

_____ 6. Extienden el brazo al dar la mano.

_____ 7. Prefieren una distancia más íntima.

Escribamos un poco más

Rutina diaria. *Write a list of all the things you do on a typical weekday. Include at least ten different things.*

_____

_____

_____

_____

_____

_____

_____

_____

_____

_____

_____

_____

_____

_____

_____

_____

_____

_____

_____

Viajemos por el ciberespacio a... LAS UNIVERSIDADES DE LAS AMÉRICAS

If you are a cyberspace surfer, try entering any of the following key words to get to any number of universities in Latin America:

Universidades Sudamérica **Universidades Norteamérica** **Universidades Centroamérica**

Or, better yet, simply go to the *¡Dímelo tú!* Web site using the following address:

http://www.harcourtcollege.com/spanish/dimelotu

There, with a simple click, you can

- visit the **Universidad de Chile** Web site and discover when it was founded and how to register online.

- find out how many departments the **Universidad Nacional de Colombia** has.

- ascertain what the enrollment is at the **Universidad Autónoma de Ciudad Juárez** in Mexico and what percentage of the students are women.

- determine where the **Universidad Cristobal Colón** is located and how many degrees it offers.

Do at least two of these activities and write and turn in a brief description of what you learned.

CAPÍTULO 2

¡Ahora hay tanto que hacer!

Paso 1

En preparación

2.1 Present tense of *-er* and *-ir* verbs

Stating what people do

A. ¡Es increíble! *Matías works at a restaurant near the University of Puerto Rico in Río Piedras. His friends, Lourdes and Ángel Luis, cannot believe how busy the place is. Complete the following paragraph to find out what Lourdes observes.*

Dos chicos **(1)** _____ (abrir) constantemente la puerta de la cocina. Una chica

(2) _____ (correr) a la cocina y **(3)** _____ (regresar) inmediatamente. Un

mesero **(4)** _____ (recibir) las órdenes de los clientes y **(5)** _____

(escribir) todo rápidamente. Ángel Luis y yo **(6)** _____ (comer) unos sándwiches y

(7) _____ (beber) unos refrescos.

B. En la librería. *After lunch, Lourdes and Ángel Luis decide to go to the bookstore. Complete the description of what they see there.*

En la librería hay mucha actividad. Los clientes **(1)** _____ (entrar) constantemente.

Los dependientes **(2)** _____ (vender) libros y materiales escolares. La cajera

(3) _____ (recibir) el dinero de los clientes. Hay un gerente. Él **(4)** _____

(dividir) el trabajo entre los empleados de la librería. Muchos de los empleados son estudiantes. Ellos

(5) _____ (compartir) las responsabilidades de trabajo. Lourdes y Ángel Luis

(6) _____ (decidir) solicitar trabajo allí.

C. ¡Entrevista! *Lourdes and Ángel Luis applied for a job at the university bookstore and now they have an interview. Lourdes speaks for both of them. Read their applications and reconstruct their interview. Remember, Lourdes does all the talking.*

Librería universitaria
Solicitud de empleo

Apellido(s) _____ *Cruz Soto* _____

Nombre(s) _____ *Lourdes* _____

Dirección _____ *Sierra Vista* _____ *89* _____
              calle   número

_____ *San Juan Puerto Rico   00907* _____
    ciudad   estado   código postal

Teléfono _____ *(787) 724-3821* _____

¿Escribe en computadora?

  Sí ___✓___   No _____

Lecturas favoritas:

Libros:

Novelas   _____

Poesía   _____

Historia y política   ___✓___

Ciencias   _____

Periódicos   ___✓___

Especialización: _____ matemáticas _____

Librería universitaria
Solicitud de empleo

Apellido(s) _____ *Alvarado* _____

Nombre(s) _____ *Ángel Luis* _____

Dirección _____ *Ponce de León* _____ *163* _____
              calle   número

_____ *San Juan   Puerto Rico   00907* _____
    ciudad   estado   código postal

Teléfono _____ *(787) 691-4792* _____

¿Escribe en computadora?

  Sí _____   No ___✓___

Lecturas favoritas:

Libros:

Novelas   ___✓___

Poesía   ___✓___

Historia y política   _____

Ciencias   _____

Periódicos   ___✓___

Especialización   _____ literatura _____

---

1.   ¿Dónde viven ustedes?

   Yo

_____

   Ángel Luis

_____

2. ¿Escriben en computadora?

Yo

_____

Ángel Luis

_____

3. ¿Leen mucho?

Yo

_____

Ángel Luis

_____

4. ¿Qué leen?

Yo

_____

Ángel Luis

_____

5. ¿Qué estudian?

Yo

_____

Ángel Luis

_____

Vocabulario

A. Asociaciones. *What things or activities do you associate with the following jobs?*

	empleados		**cosas y actividades**
_____	1. cocinero	a.	administración
_____	2. secretaria	b.	artículo
_____	3. dependiente	c.	comida
_____	4. periodista	d.	computadora
_____	5. profesor	e.	vender
_____	6. gerente	f.	lecciones

B. Verbos y complementos. *Match the **verbos** in the first column with the logical **complementos** in the second column.*

	verbos		**complementos**
_____	1. vender	a.	la puerta
_____	2. entrevistar	b.	en la residencia
_____	3. abrir	c.	materiales escolares
_____	4. vivir	d.	inglés
_____	5. confirmar	e.	a los nuevos empleados
_____	6. aprender	f.	reservaciones

Diario interactivo personal

*The **Diario interactivo personal** writing activity will appear in every chapter. Here you will get topics to write about in your own personal journal: a spiral notebook that you should dedicate solely for this purpose. As you address the assigned topic, keep in mind that your journal is like an interactive diary, where you will be able to communicate your ideas, opinions, concerns, worries, etc., to your instructor. Your instructor, in turn, will give you his or her sincere comments on what you have expressed but without passing judgment on you. This journal writing is never graded. Your instructor will simply read it and, if appropriate, react to what you have communicated. Your topic for this **Paso** follows and your instructor will let you know when it is due. Remember that the purpose is to allow you to write freely without having to worry about how you will be graded.*

Tópico: La profesión perfecta para mí

Viajemos por el ciberespacio a... PUERTO RICO

If you are a cyberspace surfer, try entering any of the following key words to get to many fascinating sites in **Puerto Rico:**

Fotos de Puerto Rico
Festival de cultura de Puerto Rico
Biblioteca virtual de Puerto Rico
Puerto Rico, información e historia

Or, better yet, simply go to the *¡Dímelo tú!* Web site using the following address:

http://www.harcourtcollege.com/spanish/dimelotu

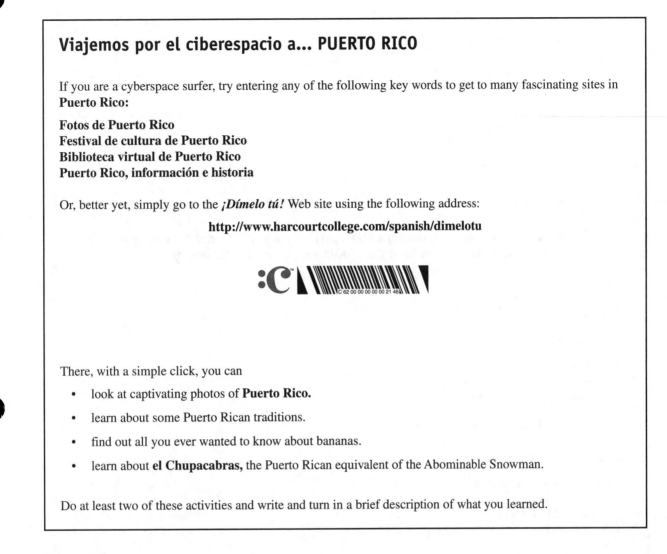

There, with a simple click, you can

- look at captivating photos of **Puerto Rico.**

- learn about some Puerto Rican traditions.

- find out all you ever wanted to know about bananas.

- learn about **el Chupacabras,** the Puerto Rican equivalent of the Abominable Snowman.

Do at least two of these activities and write and turn in a brief description of what you learned.

Paso 2

En preparación

2.2 Numbers 0–199

Counting, solving math problems, and expressing cost

A. ¡Qué raro! *You are trying to contact Manuel González, a friend of yours in Bayamón, Puerto Rico. When you ask the information operator for his number, she informs you that there are five persons with that name. Write in Arabic numbers the five phone numbers she gives you.*

1. cinco, cincuenta y ocho, veintidós, once

---

2. nueve, diez, catorce, noventa y tres

_____

3. siete, setenta y uno, sesenta, cero, ocho

_____

4. dos, quince, dieciséis, cuarenta y tres

_____

5. cinco, diecinueve, veintinueve, catorce

_____

B. ¡Cuentas y más cuentas! *Help Margarita pay her remaining bills for the month by filling out the following checks. Spell out both numbers for dollars (**dólares**) and cents (**centavos**).*

Bills to pay:

1. Librería Salgado: $85.32
2. Blockbuster Video: $ 4.19
3. Shell Oil Company: $12.63
4. La telefónica: $67.28
5. Supermercado Pueblo: $43.92

Margarita López Landrón
114 Avenida Isla Verde
San Juan, P.R. 00911
(809) 277-0408

0549

268-1528

Páguese al
portador _____ $ _____

_____

Banco de Ponce
La Princesa Boulevard, 500
San Juan, P.R. 00911

Memo _____   *Margarita López Landrón*

Margarita López Landrón
114 Avenida Isla Verde
San Juan, P.R. 00911
(809) 277-0408

0550

268-1528

Páguese al
portador _____ $ _____

_____

Banco de Ponce
La Princesa Boulevard, 500
San Juan, P.R. 00911

Memo _____   *Margarita López Landrón*

Margarita López Landrón
114 Avenida Isla Verde
San Juan, P.R. 00911
(809) 277-0408

0551

268-1528

Páguese al
portador _____ $ _____

_____

Banco de Ponce
La Princesa Boulevard, 500
San Juan, P.R. 00911

Memo _____   *Margarita López Landrón*

```
Margarita López Landrón                                    0552
114 Avenida Isla Verde
San Juan, P.R. 00911                          268-1528
(809) 277-0408

Páguese al
portador    _____    $ _____

            _____

Banco de Ponce
La Princesa Boulevard, 500
San Juan, P.R. 00911

Memo  _____        Margarita López Landrón
```

```
Margarita López Landrón                                    0553
114 Avenida Isla Verde
San Juan, P.R. 00911                          268-1528
(809) 277-0408

Páguese al
portador    _____    $ _____

            _____

Banco de Ponce
La Princesa Boulevard, 500
San Juan, P.R. 00911

Memo  _____        Margarita López Landrón
```

2.3 Possessive adjectives

Indicating ownership

A. ¡Tantas cosas! *You're in charge of organizing the apartment that you and your friends will share. Each roommate suggests something to bring. Answer in each case whether or not you need it.*

> MODELO PEDRO: Yo tengo una computadora.
> TÚ: **Necesitamos tu computadora.**

1. Alejandro: Mis padres tienen un escritorio.

   Tú: Sí. _____

2. Raúl: Mi amiga Dolores tiene unos diccionarios.

   Tú: No.

   _____

3. Carlos: Yo tengo un estéreo.

   Tú: Sí.

   _____

4. Antonio: Tú y yo tenemos discos compactos.

   Tú: Sí.

   _____

5. Miguel: Yo tengo unos mapas.

   Tú: Sí.

   _____

6. Rodrigo: Tú tienes un teléfono, ¿verdad?

   Tú: Sí.

   _____

B. ¡Se necesita compañera! *Emilia and Consuelo are looking for a roommate and have written the following announcement to post around campus. Complete their announcement with the appropriate possessive adjectives.*

Se necesita compañera de cuarto

¡Hola! Soy Emilia y **(1)** _____ *(my)* compañera de cuarto se llama Consuelo. Somos estudiantes, buenas

personas y no fumamos. Buscamos una compañera de cuarto. **(2)** _____ *(Our)* apartamento tiene tres

habitaciones. **(3)** _____ *(Our)* habitaciones son grandes. Consuelo tiene muchas fotos.

(4) _____ *(Her)* fotos decoran casi toda la sala. Nosotras escuchamos música y **(5)** _____

(my) estéreo está en la sala también. **(6)** _____ *(Your)* alquiler es muy razonable. Si te interesa,

(7) _____ *(our)* número de teléfono es el 567-8912.

2.4 Three irregular verbs: *Tener, salir, venir*

Expressing obligations, departures, and arrivals

A. ¡Qué jactanciosa! *Luz María is a real show-off. Form sentences with the items given to find out what she says.*

1. yo / tener / un coche nuevo todos los años

   _____

2. mis padres / salir / de viaje a Europa frecuentemente

   _____

3. mi papá siempre / ir / a Arecibo

   _____

4. yo / salir / con los muchachos más guapos de la universidad

   _____

5. mis amigos siempre / venir / a mis fiestas estupendas

   _____

B. ¡Vacaciones! *What does Jorge do while on vacation? To find out, complete this paragraph with the appropriate form of the verb in parentheses.*

En las vacaciones yo no **(1)** _____ (tener) mucho que hacer. Mi hermana Marla y yo

(2) _____ (salir) a caminar por los centros comerciales. Generalmente no compramos mucho

porque no **(3)** _____ (tener) mucho dinero. Marla **(4)** _____ (tener) dinero en el

banco, pero es para su educación. Algunas veces mis amigos **(5)** _____ (venir) a visitarnos y

entonces todos **(6)** _____ (ir) a ver una película. Mis vacaciones son muy tranquilas.

Vocabulario

A. Examen. *Circle the word that does not belong in each series.*

1. apartamento	detalle	baño	habitación	alquiler
2. televisión	ropa	radio	computadora	teléfono
3. escuchar música	cantar	bailar	tomar refrescos	limpiar

| 4. respuesta | vivienda | casa | residencia | cuarto |
| 5. aprender | estudiar | leer | comer | escribir |

B. ¿Sinónimo o antónimo? *Indicate if the following words are synonyms (S) or antonyms (A).*

1. habitación / cuarto   **S**   **A**

2. trabajador / perezoso   **S**   **A**

3. comprar / vender   **S**   **A**

4. lavar / limpiar   **S**   **A**

5. salir / entrar   **S**   **A**

6. dividir / compartir   **S**   **A**

C. Verbos y complementos. *Match each **verbo** in the first column with its appropriate **complemento** in the second column.*

verbos		**complementos**
_____	1. pagar	a. el auto
_____	2. lavar	b. las responsabilidades
_____	3. compartir	c. cartas
_____	4. tomar	d. el alquiler
_____	5. escribir	e. español
_____	6. aprender	f. el autobús

Escribamos un poco más

Actividades y responsabilidades. *Escribe una lista de tus actividades y responsabilidades en tu apartamento, residencia o casa.* (Mention at least ten different activities and responsibilities.)

_____

_____

_____

_____

_____

_____

_____

_____

_____

_____

_____

_____

Viajemos por el ciberespacio a... PUERTO RICO

If you are a cyberspace surfer, try entering any of the following key words to get to many fascinating sites in **Puerto Rico:**

Red biográfica de Puerto Rico   **Biografías puertorriqueñas**   **Puerto Rico Hall of Fame**

Or, better yet, simply go to the *¡Dímelo tú!* Web site using the following address:

http://www.harcourtcollege.com/spanish/dimelotu

There, with a simple click, you can

- meet many famous Puerto Ricans.
- find out what **Eddie Palmieri, Roberto Clemente,** and **Raúl Julia** have in common.
- visit the Puerto Rican Hall of Fame.
- discover why so many Hall of Famers fall into one particular category.

Do at least two of these activities and write and turn in a brief description of what you learned.

Paso 3
En preparación
2.5 Telling time
Stating at what time things occur

A. ¿A qué hora...? *Answer your friend's questions concerning what you do during the day.*

> **MODELO** AMIGO(A): ¿A qué hora es tu examen mañana?
> TÚ: (4:00 P.M.) **Es a las cuatro de la tarde.**

1. AMIGO(A): ¿A qué hora es tu primera clase?

   TÚ: (9:10 A.M.)

   _____

2. AMIGO(A): ¿A qué hora vas a la cafetería a comer?

   TÚ: (12:00 P.M.)

   _____

3. AMIGO(A): ¿A qué hora sales de tu clase de español?

   TÚ: (2:50 P.M.)

   _____

4. AMIGO(A): ¿A qué hora regresas al apartamento?

   TÚ: (6:25 P.M.)

   _____

5. AMIGO(A): ¿A qué hora vas a la biblioteca?

   TÚ: (8:35 P.M.)

   _____

B. ¡Detalles! *At what time is sunrise (sale el sol) and sunset (se pone el sol) in San Juan on the first day of each season? Write the times in Spanish.*

1. El primer día del invierno
   Sunrise: 7:21 A.M.
   Sunset: 4:49 P.M.

   El sol sale a las _____.

   El sol se pone a las _____.

2. El primer día de la primavera
   Sunrise: 6:05 A.M.
   Sunset: 6:22 P.M.

   El sol sale a las _____.

   El sol se pone a las _____.

3. El primer día del verano
   Sunrise: 5:42 A.M.
   Sunset: 8:34 P.M.

   El sol sale a las _____.

   El sol se pone a las _____.

4. El primer día del otoño
   Sunrise: 6:54 A.M.
   Sunset: 7:02 P.M.

   El sol sale a las _____.

   El sol se pone a las _____.

2.6 Days of the week, months, and seasons
Giving dates and stating when events take place

A. ¡Días importantes! *Write the dates of these special holidays in Spanish.*

> **MODELO**　　¿Cuándo es la Navidad? (25/12)
> **La Navidad es el veinticinco de diciembre.**

1. ¿Cuándo es el día de los Reyes Magos *(Three Wise Men)*? (6/1)

   _____.

2. ¿Cuándo es el día de San Valentín? (14/2)

   _____.

3. ¿Cuándo es el día de San Patricio? (17/3)

_____.

4. ¿Cuándo es el día de la independencia de los Estados Unidos? (4/7)

_____.

5. ¿Cuándo es el descubrimiento de Puerto Rico? (9/11)

_____.

6. ¿Cuándo es el día de la Constitución? (23/7)

_____.

B. ¡El horario! *What classes are you taking this semester? Answer following the model.*

MODELO   Español:
Tomo la clase de español los lunes, miércoles y viernes a las nueve de la mañana.

1. _____:

_____

_____

2. _____:

_____

_____

3. _____:

_____

_____

4. _____:

_____

_____

5. _____:

_____

_____

2.7 Verbs of motion

Telling where people are going

A. ¡El invierno! *Winter is Julia's favorite season. Complete this paragraph with the appropriate form of the verbs in parentheses to find out why.*

¡Ay! El invierno es fenomenal. Yo **(1)** _____ (regresar) a mi casa después de los exámenes.

Generalmente **(2)** _____ (llegar) el 18 de diciembre. Mis hermanos y yo **(3)** _____

(ir) a la playa todos los días. Nosotros también **(4)** _____ (salir) por la noche. Durante las

vacaciones yo no **(5)** _____ (trabajar). Mis hermanos y yo **(6)** _____ (ir) a

casa de nuestros abuelos *(grandparents)* en Bayamón. Nosotros **(7)** _____ (recibir) muchos

regalos y **(8)** _____ (comer) mucho. Cuando yo **(9)** _____ (regresar) a la

universidad **(10)** _____ (necesitar) hacer mucho ejercicio.

B. ¡El verano! *How does Víctor spend the summer, his favorite season? To answer, form sentences with the items below.*

1. yo / correr / dos millas / la mañana

   _____

2. mis padres / ir / un buen restaurante / todas las semanas

   _____

3. mi hermana / regresar / la universidad / el viernes

   _____

4. mis amigos / venir / mucho / mi casa

   _____

5. todos nosotros / ir / la playa del Condado

   _____

6. por la noche yo / salir / con mis amigos / comer o / cine

   _____

Vocabulario

A. Antónimos. *Write an antonym for each of the following words.*

1. vender _____

2. ir _____

3. invierno _____

4. correr _____

5. noche _____

B. Examen. *Circle the word that does not belong in each series.*

1. correr	caminar	dormir	marchar	andar
2. primavera	otoño	verano	invierno	miércoles
3. verano	marzo	julio	abril	enero
4. mes	hora	día	mesero	semana
5. jueves	sábado	viernes	alquiler	domingo

C. La computadora. *Write the name of each part of the computer next to the corresponding number from the drawing.*

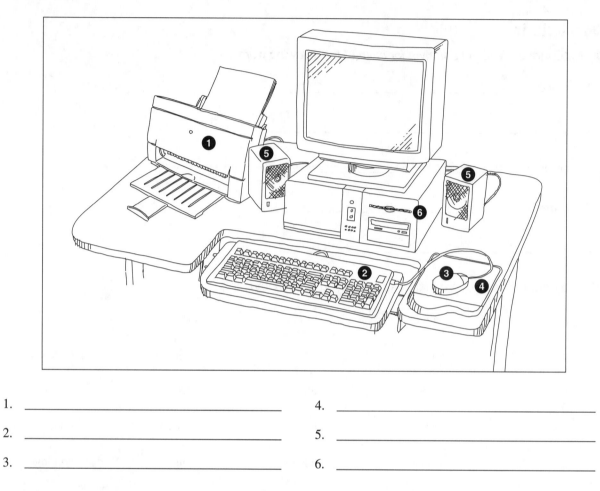

1. _____   4. _____

2. _____   5. _____

3. _____   6. _____

Leamos un poco más

Antes de empezar, dime...

Write down some of your perceptions of universities in Spanish-speaking countries before you read **Universidades en Hispanoamérica.** *Then read the selection and return to see if your predictions were on target or not.*

1. One of the oldest universities in the Americas is the **Universidad Autónoma de México.** When do you think it was founded? (Take a guess.)

   _____

   _____

2. Would you expect the overall organization of the university (i.e., a president, several colleges, a gym, a library, a stadium, etc.) in the U.S. to be very similar or very different from universities in Spanish-speaking countries?

   _____

3. What are some of the differences you would expect to find?

_____

_____

_____

Lectura

Universidades en Hispanoamérica

Entre las universidades hispanas, la más antigua es la Universidad de Salamanca, en España. Fue fundada en el año 1230. En Hispanoamérica, las más antiguas son la Universidad de San Marcos de Lima, fundada en el año 1551 en Perú, y la Universidad Autónoma de México, fundada en el año 1553 en México, D.F. (Distrito Federal).

Al comparar las universidades de los Estados Unidos con las universidades hispanas, vemos algunas semejanzas y también muchas diferencias.

En las semejanzas notamos que la estructura del sistema universitario es relativamente similar, con un rector, directores de escuelas o facultades, los profesores y ayudantes y, por supuesto, los estudiantes. En relación a la estructura física, también son muy similares. Las dos tienen sus aulas o salas de clases, laboratorios, gimnasios y en algunos casos, estadios, anfiteatros y bibliotecas.

Donde son notables las diferencias es en los nombres que usamos. Véase este cuadro.

Universidades en Hispanoamérica	Universidades en los Estados Unidos
1. Rector	1. *President*
2. Catedrático, Profesor	2. *Professor*
3. Profesorado	3. *Faculty*
4. Facultad de... (Ingeniería)	4. *College of . . . (Engineering)*
5. Universidad	5. *University, College*
6. Residencia	6. *Dormitory*
7. Colegio	7. *School (Elementary or Secondary)*

En los países hispanos, los estudiantes que desean una profesión universitaria van directamente de la escuela secundaria a una universidad, después de pasar rigurosos exámenes. No existen los *junior colleges* como en los Estados Unidos. En las universidades hispanoamericanas todos los estudiantes saben qué carreras o profesiones quieren porque no existe el status de *undeclared*. También en los países hispanos es el catedrático el que dicta las clases y el ayudante el que trabaja en laboratorios o prácticas con los estudiantes. No hay *TAs* que enseñan las clases como en los Estados Unidos. Finalmente, en la mayoría de los casos los estudiantes viven con sus padres durante su vida universitaria. Muchas universidades en Hispanoamérica no tienen residencias para los estudiantes.

Y ahora, dime...

Complete this Venn diagram to show how universities in Spanish-speaking countries compare to universities in the United States. Indicate differences in the outside columns and similarities in the middle column.

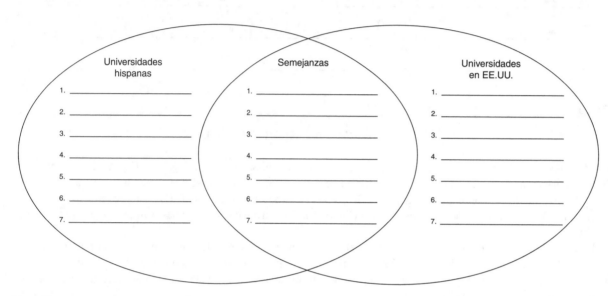

Universidades hispanas

1. _____
2. _____
3. _____
4. _____
5. _____
6. _____
7. _____

Semejanzas

1. _____
2. _____
3. _____
4. _____
5. _____
6. _____
7. _____

Universidades en EE.UU.

1. _____
2. _____
3. _____
4. _____
5. _____
6. _____
7. _____

Escribamos un poco más

Vacaciones. *Describe tus planes para las próximas vacaciones. ¿Adónde vas? ¿Con quién vas? ¿Cuándo salen? ¿Qué van a hacer? ¿Cuándo regresan?*

_____

_____

_____

_____

_____

_____

_____

_____

_____

_____

_____

Viajemos por el ciberespacio a... PUERTO RICO

If you are a cyberspace surfer, try entering any of the following key words to get to many fascinating sites in **Puerto Rico:**

> **Luciano Quiñones Lugo**   **Danza de Puerto Rico**   **Rafael Hernández Marín**

Or, better yet, simply go to the *¡Dímelo tú!* Web site using the following address:

> **http://www.harcourtcollege.com/spanish/dimelotu**

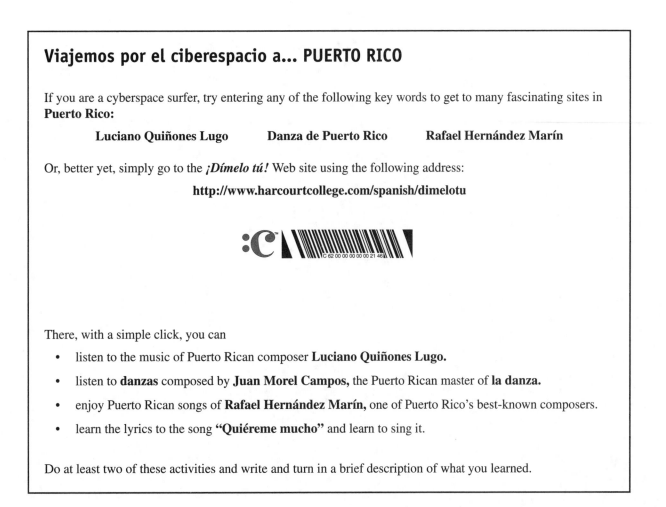

There, with a simple click, you can

- listen to the music of Puerto Rican composer **Luciano Quiñones Lugo.**
- listen to **danzas** composed by **Juan Morel Campos,** the Puerto Rican master of **la danza.**
- enjoy Puerto Rican songs of **Rafael Hernández Marín,** one of Puerto Rico's best-known composers.
- learn the lyrics to the song **"Quiéreme mucho"** and learn to sing it.

Do at least two of these activities and write and turn in a brief description of what you learned.

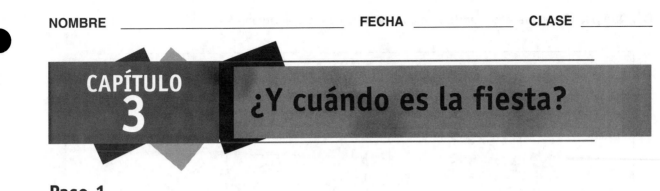

CAPÍTULO 3

¿Y cuándo es la fiesta?

Paso 1

En preparación

3.1 The verb *estar*

Giving location and indicating change

A. ¡Preparaciones! *Some friends are helping you prepare for a party in your apartment. What do they ask you when they cannot find the things they need?*

> **MODELO**　　las tapas
> 　　　　　　　**¿Dónde están las tapas?**

1. los discos

　_____

2. la sangría

　_____

3. los refrescos

　_____

4. la comida

　_____

5. la guitarra

　_____

B. ¿Qué pasa? *You are at a friend's wedding reception. How is everyone feeling?*

1. ¿Cómo está la mamá de la novia?

   _____

2. ¿Cómo está el papá de la novia?

   _____

3. ¿Cómo está Ernesto?

   _____

4. ¿Cómo están los novios?

   _____

5. ¿Cómo está el tío Óscar?

   _____

6. ¿Y cómo está la tía Filomena?

_____

3.2 Interrogative words

Asking questions

A. Preocupaciones. *Irene's mother is very worried about her daughter, who just started classes at the university. She is now on the phone with her. What does she ask? Complete her questions.*

1. ¿Por qué _____?

2. ¿Con quién _____?

3. ¿Dónde _____?

4. ¿Adónde _____?

5. ¿Qué _____?

6. ¿Cómo _____?

7. ¿Cuándo _____?

B. ¡Ay, qué dolor de cabeza tengo! (Oh, have I got a headache!) *It is the morning after your friend's wedding. What do you ask your roommate?*

1. ¿_____?

Las aspirinas están en el baño.

2. ¿_____?

Estoy enfermo(a).

3. ¿_____?

Voy a la farmacia.

4. ¿_____?

Voy a comprar Alka-Seltzer.

5. ¿_____?

¡Yo no voy a ir a más bodas este año!

Vocabulario

A. Asociaciones. *What verb in column B do you associate with the nouns in column A?*

	A		B
_____	1. sangría	a.	comer
_____	2. tapas	b.	tocar
_____	3. discos	c.	beber
_____	4. piano	d.	estudiar
_____	5. examen	e.	escuchar

B. ¿Quiénes? ¿Dónde? *In which of the places listed in column A would you be likely to find the people listed in column B?*

	A		B
_____	1. fiesta	a.	secretario
_____	2. universidad	b.	enfermos
_____	3. oficina	c.	borrachos
_____	4. cocina	d.	músicos
_____	5. hospital	e.	estudiantes
_____	6. bar	f.	cocinero

C. Examen. *Circle the word that does not belong in the series.*

1.	banco	fiesta	invitado	música	baile
2.	preocupado	enfermo	simpático	triste	nervioso
3.	cuarto	cocina	sala	baño	cafetería
4.	disco	pregunta	cantante	conjunto	música
5.	cerveza	café	tapas	vino	refresco

Diario interactivo personal

*En tu diario interactivo personal, escribe sobre el siguiente tópico: **Preguntas que tengo sobre...** Decide sobre qué tema prefieres hacer tus preguntas: la clase de español, el (la) profesor(a), la educación en general, la importancia de..., etc.*

Viajemos por el ciberespacio a... ESPAÑA

If you are a cyberspace surfer, try entering any of the following key words to get to many fascinating sites in **España:**

Cuevas de Altamira   **Alhambra de Granada**   **Toledo**   **Castillos de Castilla**

Or, better yet, simply go to the *¡Dímelo tú!* Web site using the following address:

http://www.harcourtcollege.com/spanish/dimelotu

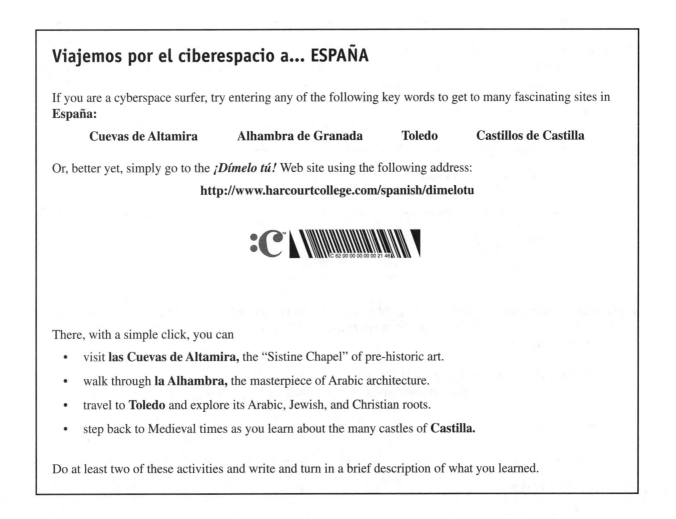

There, with a simple click, you can

- visit **las Cuevas de Altamira,** the "Sistine Chapel" of pre-historic art.

- walk through **la Alhambra,** the masterpiece of Arabic architecture.

- travel to **Toledo** and explore its Arabic, Jewish, and Christian roots.

- step back to Medieval times as you learn about the many castles of **Castilla.**

Do at least two of these activities and write and turn in a brief description of what you learned.

Paso 2
En preparación
3.3 Present progressive tense
Describing what is happening now

A. ¿Qué pasa? *It is Monday morning and everyone is very busy on campus. What is everyone doing?*

> MODELO   el rector en su oficina (trabajar)
> **El rector está trabajando en su oficina.**

1. el cocinero en la cafetería (preparar la comida)

_____

2. la secretaria en la oficina (escribir en la computadora)

_____

3. Tomás en la clase de francés (aprender francés)

_____

4. Carlos y Marta en el laboratorio de lenguas (practicar español)

_____

5. nosotros en la clase de español (leer)

_____

6. tú en este momento (¿...?)

_____

B. ¿Qué están haciendo? *There is a party at your house and one of your friends calls to say he is not feeling well and will not be able to come. To make him feel better, you decide to describe what is happening at the party.*

> **MODELO** Antonio / bailar / todo / chicas
> **Antonio está bailando con todas las chicas.**

1. Manuel y Olga / preparar / comida

_____

2. Emilio / abrir / la puerta

_____

3. los invitados / comer / y tomar refrescos

_____

4. yo / conocer / a muchas personas / interesante

_____

5. todos nosotros / celebrar / el cumpleaños de Ramón

_____

3.4 Superlatives

Stating exceptional qualities

A. ¡Qué pesado! *You have just met a very boastful person. What does he say?*

> **MODELO**   Mi coche es **rapidísimo**. (muy rápido)

1. Mi novia es _____. (muy guapa)

2. Mi casa es _____. (muy grande)

3. Mis padres son _____. (muy ricos)

4. Soy _____. (muy inteligente)

5. Mi apartamento es _____. (muy elegante)

B. ¡Qué modestia! *Your friend Tencha, on the other hand, is very modest and never gives herself credit for her accomplishments. How do you correct her to let others know what a great person she is?*

> **MODELO**   Yo soy trabajadora. (residencia)
> **Tú eres la más trabajadora de la residencia.**

1. Mi novio es guapo. (universidad)

_____

2. Mis profesores son buenos. (universidad)

_____

3. Mis amigos son interesantes. (mundo)

_____

4. Yo soy buena cocinera. (mundo)

_____

5. Yo soy estudiosa. (residencia)

_____

6. Yo soy tímida. (mundo)

_____

Vocabulario

A. ¿Quién hace esto? *¿Cómo asocias los verbos de la columna B con las cosas de la columna A?*

	A		B
_____	1. guitarra	a.	bailar
_____	2. ¡Feliz cumpleaños!	b.	cantar
_____	3. cerveza	c.	ver
_____	4. salsa	d.	tocar
_____	5. cine	e.	leer
_____	6. novela	f.	beber

B. Sustantivos. *Write the nouns derived from each of these verbs.*

1. cantar _____

2. estudiar _____

3. invitar _____

4. llamar _____

5. jugar _____

6. preguntar _____

C. Complementos. *Indica el complemento más lógico de la columna B para cada uno de los verbos de la columna A.*

	A		B
_____	1. decorar	a.	los refrescos
_____	2. celebrar	b.	el cumpleaños
_____	3. tocar	c.	la comida
_____	4. saber	d.	el pastel
_____	5. preparar	e.	la guitarra
_____	6. beber	f.	español

Escribamos un poco más

Fiestas. *Escribe uno o dos párrafos sobre la importancia de las fiestas para ti.* (Mention why parties are or are not important to you and what parties do or don't do for you.)

Paso 3

En preparación

3.5 *Ser* and *estar* with adjectives

Describing attributes and indicating changes

A. ¡Qué chico! *To find out what Teresa is saying about her friend José Arturo, complete her comments by circling the correct form of* **ser** *or* **estar.**

1. Él trabaja y estudia mucho todos los días porque (es / está) muy trabajador.

2. Él necesita ir al hospital. Él (es / está) enfermo.

3. Ahora él (es / está) tocando la guitarra. Él (es / está) un buen músico.

4. Él tiene un examen mañana. Él (es / está) muy nervioso.

5. José Arturo va a tomar seis clases el próximo semestre. ¡Él (es / está) loco!

B. ¿Qué está pasando? *Pablo has to study tonight so he is not able to go to his friend's party. After studying for several hours he decides to call Andrés to find out how the party is going. Complete their conversation with the correct form of **ser** or **estar**.*

PABLO: ¿Qué **(1)** _____ pasando? ¿Todos los invitados **(2)** _____ contentos?

ANDRÉS: Oh, sí. Contentísimos. Muchas personas **(3)** _____ bailando. Felipe **(4)** _____

en la cocina comiendo y comiendo. Clara y Marcos y sus amigos **(5)** _____ en el

patio. Eva María **(6)** _____ guapísima esta noche. Ella **(7)** _____ muy

simpática y baila fenomenal. Ella **(8)** _____ de Salamanca, ¿no?

PABLO: No, ella **(9)** _____ de León, como su nuevo novio.

ANDRÉS: ¿Quién **(10)** _____ su novio ahora?

PABLO: ¡Yo!

C. ¡Reventón! *You are at a graduation party for José Miguel. Describe what you see.*

1. ¿Dónde está todo el mundo?

_____

2. ¿Cómo está Antonio? ¿Por qué?

_____

3. ¿Quién es Ana? ¿Cómo es ella?

_____

4. ¿Qué están haciendo Paco y Carmen?

_____

5. ¿Dónde está la comida?

_____

6. ¿Cómo está Jaime? ¿Por qué?

_____

3.6 The verb *gustar*

Talking about something you like or dislike

A. Por eso no va a la fiesta. *Maribel is talking to Juan Antonio. He does not want to go to the party for Maribel's cousin. To find out why not, write his responses to Maribel's comments.*

> **MODELO**   Vamos a cantar.
> **No me gusta cantar.**

1. Van a servir sangría.

_____

2. También van a servir otros refrescos.

_____

3. Vamos a hacer una paella.

_____

4. Vienen mis amigos Sergio y Claudio.

_____

5. Vamos a bailar salsa y paso doble.

_____

6. Muchos de los invitados hablan italiano.

_____

B. ¡Eso sí me gusta! *Everyone seems to find something they like at Maribel's party. What do these people say they like?*

MODELO   a Sergio y a Claudio: la música
A Sergio y a Claudio les gusta la música.

1. a Cristina: los refrescos

_____

2. a nosotros: la paella

_____

3. a mi amigo Pedro: los discos de Enrique Iglesias

_____

4. a mí: bailar salsa

_____

5. a Ramiro y a Felícita: las tapas

_____

6. a ti: la sangría

_____

Vocabulario

A. Definiciones. *Circle the phrase that best defines the word in the first column.*

1. refresco: bebida **con licor / sin licor**

2. cocina: lugar donde **compramos / preparamos** la comida

3. aburrido: que no es **interesante /** que es **fenomenal**

4. borracho: que bebe **poco / mucho**

5. opinión: **idea / pregunta** que una persona tiene

6. lavar: **limpiar / cocinar** con agua

B. Sinónimos. *Look in column B for synonyms of the words in column A.*

	A		B
_____	1. guapo	a.	fabuloso
_____	2. feliz	b.	beber
_____	3. fenomenal	c.	calmado
_____	4. habitación	d.	contento
_____	5. tomar	e.	cuarto
_____	6. tranquilo	f.	hermoso

C. Lista loca. *Cecilia's computer is going haywire. As she tries to make a list of food, drinks, and music she will need for her party, everything comes out scrambled. Help her by unscrambling the following words.*

1. spata _____

2. zaeecrv _____

3. sseetca _____

4. tgriraau _____

5. sreofcser _____

6. írasgna _____

Leamos un poco más

Antes de empezar, dime...

¿Cuánto sabes tú de los orígenes de los diferentes tipos de música? ¿Qué sabes sobre la importancia de la música en la vida de los jóvenes hispanoamericanos? Antes de leer, dinos tu opinión.

1. ¿Qué tipo de música prefieres tú? ¿Conoces la música de otros países y culturas? ¿Cuáles?

   _____

   _____

2. ¿Qué opinan los jóvenes latinoamericanos de la música popular en EE.UU. como el *soul*, el *rock*, el *rap* y el *jazz*?

   _____

   _____

3. ¿Crees que es muy popular esta música en Latinoamérica? ¿Por qué sí o por qué no?

   _____

   _____

4. ¿Sabes cuál es el origen de la rumba, la conga, el mambo, el chachachá, el calipso, el merengue, la guaracha y la salsa?

_____

_____

Lectura

La música y los jóvenes hispanos

Los jóvenes hispanos de hoy aceptan diversas manifestaciones de la música popular. Ellos conocen, tocan, cantan, bailan y admiran no sólo la música nativa, sino también la música de otros países y culturas. De hecho, el *soul,* el *rock,* el *rap* y el *jazz* son enormemente populares con los jóvenes hispanos.

La música popular tradicional combina música, canto y baile. De esta tradición viene el tango en Argentina, un baile que hoy se escucha, canta y baila en todo el continente. El bolero, música y baile que expresa tristeza, viene de los países del Caribe.

La música popular de los países cercanos al trópico es particularmente hermosa. De Colombia, Venezuela, Panamá, Cuba, Puerto Rico y la República Dominicana vienen estilos de gran movimiento, como la rumba, la conga, el mambo, el chachachá, el calipso, el merengue, la guaracha y la salsa. Estos ritmos sensuales, vivos y coloridos tienen raíces africanas.

Así, los jóvenes latinoamericanos conocen y aprecian realmente todo estilo de música. Todo tipo de música y todos los ritmos son verdaderamente una parte íntima de la vida diaria de los jóvenes latinoamericanos.

Y ahora, dime...

Compara los intereses en la música de los jóvenes latinoamericanos y los estadounidenses.

	Intereses de los jóvenes latinoamericanos	Intereses de los jóvenes estadounidenses
Música popular de EE.UU.: el *soul,* el *rock,* el *rap,* el *jazz,*...		
Música popular de Latinoamérica: la rumba, la conga, el mambo, el chachachá, el calipso,...		
Música de otros países y culturas		

Escribamos un poco más

El arte de la comunicación. *Con respecto a la buena comunicación, ¿eres una persona tímida o agresiva? ¿Cómo te comunicas en una fiesta con personas que no conoces? Describe lo que haces en uno o dos párrafos.*

_____

_____

_____

_____

_____

_____

_____

_____

_____

_____

_____

_____

_____

_____

_____

_____

_____

_____

_____

_____

_____

_____

Viajemos por el ciberespacio a... ESPAÑA

If you are a cyberspace surfer, try entering any of the following key words to get to many fascinating sites in **España:**

Casa Real España   **Cantantes de España**   **Cine de España**   **Pedro Almodóvar**

Or, better yet, simply go to the *¡Dímelo tú!* Web site using the following address:

http://www.harcourtcollege.com/spanish/dimelotu

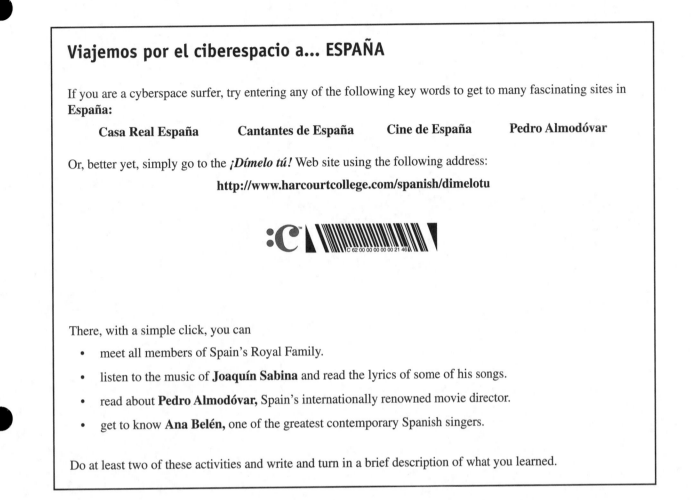

There, with a simple click, you can

- meet all members of Spain's Royal Family.

- listen to the music of **Joaquín Sabina** and read the lyrics of some of his songs.

- read about **Pedro Almodóvar,** Spain's internationally renowned movie director.

- get to know **Ana Belén,** one of the greatest contemporary Spanish singers.

Do at least two of these activities and write and turn in a brief description of what you learned.

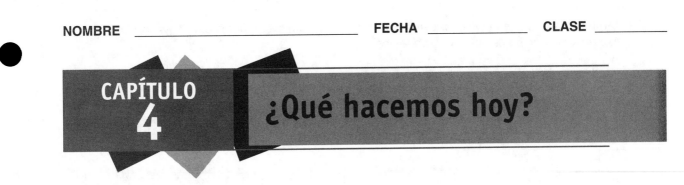

CAPÍTULO 4

¿Qué hacemos hoy?

Paso 1

En preparación

4.1 Demonstrative adjectives

Pointing out specific people, places, events, or things

A. ¡Modas! *You are shopping for clothes with a friend at the **Palacio de Hierro** in Mexico City. What does your friend say as you walk around the store?*

> **MODELO** corbatas / largo
> **Estas corbatas son largas.**

1. suéter / elegante

   _____

2. botas / grande

   _____

3. pantalones / corto

   _____

4. chaqueta / largo

   _____

5. sombrero / feo

   _____

6. vestidos / hermoso

   _____

B. ¡Decisiones! *Patricio is shopping for Christmas gifts for his family but, not finding anything he likes, he complains about everything he sees. What does he say?*

MODELO   rosas / largo y margaritas / caro

Estas rosas son muy largas y esas margaritas son muy caras.

1.   botas / caro y sombreros / feo

_____

_____

_____

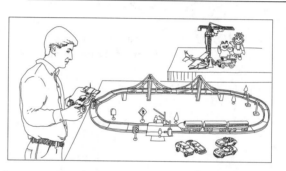

2.   faldas / corto y vestidos / largo

_____

_____

3.   autos / pequeño y avión / caro

_____

_____

_____

4.   cerveza / nacional y vino / nacional también

_____

_____

_____

5.   vestidos / feo y pantalones / corto

_____

_____

_____

4.2 Present tense of *e > ie* and *o > ue* stem-changing verbs

Describing activities

A. Estudiante típico. *Rogelio is a typical student. To find out why, complete this paragraph by writing the correct form of the verb in parentheses.*

Rogelio está en su apartamento estudiando. No **(1)** _____ (entender) un problema de cálculo.

(2) _____ (Querer) terminar la tarea, pero no **(3)** _____

(poder) concentrarse. **(4)** _____ (Pensar) en sus próximas vacaciones.

(5) _____ (Preferir) estar en una playa en Acapulco bebiendo una piña colada. Cuando sus

amigos **(6)** _____ (volver) al apartamento y **(7)** _____

(empezar) a estudiar, Rogelio **(8)** _____ (volver) a la realidad. ¡A estudiar otra vez!

B. ¡No voy! *Vicente does not want to go on vacation with his parents. Complete these sentences to see what excuses he gives them.*

1. yo / preferir / estar en casa

    _____

2. yo / no poder / dormir en hoteles

    _____

3. mi boleto *(ticket)* / costar mucho

    _____

4. ustedes / poder / hacer más si no voy

    _____

5. ustedes / volver / muy tarde para mis clases de verano

    _____

C. ¡Sí mamá, sí papá! *Vicente's parents call to find out how he is doing. How does he answer their questions?*

> **MODELO** ¿Empiezas a estudiar temprano? (sí, a las 4:00)
> **Sí, empiezo a estudiar a las cuatro.**

1. ¿Almuerzas bien? (sí)

   _____

2. ¿Tus amigos y tú vuelven tarde a la residencia? (no, 10:00)

   _____

3. ¿Cuál de las clases prefieres? (la clase de física)

   _____

4. ¿Duermes ocho horas todas las noches? (sí)

   _____

5. ¿Pierdes mucho tiempo mirando la tele? (no)

   _____

6. ¿Cuándo piensas volver a casa? (en diciembre)

   _____

Vocabulario

A. Significa lo mismo. *Indicate which of the substitutions can be made for the underlined word(s) without changing the meaning of the original sentence.*

1. ¿A qué hora <u>vuelven</u> los estudiantes?

   a. salen   b. van   c. regresan

2. Aquí en la residencia <u>almorzamos</u> entre las doce y las dos y media.

   a. estudiamos   b. comemos   c. lavamos

3. ¡Qué vestido tan <u>lindo</u> llevas!

   a. feo   b. hermoso   c. caliente

4. Estos tacos <u>son muy caros.</u>

   a. cuestan mucho   b. cuentan poco   c. son baratos

5. Por favor, ¿dónde se encuentran <u>los servicios</u> aquí en el museo.

   a. el restaurante y el café   b. los guías y guardias   c. los baños

B. Clasificación. *Classify each word in the list below in one of the four proposed categories.*

azul	falda	película	traje
blanco	fotos	rojo	vestido
cámara	guía	servicios	visita

museo	**ropa**	**colores**	**fotografía**
_____	_____	_____	_____
_____	_____	_____	_____
_____	_____	_____	_____

Diario interactivo personal

En tu diario interactivo personal, escribe sobre el siguiente tópico: **El arte.** *¿Qué importancia tiene para ti? ¿Qué tipo de arte prefieres tú? ¿Por qué?*

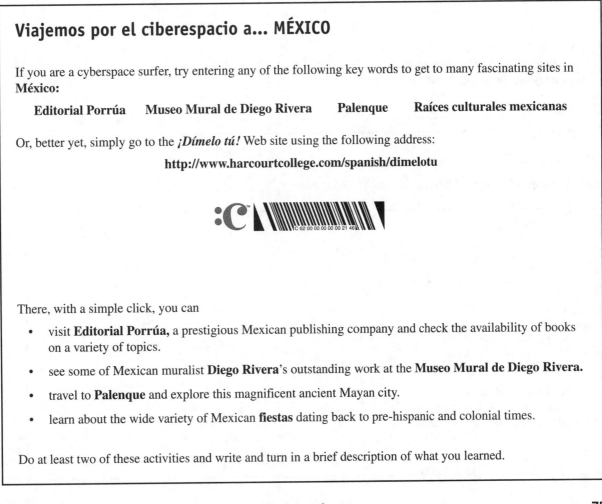

Viajemos por el ciberespacio a... MÉXICO

If you are a cyberspace surfer, try entering any of the following key words to get to many fascinating sites in **México:**

Editorial Porrúa   **Museo Mural de Diego Rivera**   **Palenque**   **Raíces culturales mexicanas**

Or, better yet, simply go to the *¡Dímelo tú!* Web site using the following address:

http://www.harcourtcollege.com/spanish/dimelotu

There, with a simple click, you can

- visit **Editorial Porrúa,** a prestigious Mexican publishing company and check the availability of books on a variety of topics.
- see some of Mexican muralist **Diego Rivera**'s outstanding work at the **Museo Mural de Diego Rivera.**
- travel to **Palenque** and explore this magnificent ancient Mayan city.
- learn about the wide variety of Mexican **fiestas** dating back to pre-hispanic and colonial times.

Do at least two of these activities and write and turn in a brief description of what you learned.

Paso 2

En preparación

4.3 Numbers above 200

Counting and writing checks

A. ¡Gané! *Congratulations! You just won a lot of money in the lottery. Write checks to buy things for you, your family, and your friends.*

1. Para _____:

   Una casa nueva ($750.499,00)

2729

626-1488

**Páguese al
portador** _____ $ _____

_____

**Banco Industrial, S.A.
Av. Américas 1729, Col. Provincia
Guadalajara, Jalisco C.P. 44620**

Memo _____   _____

---

2. Para _____:

   Un viaje por crucero a Europa para dos ($17.631,40)

2730

626-1488

**Páguese al
portador** _____ $ _____

_____

**Banco Industrial, S.A.
Av. Américas 1729, Col. Provincia
Guadalajara, Jalisco C.P. 44620**

Memo _____   _____

---

3. Para _____:

Un Toyota MR2 ($37.239)

	2731
	626-1488
Páguese al portador _____	**$** _____
_____	
Banco Industrial, S.A. **Av. Américas 1729, Col. Provincia** **Guadalajara, Jalisco C.P. 44620**	
Memo _____	_____

4. Para _____:

Un televisor gigante ($5.332,99)

	2732
	626-1488
Páguese al portador _____	**$** _____
_____	
Banco Industrial, S.A. **Av. Américas 1729, Col. Provincia** **Guadalajara, Jalisco C.P. 44620**	
Memo _____	_____

5. Para _____ :

   Dinero para tu organización favorita ($50.200)

	2733
	626-1488

Páguese al
portador _____ $ _____

_____

Banco Industrial, S.A.
Av. Américas 1729, Col. Provincia
Guadalajara, Jalisco C.P. 44620

Memo _____ _____

6. Para _____ :

   Un avión para tu uso personal ($169.673,23)

	2734
	626-1488

Páguese al
portador _____ $ _____

_____

Banco Industrial, S.A.
Av. Américas 1729, Col. Provincia
Guadalajara, Jalisco C.P. 44620

Memo _____ _____

B. ¡Profesiones! *How much do these professionals earn? Write out their salary, as if you were writing a check.*

1. El salario promedio *(average)* de un profesor es $52.450 al año.

   _____

2. El salario promedio de un recepcionista es $18.500 al año.

   _____

3. El salario básico del ejecutivo a cargo *(CEO)* de IBM es $2.000.000.

   _____

4. El salario promedio de un médico es $75.430.

   _____

5. El salario anual del presidente de los Estados Unidos es $400.000.

   _____

6. El salario anual del vicepresidente de los Estados Unidos es $81.400.

   _____

4.4 Comparisons of equality

Stating equivalence

¡Guerra de precios! *Palacio de Hierro* and *Gigante* are two men's clothing stores in Mexico City. How do their prices compare?

MODELO   camisas de manga larga
No son tan caras en Palacio de Hierro como en Gigante. [o]
No cuestan tanto en Palacio de Hierro como en Gigante.

Palacio de Hierro		Gigante
$19,00	camisas	$20,00
$45,00	pantalones	$40,00
$300,00	trajes	$300,00
$20,00	pijamas	$23,00
$10,00	medias para hombres	$7,00
$18,00	corbatas de seda *(silk)*	$15,00
$24,00	shorts (pantalones cortos)	$24,00

1. pantalones

_____

2. trajes

_____

3. pijamas

_____

4. medias para hombres

_____

5. corbatas de seda

_____

6. pantalones cortos

_____

Vocabulario

A. Asociaciones. *What words in column B do you associate with the words in column A?*

	A		B
_____	1. en rebaja	a.	zapatos
_____	2. blusa	b.	suéter
_____	3. algodón	c.	cheque
_____	4. corbata	d.	traje
_____	5. pagar	e.	seda
_____	6. par	f.	barato

B. Examen. *Circle the word that does not belong in each series.*

1. seda	zapato	algodón	lana
2. corbata	falda	blusa	vestido
3. traje	chaqueta	pantalón	lana
4. ganga	oferta	rebaja	impermeable
5. rojo	alemán	francés	japonés

C. ¿Qué necesitas? *Indicate what things from column B you need in order to do the things in column A.*

A		B
_____	1. para viajar a otro país	a. película
_____	2. para dormir	b. audífonos
_____	3. para caminar	c. pijama
_____	4. para visitar un museo	d. lana
_____	5. para sacar fotos	e. pasaporte
_____	6. para hacer un suéter	f. zapatos

Escribamos un poco más

Fiestas. *Escribe uno o dos párrafos sobre la importancia de* **la ropa.** *¿Es muy importante para ti? ¿Por qué? En tu opinión, ¿qué es apropiado llevar (wear) y qué no es apropiado llevar en las clases? ¿en una fiesta? ¿a...?*

_____

_____

_____

_____

_____

_____

_____

_____

_____

_____

_____

_____

_____

_____

_____

_____

_____

Viajemos por el ciberespacio a... MÉXICO

If you are a cyberspace surfer, try entering any of the following key words to get to many fascinating sites in **México:**

Artistas mexicanos contemporáneos　　　　**José Guadalupe Posada**
Diego Rivera　　　　　　　　　　　　　　　**Postales de México**

Or, better yet, simply go to the *¡Dímelo tú!* Web site using the following address:

http://www.harcourtcollege.com/spanish/dimelotu.

There, with a simple click, you can

- meet some great contemporary Mexican artists.

- visit the **Museo Virtual de Diego Rivera** and select your favorite work by this celebrated artist.

- get to know another famous Mexican artist, **José Guadalupe Posada.**

- send a postcard to your Spanish teacher from your favorite Mexican museum.

Do at least two of these activities and write and turn in a brief description of what you learned.

Paso 3
En preparación
4.5 Idioms with *tener*
Expressing feelings, obligations, and age

A. ¡Buen observador! *To pass the time at a restaurant, you keep an eye on everything going on around you. For everything you observe, as listed in the second column, select an appropriate* **tener** *idiom from the first column.*

_____　1.　Tiene prisa.　　　　　　　a.　Una persona saca su tarjeta de crédito.

_____　2.　Tiene sed.　　　　　　　　b.　Una persona come todo y quiere más.

_____　3.　Tiene hambre.　　　　　　c.　Una persona mira su reloj y quiere regresar a casa.

_____　4.　Tiene frío.　　　　　　　　d.　Una persona quiere un suéter.

_____　5.　Tiene que pagar.　　　　　e.　Una persona quiere beber un refresco.

_____　6.　Tiene sueño.　　　　　　　f.　Un niño duerme en su silla.

B. ¿Quieres ir de compras? *Two friends are going shopping. Complete their dialogue by filling in the blanks with the correct form of the following expressions.*

tener razón	tener que	tener miedo
tener sed	tener hambre	tener frío

ANDREA: ¿Quieres ir de compras?

MARTA: Sí, **(1)** _____ _____ comprar un regalo *(gift)* para el día de las Madres.

ANDREA: Vamos, pues. Pero primero quiero ir a la residencia por un suéter porque **(2)** _____

_____. La temperatura está a 55 grados.

MARTA: ¡Tú **(3)** _____ _____! Yo también necesito un suéter.

(En el centro)

ANDREA: ¿Sabes? Yo no comí esta mañana y ahora **(4)** _____ _____. Vamos a

comer, ¿quieres?

MARTA: Está bien, pero no voy a comer mucho porque **(5)** _____ _____ de subir

de peso *(gain weight)*. Pero **(6)** _____ _____ y puedo tomarme un

refresco.

ANDREA: Vamos, pues.

4.6 Preterite of *ir, ser, poder,* and *tener*

Narrating in past time

A. ¿Qué hicieron anoche? *Martín and Leticia are talking about what they did last night. Complete their dialogue by filling in the blanks with the correct preterite form of **ir, ser, poder,** or **tener.***

LETICIA: ¿Qué hicieron anoche? ¿Fueron al teatro?

MARTÍN: No, no **(1)** _____ obtener boletos. Por eso Graciela y yo **(2)** _____ al cine.

La película **(3)** _____ muy buena. Y ustedes, ¿adónde **(4)** _____ anoche?

LETICIA: Paco y yo **(5)** _____ a cenar temprano en el Sanborns de la Zona Rosa. Después,

Paco **(6)** _____ que trabajar desde la media noche hasta las ocho de la mañana.

B. Fue ayer. *Everything your friend asks you already happened yesterday. Answer your friend's questions using the preterite in your response.*

> **MODELO** ¿Cuándo vas al banco?
> **Fui al banco ayer.**

1. ¿Cuándo tienen ustedes el examen de español?

   _____

2. ¿Cuándo es la fiesta de Paula?

   _____

3. ¿Cuándo vas a la nueva película?

   _____

4. ¿Cuándo tienen Carlos y Sara que pagar el alquiler?

   _____

5. ¿Cuándo puedes hablar con el profesor?

   _____

6. ¿Cuándo va Sara a Cancún?

   _____

Vocabulario

A. Definiciones y situaciones. *Indicate which situation in column B explains the meaning of each expression in column A.*

	A		**B**
_____	1. tener hambre	a.	querer dormir
_____	2. tener frío	b.	querer beber
_____	3. tener sueño	c.	saber la respuesta correcta
_____	4. tener ganas de	d.	necesitar un suéter
_____	5. tener razón	e.	querer comer
_____	6. tener sed	f.	desear

B. Sinónimos. *Write a synonym for each of the following words.*

1. varón   _____

2. dama   _____

3. baño   _____

4. lindo _____

5. oferta _____

6. excursión _____

C. Crucigrama. *After so much work, a little entertainment. Do this crossword puzzle for fun.*

Horizontal

2. hombres que llevan comida a las mesas donde están los clientes
6. uno de los dos verbos equivalentes al verbo *to be* del inglés
9. usar la cámara: _____ fotografías
10. preposición
11. adjetivo demostrativo *(masc. pl.)*
13. *raincoat*
15. ¡_____ siento!
16. chaqueta y pantalón del mismo color
17. adjetivo demostrativo *(masc. pl.)*
19. *grade*
21. tercera persona del singular del verbo *ser*
22. el plural de **cosa**
23. *almost*
25. administrador

Vertical

1. ropa de mujer *(pl.)*
3. cosas que compramos cuando viajamos
4. uno de los dos verbos equivalentes al verbo *to be* del inglés
5. nadar (yo)
7. donde viven los estudiantes universitarios
8. los usamos cuando caminamos en la calle
9. que tiene el carácter grave
11. artículo definido singular *(masc.)*
12. tela *(material, cloth)* de lujo
14. *boots*
15. mirar el texto de un libro, etc.
18. forma corta de **televisión**
19. palabra negativa
20. **tanto** ante adjetivo: _____ bueno
22. en la compañía de *(preposición)*
24. contracción: **a** + **el**

Leamos un poco más

Antes de empezar, dime...
*Antes de leer **Mazatlán, una ciudad costera**, contesta estas preguntas.*

1. ¿Por que son tan populares las ciudades de la costa? ¿Qué atrae *(attracts)* a tantas personas a estas ciudades?

   _____

   _____

2. ¿Conoces algunas ciudades costeras en los Estados Unidos? ¿Cuáles? ¿Con qué frecuencia las visitas? ¿Qué haces allí cuando visitas?

   _____

   _____

3. México tiene varias ciudades costeras muy famosas. ¿Puedes nombrar algunas? ¿Dónde están, en el océano Pacífico o el océano Atlántico? Si es necesario, mira en el mapa de México en el libro de texto.

   _____

   _____

Lectura

Mazatlán, una ciudad costera

Esta pequeña península del océano Pacífico es por muchos años un refugio de piratas. Pero hace más de cien años, a finales del siglo XIX, Mazatlán se convierte en el primer puerto mexicano con una industria turística.

Con sus estupendas playas y abundancia de vida marítima, Mazatlán es el paraíso para personas interesadas en la pesca y en deportes acuáticos. Personas de todas partes del mundo vienen a Mazatlán a pescar y a practicar los deportes acuáticos.

Mazatlán tiene unas de las playas más atractivas de México. Entre ellas están Las Gaviotas, Cerritos, Sábado, Camarón Sábado y Norte. Allí se puede ir para nadar o para darse un estupendo baño de sol. Allí también se puede encontrar una abundancia de excelentes restaurantes, tiendas y hoteles.

El Centro Histórico de Mazatlán ofrece el ambiente tradicional de la antigua provincia mexicana. Allí también se encuentran famosos restaurantes especializados en pescado y mariscos.

Y ahora, dime...

Compara Mazatlán con tu ciudad costera favorita de los Estados Unidos.

	Ciudad costera en EE.UU.: _____	Mazatlán
Interés histórico:		
Interés deportivo:		
Calidad de playas:		

Escribamos un poco más

Compara a dos personas de la clase. Decide a quiénes quieres comparar y escribe un párrafo para explicar cómo son semejantes.

_____

_____

_____

_____

_____

_____

_____

_____

_____

Viajemos por el ciberespacio a... MÉXICO

If you are a cyberspace surfer, try entering any of the following key words to get to many fascinating sites in **México:**

    Periódicos mexicanos   **Cocina mexicana**   **Tiempo Libre**   **Teatros de México**

Or, better yet, simply go to the *¡Dímelo tú!* Web site using the following address:

          http://www.harcourtcollege.com/spanish/dimelotu

There, with a simple click, you can

- compare today's headlines of some of Mexico's most prestigious newspapers.

- look at **Revista Tiempo Libre** and decide what you and a friend could do if you were spending the weekend in Mexico City.

- learn about Mexican cuisine in **Cocina mexicana.**

- find out what groups will be performing this month at the **Auditorio Nacional** and what it costs to attend a concert there.

Do at least two of these activities and write and turn in a brief description of what you learned.

CAPÍTULO 5

¡Hogar, dulce hogar!

Paso 1

En preparación

5.1 Adverbs of time

Expressing time and frequency

A. ¿Cómo eres? *Quieres mudarte a un nuevo apartamento. ¿Cómo contestas las preguntas que te hacen los dueños del apartamento? Usa las siguientes expresiones en tus respuestas.*

a veces	nunca	tarde
casi nunca	pocas veces	temprano
con frecuencia	siempre	todos los días

1. ¿Organizas fiestas con frecuencia?

   _____

2. ¿Pones el volumen del estéreo muy alto?

   _____

3. ¿Estudias toda la noche?

   _____

4. ¿Con qué frecuencia bebes alcohol?

   _____

5. ¿Usas drogas ilegales?

   _____

B. ¡Qué diferencia! *Tu compañero(a) de cuarto es argentino(a). Ustedes son muy diferentes. En realidad, ¡son totalmente opuestos(as)! Escribe cómo eres tú basándote en* (based on) *la descripción de él (ella).*

   MODELO   Siempre bebe mate por la mañana.
                  Yo nunca bebo mate.

1. Siempre lee el periódico de la universidad.

   _____

2. Estudia en la biblioteca con frecuencia.

_____

3. Llega a clase temprano.

_____

4. Escucha música clásica todos los días.

_____

5. Nunca va a partidos de fútbol americano.

_____

5.2 Prepositions

Describing the position of things

A. ¡En la misma calle! *¿Quiénes viven cerca de Santiago? Consulta el plano de su calle y contesta las preguntas.*

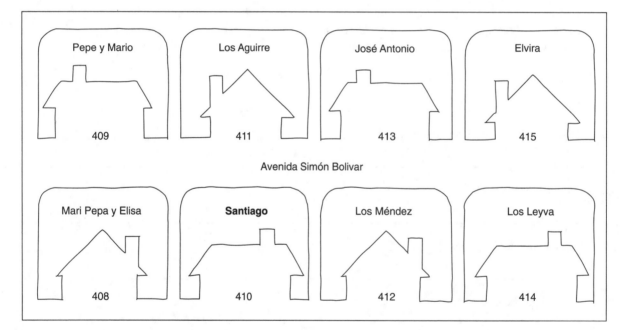

1. ¿Quiénes viven al lado de Santiago?

_____

2. ¿Quiénes viven enfrente de Santiago?

_____

3. ¿Quiénes viven a la izquierda de José Antonio? ¿a la derecha?

_____

4. ¿Quiénes viven al lado de los Leyva?

_____

5. ¿Quiénes viven más lejos de Elvira?

_____

B. ¡Descríbemelo! *Describe dónde están las cosas en relación con otras. Usa algunas de las siguientes expresiones.*

a la izquierda	al lado	debajo	encima	entre
a la derecha	cerca	detrás	delante de	lejos

    MODELO   el teléfono / sofá
                  El teléfono está cerca del sofá.

1. el perro / mesita

_____

2. libros / sofá

_____

3. mesita / puerta

_____

4. sofá / puerta y mesita

_____

5. lámpara / sofá

_____

Vocabulario

A. Categorías. *Indica a qué categoría de la columna B pertenecen* (belong) *las palabras de la columna A.*

A (palabras)	B (categorías)
_____ 1. sillón	a. animales
_____ 2. alcoba	b. edificios
_____ 3. gato	c. habitaciones
_____ 4. edad	d. muebles
_____ 5. iglesia	e. parientes
_____ 6. tío	f. datos personales

B. Lo esencial. *¿Qué necesitas para hacer las siguientes cosas? Completa las oraciones lógicamente, usando palabras de la lista.*

cama	estéreo	lámpara	puerta
dinero	garaje	muebles	televisor

1. No puedo leer de noche sin _____.

2. No puedo ver mi programa favorito sin _____.

3. No puedo pagar el alquiler sin _____.

4. No puedo dormir sin _____.

5. No puedo escuchar canciones sin _____.

C. ¿Dónde? *¿Cuál de las palabras de la lista es el lugar normal de las siguientes acciones?*

calle	comedor	garaje
cocina	cuarto	sala

1. Juan duerme.   _____

2. Josefina camina.   _____

3. Pedro mira televisión.   _____

4. Sofía aparca *(parks)* el auto.   _____

5. Arturo prepara la comida.   _____

6. Juan come.   _____

Diario interactivo personal

*En tu diario interactivo personal, escribe sobre el siguiente tema: **Mi espacio privado.** ¿Por qué es importante tener espacio privado? ¿Dónde está y cómo es tu espacio privado? ¿Qué haces en tu espacio privado?*

Viajemos por el ciberespacio a... ARGENTINA

If you are a cyberspace surfer, try entering any of the following key words to get to many fascinating sites in **Argentina:**

Aerolíneas Argentinas **Las Leñas** **Península Valdés** **Bariloche**

Or, better yet, simply go to the *¡Dímelo tú!* Web site using the following address:

http://www.harcourtcollege.com/spanish/dimelotu

There, with a simple click, you can

- plan your flight to Argentina with **Aerolíneas Argentinas.**
- calculate what it would cost you to go skiing this summer at **Las Leñas** Ski Resort.
- decide on the best time of the year to visit **Península Valdés,** to see hundreds of whales, thousands of sea lions, and millions of penguins.
- visit **Bariloche,** Argentine capital of winter sports.

Do at least two of these activities and write and turn in a brief description of what you learned.

Paso 2

En preparación

5.3 *Ser* and *estar:* A second look

Describing people and things and telling time

A. ¡Un nuevo compañero! *Tienes un nuevo compañero de apartamento y le estás mostrando* (are showing him) *el apartamento. ¿Qué le dices?*

> MODELO   apartamento / cómodo
> **El apartamento es cómodo.**

1. tu habitación / grande

   _____

2. los muebles / en buenas condiciones

   _____

3. el comedor / al lado de la cocina

   _____

4. la alfombra / verde

   _____

5. baño / cerca de tu habitación

   _____

B. ¿Cómo lo hacen? *Compara la casa de tus padres con tu apartamento, usando la forma apropiada de* **ser** *o* **estar.**

Yo **(1)** _____ muy contento con mi apartamento. No **(2)** _____ muy grande, pero

(3) _____ cómodo. El problema es que siempre **(4)** _____ sucio. ¡No sé por qué! Yo limpio

mi apartamento con frecuencia, ¡por lo menos una vez al mes! En cambio *(On the other hand),* la casa de mis padres

(5) _____ muy grande pero nunca **(6)** _____ sucia. ¿Cómo lo hacen? Yo no comprendo.

Vocabulario

A. Antónimos. *Escribe el antónimo de los siguientes adjetivos.*

1. limpio   _____

2. grande _____

3. barato _____

4. nuevo _____

5. lejos _____

6. mayor _____

B. A completar. *Completa las siguientes oraciones lógicamente con una de las palabras de la lección.*

1. En un _____ hay muchas tiendas diferentes.

2. En el _____ puedo comprar comida.

3. Si los muebles son viejos y no son cómodos decimos que están en muy malas _____.

4. Es fácil ir a la universidad. Hay una _____ de autobuses enfrente de mi casa.

5. No puedo vivir en ese apartamento porque el _____ es muy caro.

Escribamos un poco más

Mi mejor amigo(a). *¿Cómo te comparas con tu mejor amigo(a)? ¿Qué tienen en común y en qué son diferentes? Escribe una comparación detallada.*

_____

_____

_____

_____

_____

_____

_____

_____

_____

_____

_____

_____

Viajemos por el ciberespacio a... ARGENTINA

If you are a cyberspace surfer, try entering any of the following key words to get to many fascinating sites in **Argentina:**

| **Museos de Argentina** | **Música argentina** | **Escritores argentinos** | **Tango** |

Or, better yet, simply go to the *¡Dímelo tú!* Web site using the following address:

http://www.harcourtcollege.com/spanish/dimelotu

There, with a simple click, you can

- discover Argentina's five most prestigious museums.
- read the lyrics of some of Argentina's most popular songs and discover who composed them.
- get to know four of Argentina's greatest writers.
- learn all about the **tango,** including how to dance it.

Do at least two of these activities and write and turn in a brief description of what you learned.

Paso 3
En preparación
5.4 Comparisons of inequality
Comparing and contrasting

A. ¡Mis hermanos! *Compárate* (Compare yourself) *con uno(a) de tus hermanos(as) o con un(a) buen(a) amigo(a).*

> MODELO   ¿Quién es más delgado?
> **Yo soy más delgado(a) que mi hermano(a) / amigo(a).**

1. ¿Quién es menos alto?

   _____

2. ¿Quién es mejor en matemáticas?

   _____

3. ¿Quién es mayor?

_____

4. ¿Quién es más ordenado?

_____

5. ¿Quién tiene más paciencia?

_____

B. ¡Prefiero un apartamento! *Quieres convencer a tus padres de que te conviene vivir en un apartamento y no en la residencia estudiantil. Usa la información siguiente para convencerlos.*

Residencia	Apartamento
• $600 al mes por persona	• $300 al mes por persona
• dos personas por habitación	• una persona por habitación
• comida mala	• comida no tan mala
• habitación pequeña	• habitación grande
• un baño para 4 ó 5 personas	• un baño para 2 personas
• hay mucho ruido *(noise)*	• no hay mucho ruido

> **MODELO** ¿Cómo se compara la comida?
> **La comida en la residencia es peor.** [o]
> **La comida en el apartamento es mejor.**

1. ¿Cómo se comparan las habitaciones?

_____

2. ¿Cómo se compara el ruido?

_____

3. ¿Cómo se compara el número de personas por habitación?

_____

4. ¿Cómo se comparan los baños?

_____

5. ¿Cómo se compara el costo?

_____

5.5 *Por* and *para:* A first look
Expressing direction and means

A. ¡A Bahía Blanca! *Quieres ir a Bahía Blanca y tu amigo(a) te pregunta por qué. Escoge **por** o **para** al contestar.*

1. —¿Por qué quieres ir a Bahía Blanca?

   —Voy a Bahía Blanca (por / para) pasar *(spend)* una semana divertida.

2. —Pero, ¿por qué Bahía Blanca?

   —(Por / Para) mí es muy divertido.

3. —¿Cómo vas a conseguir *(get)* los boletos?

   —Llamo (por / para) teléfono a una agencia de viajes.

4. —¿Cómo vas?

   —Voy (por / para) coche.

5. —¿Qué ruta van a tomar?

   —Vamos (por / para) la costa (por / para) poder ver las playas en Mar del Plata y Miramar.

B. ¡La primera visita! *¿Por qué está nervioso este chico? Completa la siguiente carta con **por** o **para**.*

Querida Dolores del Corazón:

Este fin de semana voy a la casa de mi novia **(1)** _____ conocer a sus padres. En realidad no quiero ir;

(2) _____ mí, es mejor hablarles **(3)** _____ teléfono. Su casa está muy lejos y

(4) _____ llegar allá es muy difícil porque no conozco la ciudad. Tengo que pasar **(5)** _____

cinco ciudades. También necesito buscar una florería elegante **(6)** _____ comprarle flores a la madre de

mi novia. Además es mejor **(7)** _____ ellos si no los visito porque no tienen que cocinar nada

especial **(8)** _____ la cena. ¿No es mejor si no voy?

Nervioso

Vocabulario

A. Un buen apartamento. *Maruja Castro es estudiante de medicina en la Universidad de Buenos Aires y busca apartamento. Está hablando con el dueño de un apartamento ahora. Maruja le explica lo que quiere. Según las respuestas del dueño, el apartamento es ideal. Indica para cada cosa que dice Maruja cuál es la respuesta del dueño.*

Maruja

_____ 1. No tengo auto.

_____ 2. No tengo muebles.

_____ 3. Tengo un perro.

_____ 4. Necesito el apartamento esta semana.

_____ 5. No puedo estudiar si hay mucho ruido.

_____ 6. Prefiero preparar mi comida porque no me gusta el restaurante de la universidad.

Dueño

a. El apartamento está amueblado.

b. El apartamento está desocupado.

c. El apartamento tiene una cocina completa, con nevera y lavaplatos.

d. Esta calle es muy tranquila.

e. Hay una parada de autobús enfrente.

f. Permitimos animales domésticos.

B. Por eso. *Enrique needs many things for his apartment, but what's the real reason he's had to get a part-time job? Unscramble each of the things he wants to buy and then unscramble the letters in the shaded spaces to find out why Enrique's working nights.*

___ ___ ___ ___ ___ ___ ___ ___ ___ ___

1. slmueeb

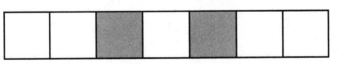

2. vnerae

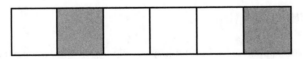

3. sveertoil

4. fralbamo

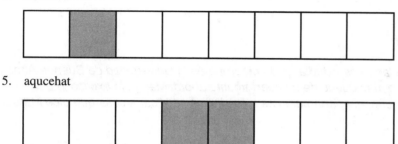

5. aqucehat

Leamos un poco más

Antes de empezar, dime...

Antes de leer, completa la primera columna con respecto a **La familia en EE.UU.** *Luego lee la selección y vuelve a este cuadrado para completar la segunda columna:* **La familia hispánica.**

	La familia en EE.UU.	La familia hispánica
1. ¿En qué consiste la familia?		
2. ¿En qué consiste la vida social de la familia?		
3. ¿Cuánto apoyo reciben de sus tíos y primos?		
4. ¿Qué probabilidad hay de trabajar por un pariente?		
5. ¿Cómo afecta la familia a la sociedad?		

Lectura

La familia hispánica

La familia es la institución más importante de la sociedad hispánica. La familia hispana incluye no sólo a los padres e hijos, sino también a los abuelos, tíos, hermanos, nietos *(grandchildren)*, cuñados *(in-laws)* y aun padrinos. Por eso, es común ver a dos o tres generaciones en la misma casa, y no solamente por razones económicas. Prefieren vivir rodeados de familia.

Dentro del grupo familiar hay una vida social activa. Se reúnen con frecuencia para celebrar cumpleaños, aniversarios, bodas, bautismos y funerales. Estas celebraciones siempre incluyen a toda la familia —aun los niños. De esta manera los niños aprenden a portarse o actuar bien en la presencia de adultos y los adultos nunca se ponen demasiado viejos para estar con los niños.

La familia ofrece un sistema de apoyo *(support)* sentimental y económico para jóvenes y mayores, niños y ancianos. Por lo general, la familia ofrece más seguridad en cuanto a la comida, la vivienda y el trabajo de lo que puede ofrecer la ciudad o el estado.

La lealtad *(loyalty)* a la familia es muy fuerte y se extiende a todos los aspectos de la vida. El dueño de un negocio *(business)* casi tiene la obligación de emplear a un pariente. Si una persona necesita un trabajo, va primero a un pariente que tenga una tienda o fábrica. Si un joven tiene dificultad en hablar de sus problemas personales con sus padres, va a hablar con una tía o un primo porque son «de la familia». Claro está que casi nunca hay necesidad de un *baby-sitter* porque casi siempre hay un pariente que puede estar con el niño.

En el mundo político es común que muchos miembros de una familia tengan trabajos en el mismo departamento. Generalmente hay más ventajas que desventajas en este sistema. La familia conoce bien a los miembros de la familia. Por eso, el tío viejo no tiene problema en ofrecer un trabajo a un sobrino joven que conoce desde niño. Esto es preferible a emplear a un desconocido.

La familia hispana es una institución fuerte y conservadora que da fuerza y estabilidad a la nación. Es una de las razones por las que los graves problemas económicos que ha sufrido Hispanoamérica en los últimos años no han producido problemas sociales más grandes.

Y ahora, dime...

Compara a la familia estadounidense con la familia hispánica. Indica en la lista a la izquierda las características de la familia estadounidense y en la de la derecha las de la familia hispánica según esta lectura. En el medio pon todas las características que tienen en común.

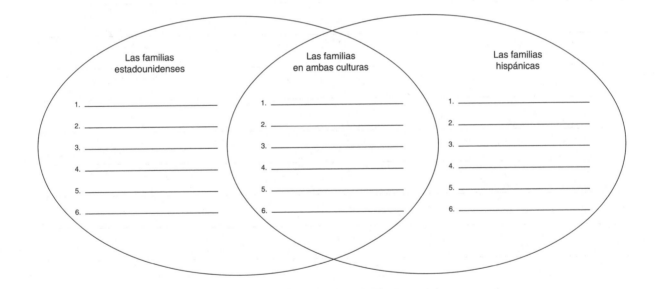

Las familias estadounidenses

1. _____
2. _____
3. _____
4. _____
5. _____
6. _____

Las familias en ambas culturas

1. _____
2. _____
3. _____
4. _____
5. _____
6. _____

Las familias hispánicas

1. _____
2. _____
3. _____
4. _____
5. _____
6. _____

Escribamos un poco más

Familias. *¿Cómo es la familia típica estadounidense? Compara y contrasta a tu familia con la familia hispana típica.*

_____

_____

_____

_____

_____

_____

_____

_____

_____

_____

_____

_____

_____

_____

_____

_____

_____

_____

_____

_____

Viajemos por el ciberespacio a... ARGENTINA

If you are a cyberspace surfer, try entering any of the following key words to get to many fascinating sites in **Argentina:**

Evita Perón   **Vino argentino**   **Madres de la Plaza de Mayo**   **Malvinas**

Or, better yet, simply go to the *¡Dímelo tú!* Web site using the following address:

http://www.harcourtcollege.com/spanish/dimelotu

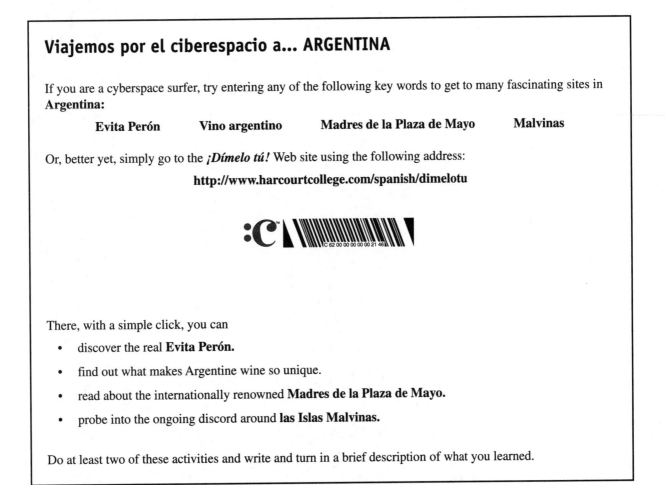

There, with a simple click, you can

- discover the real **Evita Perón.**

- find out what makes Argentine wine so unique.

- read about the internationally renowned **Madres de la Plaza de Mayo.**

- probe into the ongoing discord around **las Islas Malvinas.**

Do at least two of these activities and write and turn in a brief description of what you learned.

CAPÍTULO 6

Un comunicado especial

Paso 1

En preparación

6.1 Preterite of regular verbs

Providing and requesting information about past events

A. ¿Cómo fue eso? *Para saber lo que les pasó a mis amigos anoche, pon todos los verbos en el pretérito.*

Mis dos amigos Francisco y Raúl **(1)** deciden salir a comer a un restaurante. **(2)** Comen en un restaurante mexicano excelente. Cuando **(3)** salen del restaurante, mis amigos no **(4)** encuentran su coche. Raúl **(5)** llama a la policía. La policía **(6)** llega en veinte minutos. Desafortunadamente, la policía **(7)** encuentra el coche totalmente destruido. Afortunadamente, la policía **(8)** arresta a dos personas.

1. _____
2. _____
3. _____
4. _____
5. _____
6. _____
7. _____
8. _____

B. ¿Qué pasó? *Completa el siguiente párrafo para saber qué le pasó a esta persona anoche.*

Mi compañero de cuarto **(1)** _____ (preparar) la cena anoche. Yo

(2) _____ (comer) muy rápido y **(3)** _____ (salir)

de la casa a las siete y quince. Yo **(4)** _____ (caminar) al apartamento de mi novia

y entonces ella y yo **(5)** _____ (descubrir) que su coche no estaba en el garaje. Ella

(6) _____ (llamar) a la policía. Ellos nos **(7)** _____

(interrogar) por una hora. Entonces mi novia **(8)** _____ (decidir) llamar a sus padres.

Ellos **(9)** _____ (llegar) más tarde y **(10)** _____ (ofrecer)

prestarle *(lend her)* uno de sus coches. ¡Qué padres!

C. ¿Oíste las noticias? *Completa este párrafo para saber cómo Radio Guatemala reportó el incidente anterior en las noticias.*

Anoche, al terminar de cenar, un estudiante de la Universidad de San Carlos de Guatemala **(1)** _____ (salir) de su apartamento para visitar a su novia. Ellos **(2)** _____ (encontrar) que el coche de la joven no estaba en el garaje. La joven **(3)** _____ (llamar) en seguida a la policía. A eso de las dos de la mañana la policía **(4)** _____ (arrestar) a dos personas en el coche. El chófer del coche **(5)** _____ (insistir) que era *(it was)* el coche de su padre. Cuando la policía **(6)** _____ (llamar) al padre, él **(7)** _____ (declarar) que el coche no era de él.

D. Prensa Libre. *Completa las siguientes noticias internacionales del periódico guatemalteco* Prensa Libre, *para saber lo que pasó en el verano del año 2000.*

1. En Panamá: La presidenta de Panamá, Mireya Morosco, _____ (convocar) a los cinco presidentes de Centroamérica para hablar del TLC (Tratado de Libre Comercio).

2. En Guatemala: Los vendedores de combustibles _____ (rechazar) regular los precios de la gasolina. Los comerciantes y el gobierno _____ (iniciar) un largo diálogo.

3. En Colombia: Las Fuerzas Armadas Revolucionarias de Colombia (FARC) _____ (ejecutar) cinco ataques de terrorismo en pequeñas poblaciones. Más de 25 personas _____ (perder) la vida.

4. En El Salvador: Los miembros de la Asamblea Legislativa _____ (discutir) una nueva Ley Forestal.

5. En México: Por primera vez en su historia el PRI _____ (perder) las elecciones nacionales. Vicente Fox _____ (ganar) de manera rotunda.

Diario interactivo personal

En tu diario interactivo personal, escribe sobre el siguiente tema: **Me siento (muy mal / muy bien) porque la semana pasada...** *Explica un incidente importante en tu vida que te pasó (happened to you) la semana pasada. Describe el incidente en detalle.*

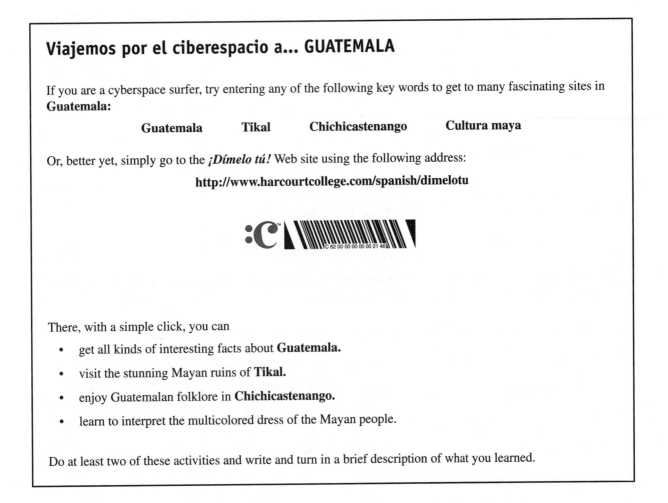

Viajemos por el ciberespacio a... GUATEMALA

If you are a cyberspace surfer, try entering any of the following key words to get to many fascinating sites in **Guatemala:**

Guatemala   **Tikal**   **Chichicastenango**   **Cultura maya**

Or, better yet, simply go to the *¡Dímelo tú!* Web site using the following address:

http://www.harcourtcollege.com/spanish/dimelotu

There, with a simple click, you can

- get all kinds of interesting facts about **Guatemala.**
- visit the stunning Mayan ruins of **Tikal.**
- enjoy Guatemalan folklore in **Chichicastenango.**
- learn to interpret the multicolored dress of the Mayan people.

Do at least two of these activities and write and turn in a brief description of what you learned.

Paso 2
En preparación
6.2 Preterite of verbs with spelling changes
Describing in past time

A. ¡Robo! *¿Qué pasó cuando tus amigos te gastaron una broma* (played a joke)*? Completa estas oraciones para contar lo que sucedió.*

> **MODELO**   ayer / comprar / la bicicleta perfecta
> **Ayer compré la bicicleta perfecta.**

1. durante / noche / yo oír / ruido *(noise)*

2. (yo) salir / cuarto / y / buscar / bicicleta

_____

3. (yo) no encontrar / bicicleta

_____

4. (yo) decidir / llamar / policía

_____

5. (yo) empezar / a marcar 911

_____

6. en ese momento dos amigos salir / del baño con / bicicleta

_____

B. Deportes 2000. *Completa las siguientes noticias deportivas de* Prensa Libre *para saber lo que pasó en el verano del año 2000 en el mundo de los deportes.*

1. Fútbol: En la eliminatoria de la CONCACAF para el próximo Mundial en 2002, Honduras _____

(eliminar) a El Salvador. Honduras _____ (derrotar) a El Salvador 5 a 2.

En Europa, Francia se _____ (llevar) la Euro Copa. Francia _____ (vencer) a Italia 2 a 1.

2. Ciclismo: El norteamericano Lance Armstrong _____ (ganar) por segunda vez el *Tour de France.*

3. Boxeo: Félix Trinidad _____ (derrotar) por KO a Mamadou Thiam. Félix _____

(celebrar) su victoria en Miami.

4. Tenis: En Wimbledon, Venus Williams _____ (ser) la campeona.

5. Atletismo: Marion Jones _____ (calificar) para las olimpiadas en Sidney.

Vocabulario

A. Clasificaciones. *Clasifica los siguientes verbos y expresiones según las categorías propuestas.*

aclamar	empatar	ganar	morir	vencer
avión	explotar	gritar	ritmo	

concierto rock	**accidentes**	**equipos deportivos**
_____	_____	_____
_____	_____	_____
_____	_____	_____

B. Fragmentos de noticias. *Completa estos reportes del telediario de manera lógica con las palabras de esta lista. Usa el pretérito de los verbos.*

anunciar	empatar	ganar
campeonato	encontrar	negocios
desactivar	establecer	tener

1. El ex presidente del país _____ las elecciones presidenciales que

    _____ lugar en el mes de noviembre.

2. Rigoberta Menchú _____ que _____ una

    fundación para ayudar a los indígenas necesitados.

3. En el mundo de los _____ Guatemala recibió un préstamo *(loan)* de un millón de

    dólares del Banco Internacional.

4. Ayer nuestro equipo _____ 3 a 3. Si no gana el partido de mañana, no va a jugar

    en el _____.

5. Un niño _____ una bomba en el baño de la estación de trenes, pero la policía la

    _____.

Escribamos un poco más

La semana pasada. *Haz una lista de diez cosas que hiciste durante la semana pasada. Usa el pretérito.*

_____

_____

_____

_____

_____

_____

_____

_____

_____

_____

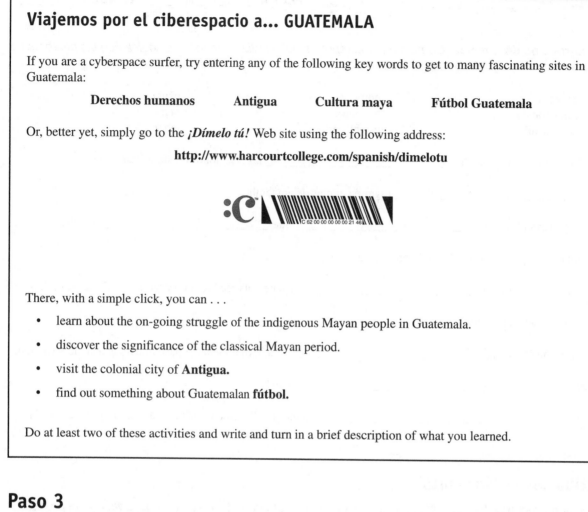

Viajemos por el ciberespacio a... GUATEMALA

If you are a cyberspace surfer, try entering any of the following key words to get to many fascinating sites in Guatemala:

Derechos humanos   **Antigua**   **Cultura maya**   **Fútbol Guatemala**

Or, better yet, simply go to the *¡Dímelo tú!* Web site using the following address:

http://www.harcourtcollege.com/spanish/dimelotu

There, with a simple click, you can . . .

- learn about the on-going struggle of the indigenous Mayan people in Guatemala.
- discover the significance of the classical Mayan period.
- visit the colonial city of **Antigua.**
- find out something about Guatemalan **fútbol.**

Do at least two of these activities and write and turn in a brief description of what you learned.

Paso 3
En preparación
6.3 Preterite of *estar, decir,* and *hacer*
Narrating about the past

A. Ya lo hicimos. *Todo lo que quiere saber tu compañero(a) pasó ayer. Ahora, contesta sus preguntas.*

> MODELO   ¿Cuándo dijeron eso tus padres?
> **Mis padres dijeron eso ayer.**

1. ¿Cuándo estuviste aquí la última vez?

   _____

2. ¿Cuándo hicieron la tarea tú y Yolanda?

   _____

3. ¿Cuándo hiciste las galletas *(cookies)*?

_____

4. ¿Cuándo dijeron eso?

_____

5. ¿Cuándo estuvieron tus padres aquí?

_____

B. Comida en el Parque Minerva. *¿Cómo pasó la tarde la familia González? Para saberlo, completa las siguientes oraciones.*

> **MODELO**   Carlos / estar muy contento
> **Carlos estuvo muy contento.**

1. mamá / hacer los sándwiches

_____

2. Rafael y yo / estar en casa de tía Matilde

_____

3. (nosotros) / decir: «¿Quiere acompañarnos?»

_____

4. tía Matilde / decir que sí

_____

5. tía Matilde y yo / hacer un pastel muy especial

_____

6. el pastel / estar delicioso

_____

6.4 The pronoun *se:* Special use

Making announcements

A. Planes. *Este restaurante guatemalteco es un desastre económico. El dueño está tratando* (trying) *de cambiar las cosas. Usando el pronombre* **se,** *describe lo que se necesita hacer para mejorar la situación.*

> MODELO   El cocinero es malísimo. (contratar / bueno)
> **Se necesita contratar un cocinero bueno.**

1. Las mesas son muy viejas. (comprar / nuevas)

   _____

2. Los meseros son antipáticos. (buscar / simpáticos)

   _____

3. El administrador es perezoso. (buscar / trabajador)

   _____

4. Las sillas son feas. (comprar / bonitas)

   _____

5. El cajero *(cashier)* es deshonesto. (buscar / honesto)

   _____

6. Los cocineros son malos. (encontrar / competentes)

   _____

B. En la residencia. *¿Cómo es la vida en tu residencia? Indica si ocurre o si no ocurre lo siguiente.*

> MODELO   hacer mucho ruido *(noise)*
> **Se hace mucho ruido.** [o]
> **No se hace mucho ruido.**

1. escuchar música todo el día

   _____

2. pedir la tarjeta de identidad al entrar

   _____

3. organizar actividades y partidos

   _____

4. permitir llevar comida a las habitaciones

_____

5. poder cocinar en las habitaciones

_____

6. dormir bien

_____

Vocabulario

A. Leyendo el periódico *Prensa Libre.* *En cada grupo hay una palabra que probablemente no se encuentra en los artículos de periódico de las secciones indicadas. ¿Cuál es?*

1. *Noticias policiales*

   pistola   policía   piscina   drogas

2. *Noticias deportivas*

   equipo   atletas   campeonato   música

3. *Noticias políticas*

   baloncesto   presidente   gobernador   senadores

4. *Noticias educativas*

   profesores   clases   lagos   exámenes

5. *Noticias culturales*

   concierto   arte   literatura   economía

B. Trabajo policial. *Busca trece palabras que tienen que ver con el trabajo de la policía. Las letras que sobran* (that are left over) *te dicen el resultado de este trabajo. Hay dos palabras nuevas:* **víctima** *y* **tropas.**

```
P   I   S   T   O   L   A   ¡   L   O
O   S   C   S   R   R   I   P   M   I
L   E   R   O   B   O   N   E   A   L
I   S   E   S   S   V   P   G   A   V
C   C   A   P   T   U   R   A   R   I
I   A   T   E   N   R   A   R   S   C
A   P   A   C   B   O   M   B   A   T
L   A   C   H   A   B   P   R   I   I
S   R   A   A   I   A   O   N   !   M
T   E   R   R   O   R   I   S   T   A
```

¡__ __ __   __ __ __ __ __ __ __ __ __ __

__ __ __   __   __ __   __ __ __ __ __ __ __ __!

Leamos un poco más

Antes de empezar, dime...

Antes de leer dinos lo que sabes acerca de la cultura maya seleccionando C (Cierto) o F (Falso).
Después de leer indica cuál es la opinión del autor.

Tu opinión antes de leer		Ideas sobre la civilización maya	Ideas del autor	
C	F	1. Los mayas, como las otras culturas precolombinas, nunca tuvieron una lengua escrita.	C	F
C	F	2. No hay ninguna evidencia de que los mayas supieran *(knew)* conceptos matemáticos.	C	F
C	F	3. El calendario de los mayas, como el de los aztecas, se basaba en 18 meses de 20 días.	C	F
C	F	4. Es muy difícil estudiar la cultura y las tradiciones mayas porque lo único que nos queda son las ruinas de sus ciudades.	C	F
C	F	5. Los descendientes de los mayas todavía viven en todas partes de México.	C	F

Lectura

Los mayas y sus sistemas de comunicación

Los mayas tenían sus propios sistemas de comunicación tanto escritos como hablados. También tenían un complicado sistema de vida que vamos entendiendo más y más con la ayuda de los arqueólogos.

Sabemos que su lengua hablada era el quiché y también sabemos que desarrollaron el sistema de escritura más avanzado de la América precolombina. Este sistema jeroglífico consistía en aproximadamente ochocientos símbolos que representaban sílabas o, incluso, palabras. En el jeroglífico, usando los diferentes símbolos, se narraba generalmente la vida de los líderes: sus aventuras, guerras, ceremonias religiosas, etc. Los arqueólogos siguen encontrando jeroglíficos mayas en las ruinas de sus grandes ciudades, ya sea en las pirámides u otros monumentos y edificios que construyeron.

Sabemos también que los mayas fueron grandes matemáticos y astrónomos. Ellos fueron los primeros en definir y usar el concepto del número cero. Con sus conocimientos de los cielos, ellos crearon su calendario religioso con 18 meses de 20 días cada uno más 5 días religiosos al final de cada año.

Hoy en día, solamente hay que visitar el sur de México y toda Centroamérica para ver que esta cultura todavía vive, ya sea en el vestir, el comer, la religión, la artesanía y muchas de las costumbres y tradiciones de los indígenas mayas que allí viven.

Y ahora, dime...

Selecciona la frase que mejor completa cada oración.

1. El sistema jeroglífico de los mayas...

   a. no representaba la lengua hablada.

   b. representaba la lengua hablada.

   c. todavía no se ha descifrado.

2. Actualmente, se siguen descubriendo jeroglíficos mayas en...

   a. excavaciones por arqueólogos.

   b. libros mayas.

   c. el habla de sus descendientes.

3. En las matemáticas, los mayas conocieron el concepto de cero...

   a. antes que los europeos.

   b. después que los europeos.

   c. pero no supieron usarlo.

4. El calendario de los mayas se basaba en...

   a. el calendario gregoriano de Europa.

   b. el concepto de cero.

   c. los movimientos de las estrellas *(stars)*.

5. Los mayas ocupaban Mesoamérica, o sea...

   a. todo México.

   b. México, Centroamérica y Sudamérica.

   c. el sur de México y grandes partes de Centroamérica.

Escribamos un poco más

Telenovelas. *Describe lo que pasó en el último episodio de tu telenovela favorita o de tu programa favorito en la televisión.*

_____

_____

_____

_____

_____

_____

_____

_____

_____

_____

_____

_____

_____

_____

_____

_____

_____

_____

_____

Viajemos por el ciberespacio a... GUATEMALA

If you are a cyberspace surfer, try entering any of the following key words to get to many fascinating sites in **Guatemala:**

Cocina guatemalteca   **Música de Guatemala**   **Clasificados de Guatemala**   **Chapines**

Or, better yet, simply go to the *¡Dímelo tú!* Web site using the following address:

http://www.harcourtcollege.com/spanish/dimelotu

There, with a simple click, you can

- learn about some of Guatemala's unique culinary specialties.
- listen to Guatemalan music and select your favorite songs and performers.
- go shopping in the internet **Clasificados de Guatemala.**
- learn to speak like the **Chapines,** as Guatemalans are often called.

Do at least two of these activities and write and turn in a brief description of what you learned.

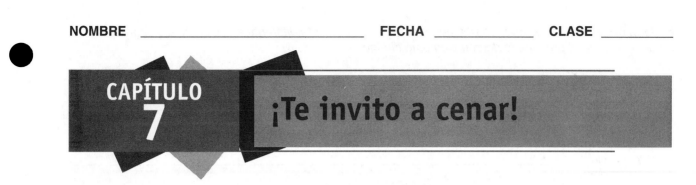

CAPÍTULO 7

¡Te invito a cenar!

Paso 1

En preparación

7.1 Direct-object nouns and pronouns

Agreeing and disagreeing, accepting and refusing

A. Te gusta la ópera, ¿verdad? *Acabas de conocer a una persona que es tan aficionada a la ópera como tú. Contesta sus preguntas siguiendo el modelo.*

> **MODELO** ¿Escuchas la ópera en la radio? (sábados por la mañana)
> **Sí, la escucho los sábados por la mañana.**

1. ¿Compras discos de ópera? (con frecuencia)

   _____

2. ¿Conoces la música de Victoria de los Ángeles? (muy bien)

   _____

3. ¿Lees la revista *Noticias de la ópera*? (todos los meses)

   _____

4. ¿Ves las óperas que ponen en la televisión? (siempre)

   _____

5. ¿Escuchas los discos de Plácido Domingo? (a veces)

   _____

6. ¿Me acompañas a la ópera este sábado por la noche? (con mucho gusto)

   _____

B. ¡Qué negativo! *Vas a salir con una persona que es totalmente diferente a ti. Contéstale según el modelo, usando el pronombre de complemento directo.*

> **MODELO**   Yo como frutas todos los días.
> Yo nunca **las como.**

1. Siempre leo el periódico por la mañana.

   Yo nunca _____.

2. Yo siempre miro programas educativos en la televisión.

   Yo nunca _____.

3. Mis padres me llaman por teléfono con frecuencia.

   Mis padres nunca _____.

4. Escucho siempre música clásica en la radio.

   Yo nunca _____.

5. Compro discos compactos con frecuencia.

   Yo nunca _____.

7.2 Irregular *-go* verbs

Telling what people do, say, or hear

A. ¡Qué bonita familia! *Mientras estudias en Bogotá, vives con una familia colombiana. Ahora escribes en tu diario sobre tu familia colombiana. Completa el apunte (entry) de hoy llenando los espacios en blanco.*

Querido Diario:

Estoy muy contento(a) con esta familia; es muy simpática. Todos en la familia **(1)** _____

(hacer) algo para ayudar en la casa. Los hermanitos **(2)** _____ (traer) las cosas a la

mesa. Algunas veces yo **(3)** _____ (poner) la mesa. El padre de mi amigo

(4) _____ (decir) que en esta familia siempre comen todos juntos. Durante la comida,

todos hablan muy fuerte porque el abuelo no **(5)** _____ (oír) muy bien. Yo les

(6) _____ (decir) que si **(7)** _____ (venir) a visitarme a

los Estados Unidos, van a ver cosas muy diferentes.

B. Mi vida en Bogotá. *David habla por teléfono con sus padres. Les describe su vida en Bogotá. ¿Qué les dice a sus padres?*

> **MODELO** vivir con una familia muy simpática
> **Vivo con una familia muy simpática.**

1. hacer cosas interesantes

_____

2. oír cumbias colombianas todos los días

_____

3. poner la televisión para escuchar las noticias *(news)* de EE.UU.

_____

4. decir muchas cosas en español ahora

_____

5. salir con los chicos de la familia

_____

Vocabulario

A. Sinónimos. *Busca en la columna B la palabra o frase que mejor se relaciona con cada palabra de la columna A.*

	A		**B**
_____	1. odiar	a.	amar
_____	2. llamar	b.	exhibición
_____	3. boleto	c.	comer
_____	4. exposición	d.	hablar por teléfono
_____	5. cenar	e.	detestar
_____	6. querer	f.	evento

B. Diccionario. *Aquí tienes cinco definiciones. Escribe la palabra que cada definición describe.*

1. lo que vemos en el cine: _____

2. no aceptar: _____

3. ir con alguien: _____

4. sábado y domingo: _____

5. la comida de la tarde o de la noche: _____

Diario interactivo personal

En tu diario interactivo personal, escribe sobre el siguiente tema: **Para mí, tener un(a) novio(a) (es muy importante/no es importante) porque...** *Explica la importancia de tener un(a) novio(a) para ti. ¿Qué problemas te causa tu actitud? ¿Qué opinan tus amigos de tu actitud hacia los novios? ¿tus padres?*

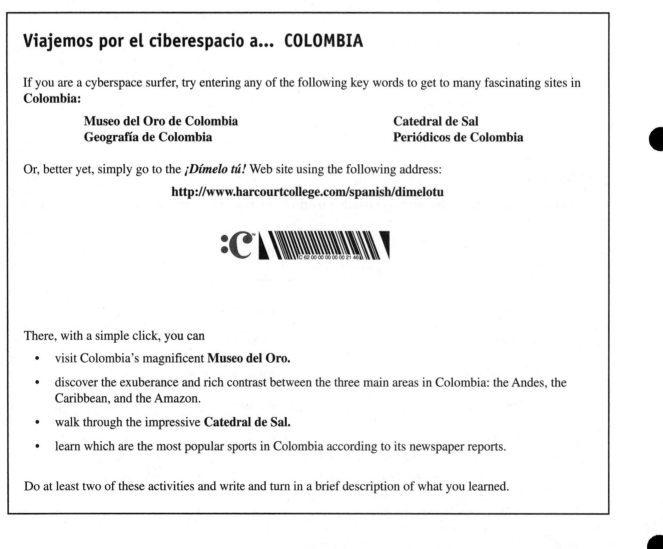

Viajemos por el ciberespacio a... COLOMBIA

If you are a cyberspace surfer, try entering any of the following key words to get to many fascinating sites in **Colombia:**

Museo del Oro de Colombia	**Catedral de Sal**
Geografía de Colombia	**Periódicos de Colombia**

Or, better yet, simply go to the *¡Dímelo tú!* Web site using the following address:

http://www.harcourtcollege.com/spanish/dimelotu

There, with a simple click, you can

- visit Colombia's magnificent **Museo del Oro.**

- discover the exuberance and rich contrast between the three main areas in Colombia: the Andes, the Caribbean, and the Amazon.

- walk through the impressive **Catedral de Sal.**

- learn which are the most popular sports in Colombia according to its newspaper reports.

Do at least two of these activities and write and turn in a brief description of what you learned.

Paso 2
En preparación
7.3 Present tense of *e* > *i* stem-changing verbs
Stating what people do

A. ¡Qué grandeza! *Eduardo, un estudiante de la Universidad Piloto de Colombia, quiere impresionar a Neraida, una amiga de Medellín. Llena los espacios en blanco para saber qué dice.*

Yo vengo de una familia noble y yo siempre **(1)** _____ (seguir) sus tradiciones.

Por ejemplo, si yo **(2)** _____ (decir) que tengo sed, inmediatamente

alguien me **(3)** _____ (servir) un refresco. Mis hermanos y yo siempre

(4) _____ (vestir) elegantemente para toda ocasión. Mi padre

(5) _____ (decir) que me va a comprar un Jaguar para mi cumpleaños. Yo nunca

(6) _____ (pedir) nada porque mi padre siempre me da todo lo que necesito y mucho

más. La vida es buena, ¿no?

B. ¡Somos diferentes! *Federica, una joven de Medellín, sus padres y su novio hacen las cosas de manera diferente. Completa lo que dice Federica con la forma correcta del verbo que está a la izquierda.*

1. **servir**   Cuando tenemos una fiesta, yo _____ los refrescos, mi novio

     _____ la cerveza y mis padres _____ la comida.

2. **pedir**   Durante la fiesta yo _____ música rock, mi novio _____

     música romántica y mis padres _____ música tradicional.

3. **decir**   Al despedirnos de los invitados yo siempre _____ «Hasta luego», mi novio

     _____ «Adiós», y mis padres _____ «Ha sido un

     placer».

Escribamos un poco más

Citas formales e informales. *Recibes una carta de un amigo que está empezando a salir con las chicas por primera vez. Como tú eres experto(a) en cuestiones del amor, tu amigo te pide ideas sobre lo que debe o no hacer al salir con una chica por primera vez. ¿Qué consejos le das a tu amigo? Contesta su carta aquí.*

_____

_____

_____

_____

_____

_____

_____

_____

_____

_____

_____

_____

_____

_____

_____

_____

_____

_____

_____

_____

_____

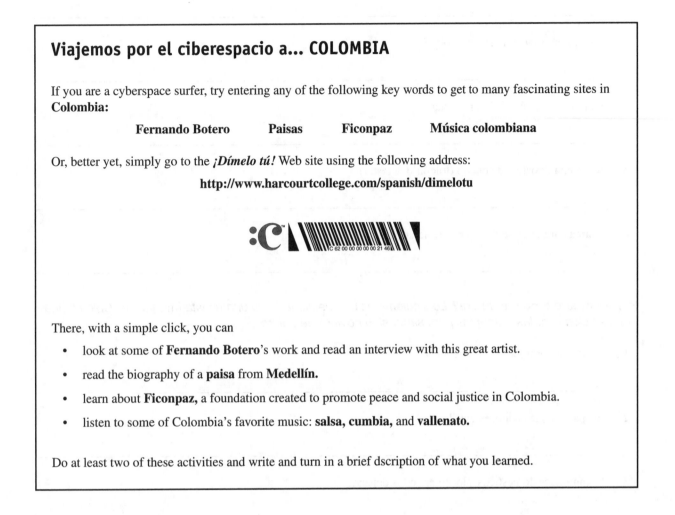

Viajemos por el ciberespacio a... COLOMBIA

If you are a cyberspace surfer, try entering any of the following key words to get to many fascinating sites in **Colombia:**

Fernando Botero   **Paisas**   **Ficonpaz**   **Música colombiana**

Or, better yet, simply go to the *¡Dímelo tú!* Web site using the following address:

http://www.harcourtcollege.com/spanish/dimelotu

There, with a simple click, you can

- look at some of **Fernando Botero**'s work and read an interview with this great artist.
- read the biography of a **paisa** from **Medellín.**
- learn about **Ficonpaz,** a foundation created to promote peace and social justice in Colombia.
- listen to some of Colombia's favorite music: **salsa, cumbia,** and **vallenato.**

Do at least two of these activities and write and turn in a brief dscription of what you learned.

Paso 3
En preparación
7.4 Review of direct-object nouns and pronouns
Referring to people and things indirectly

A. ¿Qué opinas? *Escoge el verbo que mejor describe lo que sientes.*

> **MODELO**   tus profesores (admirar o odiar)
> **Los admiro.** [o] **Los odio.**

1. tu novio(a) (amar o respetar)

2. tus exámenes de química (tolerar o detestar)

_____

3. tu mejor amigo(a) (admirar o tolerar)

_____

4. tu clase de español (adorar o odiar)

_____

5. tus compañeros(as) de cuarto (tolerar o detestar)

_____

6. la tarea para la clase de español (tolerar o odiar)

_____

B. ¿Me quiere o no me quiere? *Lo siguiente es un cuestionario de una revista* (magazine) *Colombiana popular. Contesta las preguntas para saber si tu novio(a) te quiere.*

1. ¿Te llama por teléfono con frecuencia?

_____

2. Sus padres, ¿los conoces bien?

_____

3. Tus animales domésticos, ¿los tolera o los detesta?

_____

4. ¿Con qué frecuencia te invita a cenar o a ir al cine?

_____

5. ¿Respeta o rechaza tus ideas y opiniones?

_____

6. ¿Te ama? ¿Lo (La) amas tú?

_____

7.5 The verbs *saber* and *conocer*

Stating what you know and who or what you are acquainted with

A. ¡Pero no la conozco! *Un amigo quiere conocer a una joven colombiana de la clase de historia. Te pregunta mil cosas que tú no sabes. Contéstale negativamente, usando los verbos* **saber** *y* **conocer.**

> **MODELO**   ¿Quién es ella?
> **No la conozco.**

1. ¿Cómo se llama su mejor amiga?

   _____

2. ¿Cuál es su número de teléfono?

   _____

3. ¿Cómo son sus padres?

   _____

4. ¿Cuál es su dirección?

   _____

5. ¿Qué me puedes decir de sus amigos?

   _____

6. ¿Quién es ese chico que está con ella ahora?

   _____

B. ¡A estudiar! *Rita, una estudiante en la Universidad de Antioquia, le escribe a su amiga Diana. Completa esta carta, usando la forma apropiada de* **saber** *o* **conocer** *para ver lo que dice.*

Antioquia, martes 12 de septiembre

Querida Diana:

¿Cómo estás? Yo ya estoy viviendo con una familia aquí en Antioquia. Las clases van a comenzar muy pronto y yo

(1) _____ que voy a tener que estudiar mucho. Todavía *(still)* no **(2)** _____ a

nadie, pero mis padres **(3)** _____ a algunos de los profesores. Esta universidad es su *alma* *mater.* Ellos **(4)** _____ dónde están casi todos los edificios y **(5)** _____

bastante bien el barrio universitario. Vienen a visitarme en octubre, pero no **(6)** _____ todavía en

qué fecha. ¿**(7)** _____ tú dónde está la universidad? Espero tu visita pronto y, por favor, trae a tu

nuevo novio, ¡yo lo quiero **(8)** _____!

Un abrazo,

Rita

Vocabulario

A. Examen. *Marca la palabra que no es de la serie.*

1. admirar	odiar	detestar	rechazar
2. concierto	exposición	baile	gasto
3. libre	clásica	moderna	rock
4. querer	amar	adorar	explicar
5. cenar	conducir	viajar	caminar
6. obra de teatro	exhibición	ballet	bebida

B. Diccionario. *¿A qué palabras se refieren las siguientes definiciones?*

1. escribir su nombre en un documento, en un contrato _____

2. no aceptar _____

3. lo contrario de **último** _____

4. sentimiento muy fuerte de afecto _____

5. es necesario para entrar al concierto o al teatro _____

C. Acertijo *(Riddle).* *¿Qué tiene Raúl, el mejor amigo de Rita en Antioquia? El muchacho no come, no estudia, pasa mucho tiempo mirando por la ventana, no habla mucho con los amigos. Pon estas letras en orden para saber el secreto.*

S A E T   A M O D E A N O R

¡____ ____ ____ ____   ____ ____ ____ ____ ____ ____ ____ ____ ____ de Rita!

Leamos un poco más

Antes de empezar, dime...

Antes de leer, indica cómo actuarías (you would act) *en estas dos situaciones.*

1. Visitas un sitio arqueológico de indígenas norteamericanos y ves un pedazo de cerámica antigua.

2. Visitas un sitio arqueológico en Colombia y ves un objeto precolombino de oro.

a. Lo guardas para tu colección privada.

b. Se lo entregas *(You give it)* a las autoridades.

c. Lo ignoras y no lo tocas.

Lectura

El Museo del Oro

En 1939 el Banco de la República en Bogotá fundó el Museo del Oro con un sólo propósito: coleccionar y preservar las obras de oro prehispánicas. Esto porque mucha gente que tenía objetos de oro prehispánico no consideraba su valor arqueológico, sólo el valor del oro. Muchas de estas personas hasta derretían el oro y lo formaban en barras para vender a los bancos. Ahora el Museo del Oro tiene una colección de aproximadamente 20.000 piezas y cada objeto de la colección sirve como ejemplo del avanzado nivel técnico y estético de los artistas indígenas en tiempos precolombinos.

En esos tiempos, la metalúrgica de oro se practicaba en toda la región que ahora es Colombia. La mayoría de los objetos de oro servían de adorno personal. Pero el oro también tenía un sentido religioso para los indígenas. Por ejemplo, el mito de El Dorado tiene su origen aquí, en un ritual religioso de los indígenas chibchas. El ritual consistía en envolver *(cover)* a su jefe en polvo *(dust)* de oro para después lavarlo en un baño ceremonial en el lago Guatavita. Cuando los españoles llegaron a la región, este ritual ya no se practicaba. Pero sí existía el mito, y los españoles estaban empeñados en encontrar El Dorado.

Desafortunadamente, con el pasar de los años los españoles convirtieron en barras de oro la gran mayoría de los objetos de oro precolombino que encontraron. Y esa práctica continúa hasta el presente. Pero gracias a los esfuerzos del Museo del Oro, futuras generaciones siempre podrán ver el maravilloso arte metalúrgico de oro precolombino.

Y ahora, dime...

Escribe los datos más importantes en la historia del oro en Colombia.

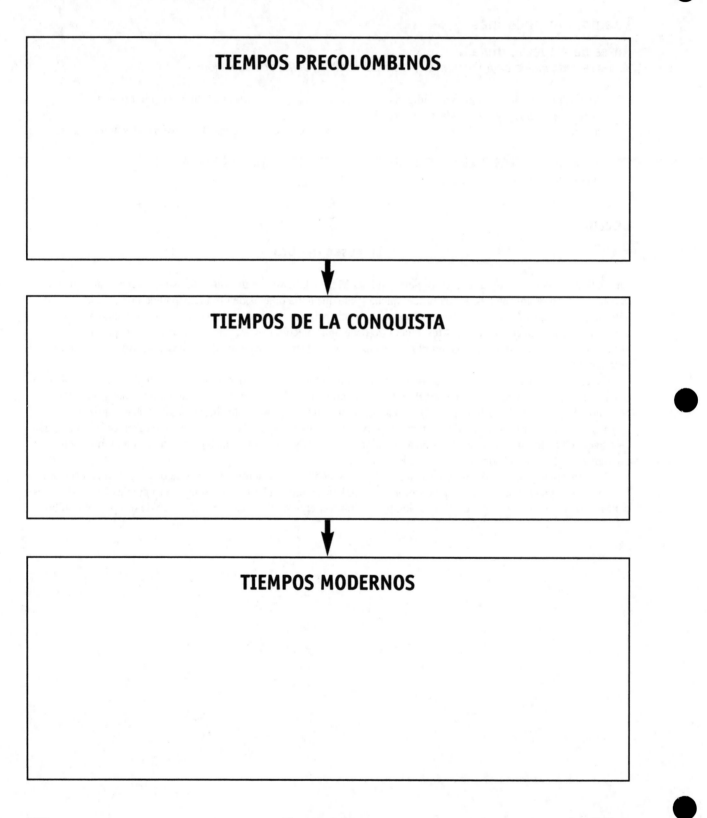

TIEMPOS PRECOLOMBINOS

TIEMPOS DE LA CONQUISTA

TIEMPOS MODERNOS

Escribamos un poco más

Una noche especial. *Esta noche es muy especial para ti. ¿Por qué? Porque en menos de un minuto vas a salir con tu novio(a). Escribe el diálogo que tú y tu novio(a) tienen al salir.*

_____

_____

_____

_____

_____

_____

_____

_____

_____

_____

_____

_____

_____

_____

_____

_____

_____

_____

_____

_____

_____

_____

Viajemos por el ciberespacio a... COLOMBIA

If you are a cyberspace surfer, try entering any of the following key words to get to many fascinating sites in **Colombia:**

Orinoquia   **Televisión de Colombia**   **Música de Colombia**   **Periódicos de Colombia**

Or, better yet, simply go to the *¡Dímelo tú!* Web site using the following address:

http://www.harcourtcollege.com/spanish/dimelotu

There, with a simple click, you can

- visit the **Orinoquia,** a dynamic, interesting region of Colombia.

- tour a Colombian TV station.

- learn the history of Colombian music.

- find out what job opportunities there are for English teachers in **Bogotá** and compare cost of living expenses.

Do at least two of these activities and write and turn in a brief description of what you learned.

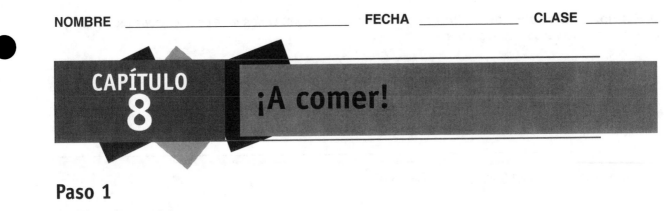

CAPÍTULO 8
¡A comer!

Paso 1

En preparación

8.1 Indirect-object nouns and pronouns

Stating to whom and for whom people do things

A. En casa de la abuela. *La familia Acuña está pasando el domingo en Viña del Mar, en casa de la abuela. ¿Qué dice ella? ¿Qué va a hacer la abuela para que todos estén contentos?*

        MODELO   Tío Mario dice: «Tengo sed.» (traer / agua)
                       Ahora le traigo agua.

1.   Los niños dicen: «¡Tenemos hambre!» (servir / unas empanadas)

   _____

2.   María Elena dice: «Abuelo tiene sueño.» (preparar / un café)

   _____

3.   Paquita dice: «Quiero postre.» (servir / un helado)

   _____

4.   Miguel dice: «Tengo mucho calor. Quiero beber algo frío.» (hacer / un té helado)

   _____

5.   Mamá dice: «Los tíos no pueden comer carne.» (preparar / pescado)

   _____

6.   Mi padre dice: «Rafael tiene dolor de cabeza *(headache).*» (traer / aspirinas)

   _____

B. Regalos para los abuelos. *La familia Acuña les trajo (brought)* varios regalos a los abuelos. ¿Qué dice el señor Acuña que les regalaron?

> MODELO   mi hijo / comprar / un libro / a los abuelos
> **Mi hijo les compró un libro a los abuelos.**

1. mis hijas / comprar / una docena de rosas / a mi mamá

   _____

2. mi hijo / regalar / una botella de vino / a mi papá

   _____

3. mi esposa / hacer / una torta / a los abuelos

   _____

4. yo / comprar / una camisa / a mi papá

   _____

5. mi esposa y yo / regalar / un viaje a Puerto Montt / a los dos

   _____

8.2 Review of *gustar*

Talking about likes and dislikes

A. ¿Qué te gusta? *Mira el menú del restaurante Canto del Agua, en Santiago, y di qué te gusta y qué no te gusta.*

> MODELO   entremeses:
> **Me gusta el cóctel de camarones pero no me gustan los quesos surtidos.**

1. entremeses: _____

   _____

2. platos principales: _____

   _____

3. bebidas: _____

   _____

4. postres: _____

   _____

CANTO DEL AGUA

¶

Entremeses

Cóctel de camarones
Cóctel de mariscos
Cóctel de frutas frescas
Quesos surtidos

Bebidas

Cerveza importada
Cerveza del país
Vino chileno blanco, tinto, rosado
Refrescos
Té, café

Platos principales

Camarones al ajillo
Carne de res asada
Langosta
Bistec con papas asadas
Pollo frito

Postres

Pastel de chocolate
Fruta fresca
Flan
Helados

B. ¡Gustos y preferencias! *Di lo que le gusta a tu familia.*

la comida china	los mariscos	el pescado
la comida mexicana	las ensaladas	el arroz
la comida italiana	los postres	los vegetales
la comida española	las hamburguesas	los mariscos
la comida francesa	las sopas	las pastas

MODELO   A mí:
A mí me gusta la comida china. En particular me gustan los mariscos.

1. A mí: _____

_____

2. A mi mamá: _____

_____

3. A mis hermanos: _____

   _____

4. A mi papá: _____

   _____

5. A todos nosotros: _____

   _____

Vocabulario

A. Clasificación. *Clasifica las palabras de la lista según las categorías sugeridas.*

bistec	flan	lechuga	plátano
camarón	helado	manzana	pollo
carne de res	langosta	pavo	zanahoria

fruta   **carne roja**   **marisco**

_____   _____   _____

_____   _____   _____

verdura   **ave**   **postre**

_____   _____   _____

_____   _____   _____

B. Asociaciones. *¿Cuál de las palabras no pertenece a la categoría?*

1. maneras *(ways)* de cocinar

   a. frito   b. vaso   c. asado   d. revueltos

2. comidas principales

   a. cena   b. desayuno   c. propina   d. almuerzo

3. cubiertos

   a. cuchara   b. pollo   c. tenedor   d. cuchillo

4. condimentos

   a. sal   b. salsa   c. pimienta   d. col

5. reacciones a la comida

   a. rico   b. salado   c. mantequilla   d. sabroso

Diario interactivo personal

En tu diario interactivo personal, escribe sobre algo (something) *que te gusta muchísimo o que no te gusta del todo. Pueden ser objetos materiales, actividades, clases, comidas o hasta personas. Explica por qué te gustan o no te gustan.*

Viajemos por el ciberespacio a... CHILE

If you are a cyberspace surfer, try entering any of the following key words to get to many fascinating sites in **Chile:**

Teatro Municipal de Santiago   **Sollipulli**   **Rincón chileno**   **Instituto Antártico**

Or, better yet, simply go to the *¡Dímelo tú!* Web site using the following address:

http://www.harcourtcollege.com/spanish/dimelotu

:C IIIIIIIIIIIIIIIIIIIII
C 62 00 00 00 00 00 21 46

There, with a simple click, you can

- check out this year's schedule at the **Teatro Municipal de Santiago.**

- look into the ice-filled **caldera** of **volcán Sollipulli.**

- chat with Chileans about **discotecas, deportes, cines, restaurantes,** or **amistad** in a Chilean chat room.

- visit the **Instituto Antártico,** a research institute based on the so-called sixth continent.

Do at least two of these activities and write and turn in a brief description of what you learned.

Paso 2

En preparación

8.3 Double object pronouns

Referring indirectly to people and things

A. Un mesero olvidadizo. *¿Qué dice el mesero del Canto del Agua, en Santiago, cuando los clientes se quejan* (complain) *porque necesitan algo?*

> **MODELO**   ¿Y las papas que pedí?
> **Ahora se las traigo.**

1. Mozo, no tenemos vasos.

   _____

2. ¿Y las cervezas que pedimos?

   _____

3. ¿Y el arroz para mi esposo?

   _____

4. Mesero, no hay servilletas en la mesa.

   _____

5. ¿Y mi ensalada?

   _____

6. ¿Y nuestros refrescos?

   _____

B. ¡Qué servicio! *Los camareros en el restaurante San Marcos en Viña del Mar son muy atentos. Siempre preguntan qué deben hacer. ¿Qué le contestan los clientes a este camarero?*

> **MODELO**   ¿Les traigo la ensalada ahora? (con la comida)
> **Nos la puede traer con la comida, por favor.** [o]
> **Puede traérnosla con la comida, por favor.**

1. ¿Les traigo a ustedes las cervezas ahora? (con los entremeses)

   _____

2. ¿Le traigo otra cerveza, señor? (con la comida)

   _____

3. ¿Les sirvo a ustedes el café ahora? (con el postre)

_____

4. ¿Le puedo servir el postre ahora, señora? (en unos minutos)

_____

5. ¿Les sirvo más café, señores? (más tarde)

_____

C. Calamares en marcha. *La familia de Amanda está comiendo en Los Buenos Muchachos, un restaurante de Santiago. Ahora están pasando el entremés de calamares fritos. ¿Quién se lo pasa a quién?*

> **MODELO**   Tomás / a Roberto
> **Tomás se los pasa a Roberto.**

1. Roberto / a mí

_____

2. yo / a Leslie

_____

3. Leslie / a sus hermanos

_____

4. sus hermanos / a sus tíos

_____

5. sus tíos / a ti

_____

6. tú / a mí otra vez

_____

Escribamos un poco más

Mi lugar favorito. *Escribe una descripción de tu lugar favorito. ¿Adónde vas cuando quieres escapar de todo el mundo? ¿Qué haces allí? ¿Por qué seleccionaste ese lugar?*

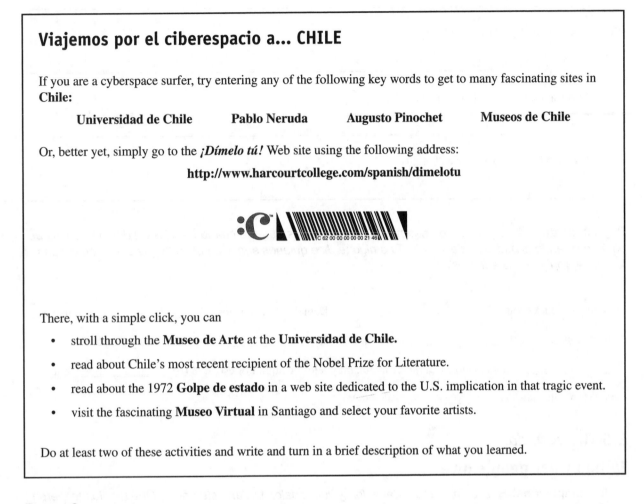

Viajemos por el ciberespacio a... CHILE

If you are a cyberspace surfer, try entering any of the following key words to get to many fascinating sites in **Chile:**

Universidad de Chile   **Pablo Neruda**   **Augusto Pinochet**   **Museos de Chile**

Or, better yet, simply go to the *¡Dímelo tú!* Web site using the following address:

http://www.harcourtcollege.com/spanish/dimelotu

There, with a simple click, you can

- stroll through the **Museo de Arte** at the **Universidad de Chile.**

- read about Chile's most recent recipient of the Nobel Prize for Literature.

- read about the 1972 **Golpe de estado** in a web site dedicated to the U.S. implication in that tragic event.

- visit the fascinating **Museo Virtual** in Santiago and select your favorite artists.

Do at least two of these activities and write and turn in a brief description of what you learned.

Paso 3
En preparación

8.4 Review of *ser* and *estar*
Describing, identifying, expressing origin, giving location, and indicating change

A. ¡Imposible! *¿Cómo reacciona el gerente del restaurante del Hotel Pérez Rosales, en Puerto Montt, cuando un cliente hace estos comentarios?*

    MODELO   ¿La sopa? ¿Fría?
               ¡Imposible! ¡La sopa no está fría!

1. ¿La comida? ¿Cara?

2. ¿El café? ¿Frío?

_____

3. ¿Los clientes? ¿Furiosos?

_____

4. ¿El restaurante? ¿Muy lejos del centro?

_____

5. ¿Los camareros? ¿Antipáticos?

_____

B. ¿Sabías que...? _Tú y un amigo están cenando en un restaurante cuando te fijas en dos personas que están comiendo al otro lado de la sala. Tu amigo te dice quiénes son. Completa lo que él te dice con las formas apropiadas de **ser** o **estar**._

Esas dos personas en aquella mesa **(1)** _____ Daniel y Alicia. Ellos **(2)** _____ estudiantes

de medicina. Alicia **(3)** _____ su novia. Ella **(4)** _____ muy simpática y guapa. Él

(5) _____ trabajando en Berkeley ahora, muy lejos de aquí. Por eso, ella **(6)** _____ muy

triste. Mira, ellos nos **(7)** _____ saludando.

8.5 The verb _dar_

Telling what people give

¡Feliz cumpleaños! _Feliz cumpleaños, Salvador. ¿Qué regalos te dan este año? ¿Qué regalos te dieron el año pasado?_

Este año:

> **MODELO**　mi papá / unos discos compactos
> **Mi papá me da unos discos compactos.**

1. mi hermanito / un casete

_____

2. mis abuelos / una cena en mi restaurante favorito

_____

3. mi mamá / una camisa

_____

El año pasado:

MODELO   mi papá / unos juegos de computadora
Mi papá me dio unos juegos de computadora.

4.   mi hermanito / un libro interesantísimo

_____

5.   mis abuelos / unas camisetas

_____

6.   yo / las gracias a todos

_____

Vocabulario

A. Frutas. *Circle the ten types of fruits hidden in this puzzle. Look for two words for* peach *and for* **pera,** *which is* pear. *Then find the answer to the question ¿**Qué recomienda el médico?** by writing the remaining letters and punctuation marks in the order in which they occur in the spaces provided below.*

```
U  M  E  L  O  N  N
A  E  M  M  A  N  Z
P  L  A  T  A  N  O
D  O  N  A  N  A  A
U  C  Z  P  E  R  A
R  O  A  A  L  A  L
A  T  N  D  I  N  I
Z  O  A  A  !  J  M
N  N  P  I  Ñ  A  O
O  F  R  E  S  A  N
```

¡ __ __ __   __ __ __ __ __ __ __   __ __   __ __ __ __ __

B. Verduras. *Circle the seven types of vegetables hidden in this puzzle. Then find out what food type everyone agrees is best for you by writing the remaining letters and punctuation marks in the order in which they occur in the spaces provided below.*

¡	P	V	T	O	M	A	T	E
E	A	R	R	O	Z	R	D	U
A	P	I	O	R	C	O	L	A
Z	A	N	A	H	O	R	I	A
S	!	L	E	C	H	U	G	A

__ __ __ __ __ __ __ __ __

C. Carnes, pescados... *Circle the sixteen types of meats and seafood hidden in this puzzle. Note that pork appears as **cerdo** and something else. Also included is the word **aves** for fowl. Then answer the question that follows by writing the remaining letters and punctuation marks in the order in which they occur in the spaces provided below.*

P	¡	C	L	M	A	R	I	S	C	O	S	A
E	S	H	A	M	B	U	R	G	U	E	S	A
S	A	C	N	C	A	N	G	R	E	J	O	P
C	L	A	G	R	C	N	E	P	A	V	O	U
A	CH	R	O	R	E	S	D	A	V	E	S	E
D	I	N	S	E	R	C	A	L	A	M	A	R
O	CH	E	T	R	D	E	B	I	S	T	E	C
C	A	M	A	R	O	N	S	!	P	O	LL	O

Según los expertos, ¿qué no es bueno para la salud?

__ __ __ __ __   __ __   __ __ __

Leamos un poco más

Antes de empezar, dime...

Lee la primera oración de cada párrafo de la siguiente selección. Luego, escribe el número del párrafo donde crees que se encuentra cada idea indicada. Después de leer el artículo completo, comprueba si acertaste (check whether you guessed right) *o no.*

Antes de leer	Idea principal	Después de leer
	1. los olores *(smells)*	
	2. el mercado antiguo	
	3. la organización del mercado	
	4. el mercado moderno	
	5. la relación entre comprador y vendedor	

Lectura

Los mercados

El mercado actual hispanoamericano es ahora, como antes, un mercado alegre y festivo lleno de colores, olores, ruidos, voces y gritos. Sigue siendo un importante lugar de reunión social y conversación. Los grandes supermercados modernos no han podido sustituir a estos mercados. Aunque antiguamente muchos de los mercados eran al aire libre, hoy muchos ocupan espacios en edificios grandes.

El regateo *(bargaining)* es característico dentro del mundo del mercado hispanoamericano. Es parte fundamental de la interacción entre los vendedores y los compradores. Aunque parece un simple juego, para la gente del lugar es una parte integral de su cultura. En el regateo los compradores tratan de reducir el precio del producto que desean comprar, mientras que los vendedores tratan de mantener el precio inicial o de rebajarlo lo menos posible. Generalmente los dos deciden en un precio que satisface al comprador y al vendedor.

Los mercados casi siempre son administrados por una organización municipal que controla los precios y la calidad de los productos. Los espacios están asignados según los diversos tipos de productos: verduras, frutas, carnes, pescados y mariscos, artesanía, etc. En los últimos años se ha introducido la sección de productos manufacturados de plástico, nilón, acrílico, etc. En casi todos los mercados hay también comedores populares. Allí se pueden comer a costo muy bajo los platos típicos de cada región.

Con tanta variedad de comidas, el aroma en el mercado es muy especial. El olor de las frutas y de los vegetales se mezcla con el olor a café y comida de los comedores. Todo esto hace del mercado hispanoamericano una verdadera fiesta para todos los sentidos.

Y ahora, dime...

Después de leer, selecciona la frase que completa mejor la oración.

1. Los mercados ahora son lugares de interés comercial y de...

   a. espacios cubiertos.

   b. costo muy alto.

   c. reunión social.

2. Los grandes supermercados modernos que ahora se pueden ver por toda Hispanoamérica...

   a. ocupan espacios al aire libre.

   b. tienen comedores populares.

   c. no sustituyen a los mercados populares.

3. El regateo...

   a. ocurre entre el comprador y el vendedor.

   b. es sólo para los turistas.

   c. no se hace en los mercados.

4. En el regateo...

   a. el vendedor pide un precio más bajo.

   b. el comprador y el vendedor deciden en el precio final.

   c. el comprador trata de mantener el precio inicial.

5. Se puede comer platos típicos en...

   a. los comedores del mercado.

   b. la sección de carnes y pescados.

   c. los restaurantes cerca del mercado.

6. Se dice que el mercado hispanoamericano es una fiesta para los sentidos porque...

   a. se puede comer a costo muy bajo.

   b. sigue siendo un lugar importante de reunión.

   c. hay muchos colores, olores, ruidos, voces y gritos.

Escribamos un poco más

Basándote en la lectura «Los mercados», compara los mercados tradicionales de Latinoamérica con los supermercados modernos. ¿Cuáles son las ventajas y desventajas de los dos sistemas comerciales?

_____

_____

_____

_____

_____

_____

_____

_____

_____

_____

_____

_____

_____

_____

_____

_____

_____

_____

_____

_____

Viajemos por el ciberespacio a... CHILE

If you are a cyberspace surfer, try entering any of the following key words to get to many fascinating sites in **Chile:**

Pablo Neruda   **Minerales de Chile**   **Artesanía de Chile**   **Cocina chilena**

Or, better yet, simply go to the *¡Dímelo tú!* Web site using the following address:

http://www.harcourtcollege.com/spanish/dimelotu

There, with a simple click, you can

- read some of Chilean poet **Pablo Neruda**'s poetry and find out his opinions about his own works.
- select your favorite folk art piece from each region of **Chile.**
- learn about copper mining in **Chile.**
- read about the unique flavors of Chilean cuisine.

Do at least two of these activities and write and turn in a brief description of what you learned.

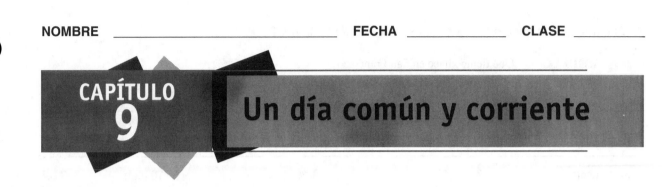

CAPÍTULO 9

Un día común y corriente

Paso 1

En preparación

9.1 Weather expressions

Talking about the weather

A. ¿Qué debemos llevar? *Indica qué ropa es adecuada para estas condiciones. Escoge de una a tres prendas* (clothing items) *por situación.*

1. El cielo está nublado y está lloviznando.

   impermeable   traje de baño   paraguas   pijamas

2. ¡Hace viento y la temperatura está a 32 grados Fahrenheit!

   bufanda   camiseta   guantes   sobretodo

3. El cielo está despejado y hace un poco de calor.

   vaqueros   chaqueta   bufanda   botas

4. ¡No hace frío, pero está lloviendo mucho!

   gafas de sol   guantes   paraguas   sobretodo

5. Empezó a nevar hace tres horas y está nevando todavía.

   botas de goma   guantes   sobretodo   pantalón corto

6. Hace 95°F y estamos en la playa.

   botas   bufanda   paraguas   traje de baño

B. ¡El clima! *¿Qué tiempo hace en varias ciudades de California?*

> **MODELO**   ¿Qué tiempo hace en San Francisco?
> **No hace mucho frío y esperan lluvia.**

Ciudad	Temperatura máxima-mínima	Probabilidad de lluvia	Viento
Sacramento	75° – 50°	80%	10 mph
Tahoe	40° – 22°	10%	15 mph
Chico	67° – 45°	90%	12 mph
San Francisco	65° – 50°	80%	8 mph
Los Ángeles	85° – 60°	5%	35 mph
Yosémite	39° – 18°	100%	20 mph

1. ¿Qué tiempo hace en Yosémite por la noche?

   _____

2. ¿Qué tiempo hace durante el día en Los Ángeles?

   _____

3. ¿Qué tiempo hace en Chico?

   _____

4. ¿Por qué hace mejor tiempo en Tahoe que en Yosémite?

   _____

5. ¿Qué tiempo hace en Sacramento?

   _____

9.2 *Mucho* and *poco*
Expressing indefinite quantity

A. ¿Cómo estás? *Tus padres llaman para saber cómo estás. Contesta las preguntas con las distintas formas de **mucho** o **poco** para exagerar tu situación.*

> **MODELO** ¿Tienes suficiente comida en tu apartamento? (poco)
> **No, tengo poca comida (en mi apartamento).**

1. ¿Estudias? (mucho)

   _____

2. ¿Tienes tareas difíciles? (mucho)

   _____

3. ¿Necesitas dinero? (mucho)

   _____

4. ¿Duermes bien? (poco)

   _____

5. ¿Hace frío? (mucho)

   _____

B. ¡La primavera! *Completa el siguiente párrafo con las distintas formas de **mucho** o **poco** para saber la opinión de este estudiante sobre la primavera.*

Mi estación favorita es la primavera. Me gusta porque hay **(1)** _____ sol y hay **(2)** _____

flores de **(3)** _____ colores. Por la noche también es perfecto. Hace **(4)** _____ frío y se

puede caminar sin suéter y ver las estrellas *(stars)*. Hay personas que en realidad odian la primavera porque hay

(5) _____ polen *(m.)* en el aire. Lo único malo para mí es que cuando tenemos exámenes hay

(6) _____ tentación de salir al aire libre y no estudiar.

Vocabulario

A. Pronóstico meteorológico. *En cada grupo hay una palabra que no tiene nada que ver con el tiempo que hace y que probablemente no se usa en el pronóstico meteorológico. Indica en cada caso cuál es.*

1. hace	pase	calor	temperatura
2. tiempo	temperatura	frío	tío
3. nevando	lloviendo	comprando	lloviznando
4. temprano	tarde	noche	coche
5. nublado	nevado	cansado	despejado

B. De compras en el centro. *A continuación hay una lista de tiendas y oficinas. ¿A cuál de ellas vas por las cosas o servicios indicados?*

MODELO   El libro *¡Dímelo tú!*   **librería**

agencia de viajes	carnicería	librería	pastelería
biblioteca	farmacia	papelería	zapatería

1. una torta de chocolate

   _____

2. un vuelo a Acapulco

   _____

3. una pluma y un cuaderno

   _____

4. un bistec

   _____

5. aspirinas para un dolor de cabeza

   _____

6. botas italianas

   _____

C. Asociaciones. *Indica cuál de las condiciones meteorológicas de la columna A asocias con cada una de las palabras de la columna B.*

	A		**B**
_____	1. cielo	a.	grados
_____	2. lluvia	b.	sobretodo
_____	3. temperatura	c.	nublado
_____	4. estación	d.	paraguas
_____	5. calor	e.	primavera
_____	6. frío	f.	sudar

Escribamos un poco más

La mejor temporada. *Decides invitar a un(a) amigo(a) a visitarte por una semana durante la mejor temporada en tu ciudad. Escríbele una carta para invitarlo(la). Describe el tiempo en detalle durante esa temporada.*

_____

_____

_____

_____

_____

_____

_____

_____

_____

_____

_____

_____

Viajemos por el ciberespacio a... ESTADOS UNIDOS

If you are a cyberspace surfer, try entering any of the following key words to get to many fascinating sites in **los Estados Unidos:**

Día de los muertos   **Latino link**   **Santa Fe now**   **Hispanos famosos**

Or, better yet, simply go to the *¡Dímelo tú!* Web site using the following address:

http://www.harcourtcollege.com/spanish/dimelotu

There, with a simple click, you can

- see how **Día de los muertos** is celebrated in different parts of the U.S.
- visit one of the oldest Indian open-air markets in the U.S. in Santa Fe, New Mexico.
- chat in Spanish with U.S. Hispanics in a Spanish-speaking chat room.
- see how many famous Hispanics you can identify in the areas of literature, movies, sports, and music.

Do at least two of these activities and write and turn in a brief description of what you learned.

Paso 2
En preparación
9.3 Reflexive verbs
Talking about what people do for themselves

A. ¡Otra universidad! *Rosario se trasladó a otra universidad en el estado de Massachusetts. Llena los espacios en blanco para saber qué noticias le da a su amigo Adolfo sobre su nueva vida.*

Querido Adolfo:

¿Cómo estás? Espero que bien. Para mí todo es diferente ahora. Mis nuevas compañeras de cuarto

(1) _____ (llamarse) Marta y Patricia. Son muy buenas personas y nosotras

(2) _____ (divertirse) mucho todo el tiempo.

Tengo una clase a las ocho de la mañana. Es increíble, ¿no? Ahora tengo que **(3)** _____

(levantarse) muy temprano. Marta y Patricia tienen clases por la mañana también y por eso ellas y yo no

(4) _____ (acostarse) tarde.

La ciudad es tranquila, pero también tiene unas discotecas fabulosas. Algunas veces, los viernes, Marta y yo

(5) _____ (ponerse) la mejor ropa que tenemos y salimos a bailar. Como no tenemos

que **(6)** _____ (despertarse) temprano los sábados, **(7)** _____

(quedarse) en la discoteca hasta muy tarde. Yo **(8)** _____ (divertirse) muchísimo

cuando salgo con Marta.

¿Qué hay de tu vida? ¿Cómo van tus estudios? ¿Eres un estudiante serio ahora o todavía (9)

_____ (dormirse) en las clases? Escríbeme pronto y cuéntame lo que haces.

No te olvida,

Rosario

B. ¡Tanto ruido! *Tú quieres dormir los sábados pero no puedes. ¿Qué cosas en la residencia no te dejan dormir?*

> **MODELO** Mercedes / levantarse / temprano
> **Mercedes se levanta temprano.**

1. Laura / cantar cuando / bañarse

   _____

2. Alicia / ducharse / veinte minutos

   _____

3. hay muchachos que / divertirse / el pasillo *(hall)*

   _____

4. mis compañeras / vestirse / para salir

   _____

5. yo / despertarse / con todo el ruido que hacen los otros estudiantes

   _____

C. Un solo baño. *José vive en un apartamento con tres compañeros y un solo baño. ¿Cómo se organizan los muchachos por la mañana?*

> MODELO   Eduardo / ducharse a las siete de la mañana
> **Eduardo se ducha a las siete de la mañana.**

1. yo / bañarse a las siete y veinte de la mañana

_____

2. Eduardo y Raúl / cepillarse *(brush)* los dientes rápidamente

_____

3. Pepe / afeitarse en dos minutos

_____

4. yo / peinarse en cinco minutos

_____

5. todos nosotros / vestirse rápidamente

_____

Vocabulario

A. Asociaciones. *Indica cuál de los verbos se asocia con el sustantivo de la izquierda.*

1.	silla:	divertirse	dormirse	sentarse	lavarse
2.	sobretodo:	peinarse	afeitarse	ducharse	ponerse
3.	guantes:	quitarse	sentarse	acostarse	bañarse
4.	pantalones:	dormirse	divertirse	vestirse	lavarse
5.	medianoche:	cortarse	acostarse	llamarse	ponerse

B. Un día típico. *Clasifica las acciones de Luis Alfredo en un día típico. ¿Cuáles realiza por la mañana y cuáles por la tarde y la noche, después del trabajo?*

se acuesta	se levanta	se sienta a ver las noticias
se afeita	se peina	se viste
se duerme	se quita los zapatos	

mañana	**tarde/noche**
_____	_____
_____	_____
_____	_____
_____	_____

C. Sinónimos. *Busca en la columna B un sinónimo para cada una de las palabras de la columna A.*

A	B
_____ 1. dormir hasta tarde	a. salir de la cama
_____ 2. vestirse	b. bañarse
_____ 3. ducharse	c. ponerse la ropa
_____ 4. peinarse	d. poner el pelo en orden
_____ 5. acostarse	e. quedarse en la cama
_____ 6. levantarse	f. ir a dormir

Diario interactivo personal

El día ideal. *Para ti, ¿cómo es el día ideal? ¿Es un día de verano, de invierno, de...? ¿Hace frío, calor? Describe tu día ideal. Explica en detalle tu rutina en el día ideal, desde levantarte hasta dormirte por la noche. Menciona las diferencias más grandes entre el día ideal y un día normal en tu vida.*

Viajemos por el ciberespacio a... ESTADOS UNIDOS

If you are a cyberspace surfer, try entering any of the following key words to get to fascinating sites in **los Estados Unidos:**

Puertorriqueños famosos   El Boricua

Or, better yet, simply go to the *¡Dímelo tú!* Web site using the following address:

http://www.harcourtcollege.com/spanish/dimelotu

There, with a simple click, you can

- get to know these famous Puerto Ricans: **Raúl Julia, Jennifer López, Ricky Martin, Esai Morales, Chita Rivera,** and **Jimmy Smits.**
- identify other famous Puerto Ricans.
- discover in what areas Puerto Ricans tend to excel.
- find out the extent of popularity of the famous Puerto Ricans you previously identified.

Do at least two of these activities and write and turn in a brief description of what you learned.

Paso 3

En preparación

9.4 *Por* and *para:* A second look

Explaining how, when, why, and for whom things are done

A. ¡De viaje! *Tú sales de viaje y tu amigo te hace muchísimas preguntas. Busca la mejor respuesta para cada una de sus preguntas en la columna a la derecha.*

Preguntas

_____ 1. ¿Sales de viaje?

_____ 2. ¿Por qué vas a tu casa este fin de semana?

_____ 3. ¿Cómo vas?

_____ 4. ¿Es muy largo el viaje?

_____ 5. ¿Vas a manejar por mucho tiempo?

_____ 6. ¿Qué es eso?

_____ 7. ¿Cuándo sales?

Respuestas

a. Salgo el viernes **por** la tarde.

b. Sí, voy a manejar **por** cuatro horas.

c. Voy **por** mi mamá. Ella está muy enferma.

d. Voy **por** carro. No tengo dinero **para** el avión.

e. Sí, salgo **para** la casa de mis padres.

f. **Para** mí, es corto.

g. Es un regalo **para** mi mamá.

B. ¡Un estudiante de intercambio! *Iris quiere estudiar en un país hispano por un año y asiste a una charla que da un estudiante que pasó el año en México. Completa la información que da, llenando los espacios en blanco con **por** o **para.***

(1) _____ estudiar en un país hispano, es necesario estudiar español aquí (2) _____ uno o

dos años antes de salir. Las primeras dos semanas estudiamos español intensivo (3) _____ seis horas

todos los días, de lunes a viernes. Después, (4) _____ casi todo el resto del año universitario, estudiamos

en una universidad. También viajamos (5) _____ varias ciudades y viajamos también (6)

_____ varios países vecinos. (7) _____ mí, fue una experiencia maravillosa.

9.5 Affirmative *tú* commands

Giving orders and directions

A. ¿Dónde está? *Ester no sabe dónde está el laboratorio de lenguas y le pregunta a una bibliotecaria. Para saber lo que le contesta la bibliotecaria, completa este párrafo, usando los mandatos informales.*

Es muy fácil. Está aquí en la biblioteca. **(1)** _____ (salir) por esa puerta que dice «Humanidades» y

(2) _____ (seguir) derecho. Al final del pasillo *(hall)* **(3)** _____ (doblar) a la

izquierda y **(4)** _____ (caminar) todo derecho hasta el final. Allí está el ascensor *(elevator)*.

(5) _____ (tomar) el ascensor y **(6)** _____ (subir) al cuarto piso *(4th floor)*.

(7) _____ (mirar) a la derecha y vas a ver un letrero grande que dice «Laboratorio de lenguas».

B. ¡A organizarse! *Para Juan Antonio el primer semestre de la universidad es difícil. Su compañero de cuarto, Pablo, le da consejos para cambiar su situación. Escribe sus consejos.*

> **MODELO**   levantarse temprano
> **Levántate temprano.**

1. hacer la tarea todos los días

   _____

2. acostarse temprano

   _____

3. quedarse más tiempo en la biblioteca

   _____

4. poner atención durante las clases

   _____

5. tomar apuntes *(take notes)* y estudiarlos

   _____

6. salir y divertirse un poco todas las semanas

   _____

Vocabulario

Crucigrama. *Usa las indicaciones a continuación para completar este crucigrama.*

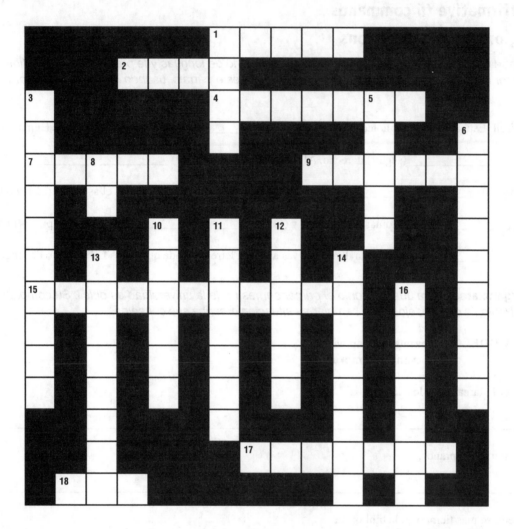

Horizontal

1. Brasil tiene un ___ tropical.
2. lo contrario de **mucho**
4. Hay tanta ___ que no puedo ver el coche delante de mí.
7. Nuevo México, Texas y Arizona están en el ___ de los Estados Unidos.
9. En Hawaii hace buen ___ todo el año.
15. El periódico dice que la ___ va a subir a 90° hoy.
17. Cuando hace frío llevo una ___ para proteger el cuello *(neck)*.
18. En Nuevo México dicen que hace ___ 360 días al año.

Vertical

1. En el ___ Sur nieva mucho en julio y agosto.
3. descripción del tiempo que va a hacer
5. Las Olimpiadas de invierno siempre son en montañas donde ___ mucho.
6. Lo llevamos cuando hace muchísimo frío.
8. En el invierno es necesario vestir___ de guantes, bufanda y sobretodo en Maine.
10. Cuando hay huracán, hace mucho ___.
11. En el frío siempre llevo ___ para proteger las manos *(hands)*.
12. En Sacramento no nieva en el invierno pero sí ___ mucho.
13. muy, muy mojado *(wet)*
14. Nos protege de la lluvia.
16. El cielo siempre está ___ cuando va a llover.

Leamos un poco más

Antes de empezar, dime...
Antes de leer el artículo, contesta estas preguntas para ver cuánto ya sabes del tema.

1. ¿Cuántos estados de EE.UU. con nombres derivados del español puedes nombrar? ¿cuántos ríos y montañas? ¿cuántas ciudades? Nómbralos.

   _____

   _____

   _____

   _____

2. Según el censo de 2000, ¿qué porcentaje de la población de EE.UU. representan los hispanos?

   a. 3 por ciento

   b. 12 por ciento

   c. 15 por ciento

   d. 21 por ciento

3. ¿Cuántos estados puedes nombrar donde el voto hispano es decisivo?

   _____

   _____

   _____

4. ¿Cuántas películas con temas hispanos conoces? Nómbralas.

   _____

   _____

   _____

Lectura

Los hispanos en los Estados Unidos

En todo el suroeste de los Estados Unidos se ve una profunda influencia hispánica. Ésta es inmediatamente notable en los nombres de los estados, ciudades, ríos y montañas. Ocho estados llevan nombres españoles: Arizona, California, Colorado, Nevada, Nuevo México, Montana, Texas y la Florida. Este último tiene ese nombre por el día de su descubrimiento por Juan Ponce de León: la Pascua Florida *(Easter)* de 1512. Unos ejemplos de ciudades son: Las Vegas (NV), Los Ángeles (CA), Amarillo (TX) y Santa Bárbara (CA). La Sierra Nevada (CA), las montañas Sangre de Cristo (NM), el río Grande (TX), el río Sacramento (CA) y el río Colorado (CO) son algunos ejemplos de montañas y ríos. Además, hay muchas palabras hispanas asociadas con la vida diaria en el oeste del país, como

rodeo, pinto, corral, arroyo, mesa y **chile.** En la construcción de casas se usan palabras como **adobe** y **patio.** Todo esto nos hace recordar que antes de llegar los estadounidenses del este del país, ya estaban allí los españoles y los mexicanos.

Hoy el español es la segunda lengua de EE.UU. y de acuerdo al censo de 2000, más de 35 millones de habitantes, o sea, el 12% de la población es de origen hispano. En California y en Texas un 32% de la población es hispana, mientras que en Nuevo México es un 42% y en la Florida un 17%. Los nuevos inmigrantes, en el caso de California, forman una gran parte de la base laboral agrícola. Los hispanos ya establecidos en el país son ahora una parte íntegra de la cultura estadounidense. Algunos de estos hispanos populares son: Andy García, Gloria Estefan, Jennifer López, Marc Anthony, Carmen Lomas Garza, Rosie Pérez, Rita Moreno, Jimmy Smits y Ricky Martin.

Políticamente, el voto hispano es decisivo en tres estados: Texas, California y la Florida; es importante también en Nuevo México, Nueva York, Illinois, Colorado y Arizona. Federico Peña (antes alcalde de Denver, Colorado, luego jefe del Ministerio de Transportación en Washington, D.C. y más recientemente secretario de Energía), Katherine Dávalos Ortega (tesorera de los Estados Unidos) y Edward R. Roybal (congresista de los Estados Unidos) son algunos de los hispanos más destacados en el mundo de la política.

Cada vez más el cine, el teatro, la música, el baile y el arte de EE.UU. reflejan una influencia, un colorido y un espíritu hispánico. El éxito de los cantantes como Shakira, Enrique Iglesias, Cristina Aguilera, Jon Secada, Gipsy Kings, de los actores como Andy García, Emilio Estévez, Edward James Olmos, y de las películas como *The Milagro Beanfield War* de Robert Redford, *La Bamba* con Lou Diamond Phillips, *Stand and Deliver* de Ramón Menéndez, *White Men Can't Jump* con Rosie Pérez, *Como agua para chocolate* de Laura Esquivel y *Evita* con Antonio Banderas han demostrado que las películas, los artistas, y los temas latinos pueden atraer a un público general. Se ve que los hispanos son una fuerza potente y vital en la sociedad estadounidense.

Y ahora, dime...

¡Qué orgullo! *Los hispanos en EE.UU. tienen muchas razones de sentirse muy orgullosos* (feel very proud). *Si tú fueras (were) un(a) hispano(a) en EE.UU., ¿de qué te sentirías orgulloso(a)? Escribe en este diagrama «mente abierta» todas las razones por las que tú te sentirías orgulloso(a) de ser hispano(a).*

Escribamos un poco más

Influencias hispánicas. *Describe las influencias hispánicas que ves en tu ciudad o en tu estado. Incluye nombres de calles, edificios y negocios y escribe sobre la población, la política, el cine, etc.*

_____

_____

_____

_____

_____

_____

_____

_____

_____

_____

_____

_____

_____

_____

_____

_____

_____

_____

Viajemos por el ciberespacio a... ESTADOS UNIDOS

If you are a cyberspace surfer, try entering any of the following key words to get to many fascinating sites in **los Estados Unidos:**

Música cubana   **Cristina Saralegui**   **Poesía cubana en exilio**   **Periódicos cubanos**

Or, better yet, simply go to the *¡Dímelo tú!* Web site using the following address:

http://www.harcourtcollege.scom/spanish/dimelotu

There, with a simple click, you can

- learn the origin of many of today's popular Cuban rhythms.

- get to know the most successful Hispanic talk-show hostess.

- read your favorite poem written by **poetas cubanos en el exilio.**

- compare the news being reported in several Cuban newspapers.

Do at least two of these activities and write and turn in a brief description of what you learned.

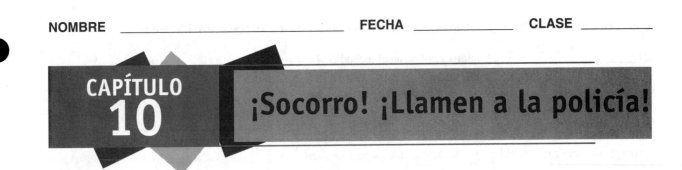

CAPÍTULO 10
¡Socorro! ¡Llamen a la policía!

Paso 1

En preparación

10.1 Adverbs derived from adjectives

Expressing how an event happened

A. Llamar al 911. *¿Cómo funciona el sistema de emergencia en Nicaragua? Contesta las preguntas, siguiendo el modelo.*

> **MODELO** ¿Funciona bien el sistema? (eficaz)
> **Sí, el sistema funciona eficazmente.**

1. ¿Toman mucho tiempo en contestar el teléfono? (inmediato)

   _____

2. ¿Contesta una grabación *(tape recording)*? (personal)

   _____

3. ¿Cómo contestan las operadoras? (cortés)

   _____

4. ¿Responde la policía a las llamadas? (rápido)

   _____

5. ¿Cómo se debe dar la información? (detallado)

   _____

B. ¡Incendio! *Completa el párrafo para saber lo que le pasó a Ramiro, un joven nicaragüense, mientras preparaba la cena.*

Ramiro estaba *(was)* preparando la cena **(1)** _____ (feliz) cuando su novia llamó por teléfono. Se le

olvidó que estaba cocinando y salió **(2)** _____ (directo) para la casa de su novia. De repente, su apartamento se llenó de humo y su compañero de cuarto tuvo que llamar a los bomberos. Llegaron

(3) _____ (rápido) y apagaron el incendio (4) _____ (fácil) y

(5) _____ (total). Unos minutos después llegó Ramiro (6) _____

(tranquilo). José Antonio, su compañero de cuarto, estaba furioso con él, (7) _____ (especial)

porque él siempre causa accidentes. ¡Algún día va a matar a alguien!

Vocabulario

A. ¡Auxilio! *Indica qué frase de la columna B define cada una de las palabras de la columna A.*

	A			B
_____	1.	frenar	a.	no decir la verdad
_____	2.	mentir	b.	accidente automovilístico
_____	3.	conducir	c.	morir en el agua
_____	4.	respirar	d.	empezar un incendio
_____	5.	ahogarse	e.	parar un coche
_____	6.	chocar	f.	lastimar a una persona
			g.	inhalar oxígeno
			h.	lo que hace un chófer

B. Descripciones. *Selecciona la palabra que mejor describe a estas personas.*

atlética	decente	inteligente	rápida
calmada	herida	lenta	sospechosa
cuidadosa	honesta	mentirosa	tonta

1. Tiene mucho cuidado en todo lo que hace. Es una persona _____.

2. Nunca miente o hace trampas. Es una persona _____.

3. Fue víctima de un incendio. Está en el hospital. Es una persona _____.

4. No hace las cosas rápidamente. Necesita mucho tiempo para todo. Es una persona _____.

5. La policía piensa que él robó un coche. Un testigo cree que lo vio durante el robo. Es una persona

   _____.

Escribamos un poco más

Un incidente de emergencia y yo. *Describe algún incidente de emergencia en el cual tú fuiste un(a) participante o testigo(a). Explica detalladamente cómo pasó.*

_____

_____

_____

_____

_____

_____

_____

_____

_____

_____

_____

_____

_____

_____

_____

_____

_____

_____

_____

_____

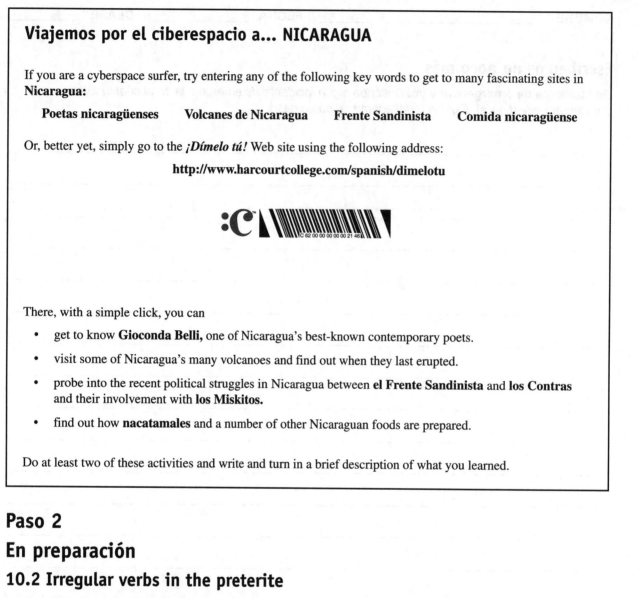

Viajemos por el ciberespacio a... NICARAGUA

If you are a cyberspace surfer, try entering any of the following key words to get to many fascinating sites in **Nicaragua:**

Poetas nicaragüenses   **Volcanes de Nicaragua**   **Frente Sandinista**   **Comida nicaragüense**

Or, better yet, simply go to the *¡Dímelo tú!* Web site using the following address:

http://www.harcourtcollege.com/spanish/dimelotu

There, with a simple click, you can

- get to know **Gioconda Belli,** one of Nicaragua's best-known contemporary poets.

- visit some of Nicaragua's many volcanoes and find out when they last erupted.

- probe into the recent political struggles in Nicaragua between **el Frente Sandinista** and **los Contras** and their involvement with **los Miskitos.**

- find out how **nacatamales** and a number of other Nicaraguan foods are prepared.

Do at least two of these activities and write and turn in a brief description of what you learned.

Paso 2
En preparación
10.2 Irregular verbs in the preterite
Describing what already occurred

A. El amigo herido. *Clasifica por orden cronológico los hechos de este accidente en las calles de Managua.*

_____   a.   Lo fui a visitar a su casa.

_____   b.   La semana pasada hubo un accidente en el centro de Managua. Chocaron dos coches.

_____   c.   Quise visitarlo en el hospital.

_____   d.   Supe que mi mejor amigo era uno de los heridos.

_____   e.   La recepcionista me dijo que ya estaba en casa.

_____   f.   Otros también vinieron a visitarlo a su casa y le trajeron flores.

B. ¿Qué pasó? *¿Cómo te contesta un amigo nicaragüense cuando le haces esta pregunta inocentemente? Para saberlo, completa este párrafo con verbos en el pretérito.*

¡¿Qué pasó?! ¡¡Casi nada!! Javier, José y yo **(1)** _____ (decidir) ir a acampar por dos

días. Entonces el carro de Javier se descompuso *(broke down)*, y nosotros no **(2)** _____ (poder)

llegar al campamento *(campground)*. Vimos que el coche no tenía gasolina y **(3)** _____ (andar)

cinco millas esa noche. Cuando llegamos, el dependiente nos **(4)** _____ (decir) que no tenía más

gasolina y nosotros **(5)** _____ (tener) que regresar al carro. Yo **(6)** _____

(acostarme) en el carro y mis amigos **(7)** _____ (acostarse) a dormir al aire libre. Pero

«lo mejor» fue que un policía **(8)** _____ (venir) y nos arrestó y yo **(9)** _____

(tener) que llamar a mi papá desde la estación de policía. ¡¡Casi nada!!

C. ¿Está bien? *Tus padres quieren saber por qué regresaste a casa tan tarde anoche. ¿Qué les contestas?*

1.   ¿A qué hora llegaste a casa anoche? (venir a las 3:00 A.M.)

   _____

2.   ¿Por qué tan tarde? (estar en una fiesta)

   _____

3.   ¿Por qué no llamaste? (no poder)

   _____

4.   ¿Viniste en taxi? (no / un amigo / traerme)

   _____

5.   ¿Cómo entraste? (tener que entrar por la ventana)

   _____

10.3 Negative and indefinite expressions
Denying information and referring to nonspecific people and things

A. ¡Mentira! *Un policía llega a la escena de un accidente en la autopista. ¿Qué le dicen los chóferes al policía? Reconstruye el diálogo.*

Chófer A		Chófer B
1. Él me gritó algo desde su carro.	_____	a. ¡Mentira! No había *(There was)* nadie más en mi carro.
2. Estaba *(He was)* manejando con 15 personas en su carro.	_____	b. ¡Está loco! Él fue la causa del accidente.
3. Estaba escuchando la radio o el estéreo muy alto.	_____	c. ¡No tenía nada en las manos *(hands)*!
4. Cambió de carril *(lane)* sin indicar y también me chocó.	_____	d. ¡No le grité nada!
5. Estaba comiendo algo.	_____	e. ¡No es verdad! Ni me gusta la música.

B. ¡Salto mortal! *Un atrevido* (daredevil) *nicaragüense acaba de completar un salto espectacular. ¿Cómo contesta las preguntas de los reporteros? Usa expresiones negativas en tus respuestas.*

> **MODELO**   ¿Tiene usted miedo de <u>algo</u>?
> **No, no tengo miedo de nada.**

1. ¿<u>Alguien</u> le enseñó a manejar?

   _____

2. ¿Tuvo <u>algún</u> accidente <u>alguna vez</u>?

   _____

3. ¿Lleva <u>algún</u> amuleto *(lucky charm)*?

   _____

4. ¿La policía le dio una multa o una advertencia <u>alguna vez</u>?

   _____

5. ¿Tiene miedo <u>algunas veces</u>?

   _____

Vocabulario

A. Sinónimos. *Busca en la columna B un sinónimo de las palabras y expresiones de la columna A.*

A

_____ 1. lastimarse
_____ 2. choque eléctrico
_____ 3. obtener
_____ 4. resolver un problema
_____ 5. detallado
_____ 6. socorro

B

a. auxilio
b. destrozado
c. encontrar una solución
d. una sacudida
e. preciso
f. conseguir
g. sufrir lesiones
h. llanta

B. Soluciones. *Para cada situación o emergencia de la columna de la izquierda, encuentra la mejor solución en la columna de la derecha.*

Situaciones y emergencias

_____ 1. El coche no funciona.
_____ 2. El chófer causó un accidente.
_____ 3. Hay personas heridas.
_____ 4. Hay un incendio.
_____ 5. Entró un ladrón a la casa de enfrente.
_____ 6. Un chico casi se ahoga. Ahora está inconsciente.

Soluciones

a. Llamar a la policía.
b. Tener la culpa.
c. Llamar a los bomberos.
d. Primeros auxilios.
e. Respiración artificial.
f. Revisar el motor.
g. Rotar las llantas.

C. Acciones y consecuencias. *Para cada acción de la columna de la izquierda, encuentra su posible peligro o consecuencia negativa en la columna de la derecha.*

Acciones

_____ 1. enchufar la radio
_____ 2. estacionar donde se prohibe
_____ 3. salir y dejar la puerta abierta
_____ 4. entrar al agua sin saber nadar
_____ 5. usar la estufa de gas
_____ 6. caminar en la nieve
_____ 7. manejar

Consecuencias

a. ahogarse
b. caerse
c. chocar
d. quemarse
e. reventar
f. una multa
g. un robo
h. una sacudida eléctrica

Diario interactivo personal

Yo y la culpabilidad. *¿Cómo reaccionas en situaciones donde tienes que admitir culpabilidad? ¿Admites que tú eres la persona responsable o tratas de echarle la culpa a otras personas? Explica tu reacción frente a la culpabilidad y da uno o dos ejemplos específicos.*

Viajemos por el ciberespacio a... NICARAGUA

If you are a cyberspace surfer, try entering any of the following key words to get to many fascinating sites in **Nicaragua:**

| **Rubén Darío** | **Fundación Nicaragua Nuestra** | **Nicaragua linda** | **Nicas online** |

Or, better yet, simply go to the *¡Dímelo tú!* Web site using the following address:

http://www.harcourtcollege.com/spanish/dimelotu

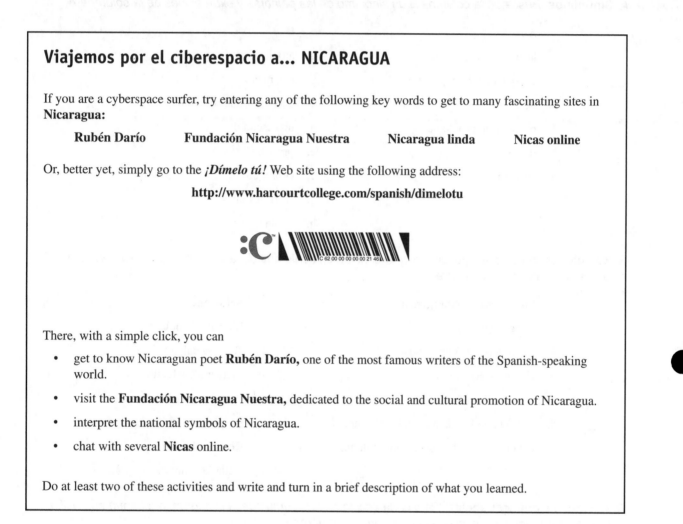

There, with a simple click, you can

- get to know Nicaraguan poet **Rubén Darío,** one of the most famous writers of the Spanish-speaking world.
- visit the **Fundación Nicaragua Nuestra,** dedicated to the social and cultural promotion of Nicaragua.
- interpret the national symbols of Nicaragua.
- chat with several **Nicas** online.

Do at least two of these activities and write and turn in a brief description of what you learned.

Paso 3
En preparación
10.4 Preterite of stem-changing *-ir* verbs
Talking about past events

A. ¡El Grupo Teatral Cadejo! *Cuéntale a tu compañero(a) cómo fue la comedia musical nicaragüense que presentó el Grupo Teatral Cadejo anoche.*

> **MODELO**   público / divertirse / mucho
> **El público se divirtió mucho.**

1. policía / perseguir / ladrones / bicicleta

   _____

2. ladrones / vestirse / de Lex Luther y el Barón Rojo

   _____

3. actor / pedirle / ayuda al público

   _____

4. gente / reírse muchísimo con el espectáculo

   _____

5. actores y / público / divertirse / toda / noche

   _____

B. ¿Qué pasó? *Cuéntale a tu amigo lo que pasó en el programa de televisión nicaragüense que viste anoche.*

1. Los guardias de un centro comercial _____ (dormirse).

2. De repente ellos _____ (oír) un ruido.

3. Un ladrón con una pistola les _____ (pedir) todo el dinero de la tienda.

4. Los guardias casi _____ (morirse) de miedo.

5. Afortunadamente, un perro guardián _____ (perseguir) y

   _____ (capturar) al ladrón.

6. Ese día el administrador del centro comercial _____ (despedir) a los dos guardias.

C. Un anuncio comercial. *¿Reconoces este anuncio comercial? Para saber cuál es, pon los verbos en el pretérito.*

Roberto y Alejandra (**1**) _____ (ir) de vacaciones a El Salvador y Honduras, y después

(**2**) _____ (seguir) a Nicaragua. Un día en Managua, Roberto (**3**) _____ (sentir)

que alguien le robaba la cartera. Los dos (**4**) _____ (ver) y (**5**) _____

(perseguir) al ladrón pero con tanta gente (**6**) _____ (ser) imposible capturarlo. ¡Qué problema! El

ladrón (**7**) _____ (escaparse) con todo su dinero y todos sus cheques de viajero. Afortunadamente,

los problemas (**8**) _____ (resolverse) cuando ellos (**9**) _____ (llamar) a

American Express. En seguida recibieron su nueva tarjeta. ¡No salga de su casa sin ella!

10.5 *Hacer* in time expressions
Describing what has been happening

A. ¿Cuánto tiempo hace? *Indica cuánto tiempo hace que haces o no haces estas cosas.*

> **MODELO**   no limpiar tu cuarto
> **Hace una semana que no limpio mi cuarto.**

1. no llamar a tus padres por teléfono

   _____

2. no escribir una carta

   _____

3. no visitar a tus abuelos

   _____

4. conocer al (a la) profesor(a) de español

   _____

5. no hablar con un maestro de la escuela secundaria

   _____

6. no pedirles dinero a tus padres

   _____

B. Historia de un amor trágico. *Eduardo, un joven nicaragüense muy romántico, está recordando los momentos más importantes de su vida trágica. ¿Cuánto tiempo hace que pasó todo esto?*

MODELO   verla por primera vez en nuestra clase de inglés: un año
Hace un año que la vi por primera vez en nuestra clase de inglés.

1. conocerla en una fiesta: diez meses

   _____

2. salir en nuestra primera cita: ocho meses

   _____

3. decirme que me amaba: seis meses

   _____

4. presentársela a mis padres: cuatro meses

   _____

5. darle un anillo de compromiso *(engagement ring)*: dos meses

   _____

6. ella decidir que estaba enamorada del profesor de inglés: un mes

   _____

Vocabulario

Crucigrama. *Usa las indicaciones a continuación para completar este crucigrama.*

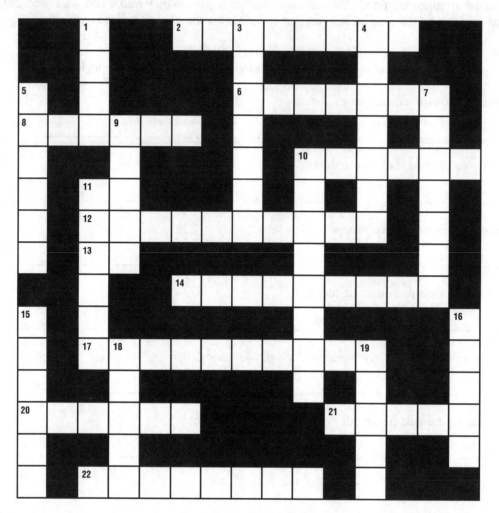

Horizontal

2. un ataque ___
6. auxilio
8. accidente entre dos coches
10. fin de la vida
11. pronombre: complemento directo o indirecto, segunda persona del singular
12. camión o coche que se usa para llevar a los heridos al hospital
13. lo contrario de **sí**
14. informar a la policía de un crimen
17. caso urgente
20. lo que usamos para secarnos después de bañarnos
21. la persona que cometió el crimen tiene la ___
22. movimiento de electricidad que hace daño

Vertical

1. En los incendios hay olor a ___.
3. lo que hace la persona que toma aire por la nariz
4. donde guardamos el dinero y las tarjetas de crédito
5. líquido esencial para el funcionamiento del motor del coche
7. conseguir
9. destrozó por medio del fuego
10. hombre que repara el coche
11. parte del coche donde está la gasolina
15. no estar, estar ausente
16. dar golpes
18. dinero que uno tiene que pagar si estaciona mal el coche, etc.
19. auxilio, socorro

Leamos un poco más

Antes de empezar, dime...

Escribe en la segunda columna tus opiniones sobre las preguntas de la primera columna. Luego lee la lectura y escribe las opiniones de los autores.

	Lo que tú piensas	Lo que los autores piensan
1. ¿Cuáles son las mayores preocupaciones que los jóvenes tienen sobre el futuro?	1.	1.
2. ¿Con qué palabras asociamos la violencia?	2.	2.
3. ¿Cuál es la solución a la violencia en EE.UU.? ¿En el mundo?	3.	3.

Lectura

Erradicar la violencia

Según los resultados de muchas encuestas, muchos jóvenes responden que una de las grandes preocupaciones sobre su futuro es la violencia que abunda en todos los niveles de la sociedad.

Generalmente asociamos la palabra violencia con las guerras, la política o los intereses económicos pero sabemos que la violencia puede existir en actividades tan «aparentemente» sanas *(healthy)* como, por ejemplo, en los deportes. En cuanto a los lugares donde ocurre la violencia, no tiene límites. Puede ocurrir tanto en los campos de batalla como en campos deportivos, en ciudades grandes como en pueblos rurales, en cárceles y prisiones tanto como en escuelas secundarias y hasta en primarias.

Sabemos además que la violencia no se manifiesta sólo físicamente sino también psicológicamente. Esto es muy difícil de resolver porque generalmente los efectos no se ven fácilmente. En cuanto a las edades, tampoco existen limitaciones, pues puede afectar tanto a los adultos como a los niños.

¿Hay una solución a la violencia? ¿Puede erradicarse? Esto debe ser una de las misiones «obligatorias» de cualquier gobierno, en cualquier lugar del mundo. Todo ser humano tiene el derecho de poder planificar su futuro sin tener que preocuparse por la violencia cada vez que sale a la calle, que asiste a una función pública o que trata de controlar a sus propios hijos.

Y ahora, dime...

*Escribe ahora las opiniones de los autores en la tercera columna del ejercicio de **Antes de empezar, dime...** Luego, explica brevemente cómo se comparan tus opiniones con las de los autores.*

_____

_____

_____

_____

_____

_____

_____

_____

_____

Escribamos un poco más

¡Robo! *Describe un robo que tú sufriste o que un(a) amigo(a) tuyo(a) sufrió. Descríbelo en detalle.*

_____

_____

_____

_____

_____

_____

_____

_____

_____

_____

_____

_____

Viajemos por el ciberespacio a... NICARAGUA

If you are a cyberspace surfer, try entering any of the following key words to get to many fascinating sites in **Nicaragua:**

Huracán Mitch   **Poesía nicaragüense**   **Español nicaragüense**   **Radio nicaragüense**

Or, better yet, simply go to the *¡Dímelo tú!* Web site using the following address:

http://www.harcourtcollege.com/spanish/dimelotu

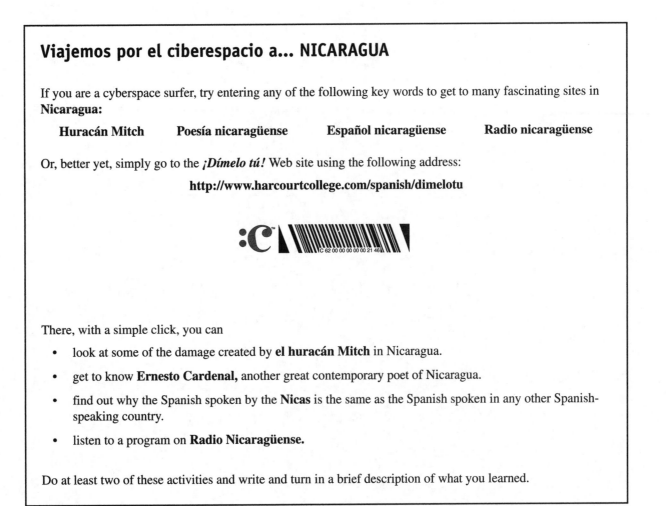

There, with a simple click, you can

- look at some of the damage created by **el huracán Mitch** in Nicaragua.

- get to know **Ernesto Cardenal,** another great contemporary poet of Nicaragua.

- find out why the Spanish spoken by the **Nicas** is the same as the Spanish spoken in any other Spanish-speaking country.

- listen to a program on **Radio Nicaragüense.**

Do at least two of these activities and write and turn in a brief description of what you learned.

CAPÍTULO 11

Y tú, ¿qué hacías?

Paso 1

En preparación

11.1 Imperfect of regular verbs

Talking about past events

A. ¡Ah, niñez encantadora! *Describe tu niñez.*

> MODELO   dormir con un animal de peluche
> **Dormía con un animal de peluche.** [o]
> **No dormía con un animal de peluche.**

1. visitar a mis abuelos

   _____

2. odiar los vegetales

   _____

3. jugar con pistolas/muñecas

   _____

4. tener un amigo invisible

   _____

5. gustarme la escuela

   _____

B. ¡Qué vida! *Llena los espacios en blanco para saber cómo pasaba el verano esta chica costarricense.*

Cuando era pequeña, ¡los veranos eran fantásticos! Recuerdo que yo no **(1)** _____ (tener)

muchas responsabilidades. Mis hermanos y yo **(2)** _____ (levantarse) tarde y

(3) _____ (desayunar) con pan y café. Mi hermana y yo **(4)** _____ (salir)

a la calle y **(5)** _____ (jugar) con otros niños. A mi mamá no le **(6)** _____ (gustar)

mucho eso. Al mediodía, todos nosotros **(7)** _____ (almorzar) en casa. Yo generalmente

(8) _____ (comer) mucho y **(9)** _____ (tener) que dormir la siesta. Mis hermanos mayores

(10) _____ (trabajar) por la tarde en la tienda de mi papá y por la noche todos nosotros

(11) _____ (reunirse) para comer y hablar hasta muy tarde. ¡Qué vida!

11.2 Uses of the imperfect
Talking about what we used to do

A. ¡Cuarto grado! *Compara lo que haces ahora con lo que hacías cuando estabas en el cuarto grado.*

> MODELO   Ahora asisto a la universidad. (escuela primaria)
> **Antes asistía a la escuela primaria.**

1. Ahora bebo vino o agua Evian. (refrescos)

   _____

2. Ahora quiero un coche. (bicicleta)

   _____

3. Ahora vivo con mis amigos en un apartamento. (padres/casa)

   _____

4. Ahora les pido una computadora a mis padres como regalo de Navidad. (juguetes [*toys*])

   _____

5. Ahora miro las noticias. (programas infantiles)

   _____

B. El invierno. *Completa el siguiente párrafo que narra cómo Octavio pasaba el invierno de niño.*

El invierno siempre fue mi estación favorita. Mis padres nos **(1)** _____ (llevar) a las

montañas a jugar en la nieve. Recuerdo que yo **(2)** _____ (sentirse) muy contento y

(3) _____ (jugar) constantemente. Cuando nosotros **(4)** _____

(llegar) a las montañas, lo primero que **(5)** _____ (hacer) era un hombre de nieve.

Luego yo **(6)** _____ (subir) a una colina (*hill*) y **(7)** _____

(bajar) a gran velocidad en un trineo (*sled*). Toda mi familia **(8)** _____ (divertirse)

mucho. Al final del día yo **(9)** _____ (estar) muy cansado, pero también muy feliz.

11.3 Imperfect of *ser, ir,* and *ver*

Describing how you used to be, where you used to go, what you used to see

A. ¡No eras así! *La señora Ayala está hablando con su hijo Rodolfo. ¿Cómo le responde ella cuando él describe los cambios en su vida?*

> **MODELO** RODOLFO: Ahora estudio todas las noches. (sólo unos minutos)
> MADRE: **De niño estudiabas sólo unos minutos.**

1. Ahora leo *La Nación* todos los días. (libros de aventuras)

   _____

2. Voy muy poco al cine. (todas las semanas)

   _____

3. Soy muy estudioso. (un poco perezoso)

   _____

4. Hago deportes todos los fines de semana. (todos los días)

   _____

5. No veo mucha televisión. (todas las noches)

   _____

B. ¡Policías! *Llena los espacios en blanco para ver qué recuerda Alfonso de cuando era pequeño en Costa Rica.*

Cuando (**1**) _____ (ser) pequeño yo (**2**) _____ (querer) vivr en San

José y ser policía. Yo (**3**) _____ (ir) al cine y (**4**) _____ (ver) películas policíacas.

Los policías siempre (**5**) _____ (ser) los buenos. Mis amigos y yo (**6**) _____ (ir) al

parque a jugar a capturar a los malos. En nuestros juegos, los buenos siempre (**7**) _____ (vencer).

¡Nosotros (**8**) _____ (ser) tan inocentes!

Vocabulario

A. Acciones. *Escribe la letra de los verbos de la columna B al lado de su complemento más lógico de la columna A. Usa cada verbo una sola vez.*

	A		**B**
_____	1. una película	a.	sufrir
_____	2. buenas notas	b.	desenchufar
_____	3. un instrumento	c.	dirigir
_____	4. estrés	d.	filmar
_____	5. la banda	e.	recibir
_____	6. un premio	f.	sacar
		g.	tocar

B. Asociaciones. *Indica cuál de los dos instrumentos se asocia con estos conjuntos o grupos musicales.*

1. una orquesta de *jazz*

   a. guitarra　　　　　　　　　b. saxofón

2. una banda escolar

   a. violín　　　　　　　　　　b. tambor

3. un grupo de rock

   a. batería　　　　　　　　　　b. clarinete

4. un conjunto de mariachis

   a. saxofón　　　　　　　　　b. guitarra

5. una orquesta sinfónica

   a. violín　　　　　　　　　　b. marimba

NOMBRE _____ FECHA _____ CLASE _____

Escribamos un poco más

La secundaria. *Describe tu vida en la escuela secundaria. ¿Qué tipo de estudiante eras? ¿Quiénes y cómo eran tus mejores amigos(as)? ¿Quién era tu maestro(a) favorito(a) y por qué era tu favorito(a)?*

_____

_____

_____

_____

_____

_____

_____

_____

_____

_____

_____

_____

_____

_____

_____

_____

_____

_____

_____

Viajemos por el ciberespacio a... COSTA RICA

If you are a cyberspace surfer, try entering any of the following key words to get to many fascinating sites in **Costa Rica:**

Aves de Costa Rica	**Instituto Nacional de Biodiversidad**
Flora y fauna de Costa Rica	**Pájaros de Costa Rica**

Or, better yet, simply go to the *¡Dímelo tú!* Web site using the following address:

http://www.harcourtcollege.com/spanish/dimelotu

There, with a simple click, you can

- find the best places to go bird-watching in Costa Rica.

- learn about many of the extraordinary species of plants and animals that can be found in Costa Rica.

- visit the **Instituto Nacional de Biodiversidad** to learn about Costa Rica's commitment to the protection of its environment.

- learn all you've ever wanted to know about the birds of Costa Rica.

Do at least two of these activities and write and turn in a brief description of what you learned.

Paso 2

En preparación

11.4 Preterite and imperfect: Completed and continuous actions

Describing completed actions and actions in progress in the past

A. ¡Cuentos de hadas! *¿Recuerdas los cuentos de tu infancia? ¿Qué pasó en la vida de los siguientes personajes?*

1. La Bella Durmiente _____ (dormir) profundamente cuando el Príncipe Azul

    _____ (despertarla) con un beso.

2. La Cenicienta _____ (bailar) con el Príncipe. Ellos _____ (estar)

    felices pero de repente _____ (sonar) las doce. Ella _____ (escaparse) y

    _____ (perder) uno de sus zapatos de cristal.

3. La Caperucita Roja _____ (caminar) a la casa de su abuela cuando

_____ (ver) al Lobo. Él _____ (preguntarle) dónde

_____ (vivir) su abuela.

4. El Lobo _____ (intentar) destruir la casa de los Tres Cerditos pero no pudo porque

_____ (estar) hecha de ladrillos *(bricks)*.

5. Blanca Nieves siempre _____ (cantar) mientras _____ (limpiar) la casa.

B. Mi abuela. *Completa el siguiente párrafo para ver qué recuerdos tiene esta señora costarricense de su abuela.*

Anoche mientras yo **(1)** _____ (estudiar), mi abuela me **(2)** _____ (llamar)

por teléfono. **(3)** _____ (Ser) las once. Nosotras **(4)** _____ (hablar) de mi

niñez. De repente yo **(5)** _____ (recordar) muchas cosas de mi niñez. Por ejemplo, mi abuela me

(6) _____ (permitir) mirar la televisión hasta tarde en la noche. Cuando **(7)** _____

(hacer) mucho calor, ella **(8)** _____ (preparar) limonada y yo la **(9)** _____

(vender) enfrente de la casa. Recuerdo que cuando yo **(10)** _____ (tener) diez años le

(11) _____ (regalar) una foto mía. Ella inmediatamente **(12)** _____ (poner) la

foto sobre el piano donde todavía la tiene.

11.5 Preterite and imperfect: Beginning/end and habitual/customary actions
Describing the beginning or end of actions and habitual past actions

A. ¡Feliz cumpleaños, Cristóbal! *Completa este párrafo para ver por qué el noveno cumpleaños de Cristóbal, un niño coatarricense, fue muy especial.*

Cuando yo **(1)** _____ (ser) niño, siempre **(2)** _____ (celebrar) mi

cumpleaños de la misma manera. Mis padres **(3)** _____ (invitar) a mis amigos y ellos me

(4) _____ (traer) regalos. Ellos y yo **(5)** _____ (jugar) en mi casa y

(6) _____ (comer) juntos. Pero una semana antes de cumplir yo nueve años, mis padres

me **(7)** _____ (decir) que mi fiesta **(8)** _____ (ir) a ser diferente. Mis

padres **(9)** _____ (invitar) a mis amigos a quedarse en mi casa a dormir, y todos nosotros

(10) _____ (salir) a comer a un restaurante. ¡Yo **(11)** _____ (estar)

tan contento! Esa noche mis amigos y yo **(12)** _____ (dormir) muy poco, pero

(13) _____ (divertirse) mucho. Mamá nos **(14)** _____ (servir)

el desayuno a las nueve de la mañana. **(15)** _____ (Ser) una fiesta muy especial.

B. Cambios. *Completa este párrafo para ver cómo cambiaron los medios de comunicación en Costa Rica durante la vida de Cristina Rodríguez. ¿Es muy diferente de cómo cambiaron los medios de comunicación en EE.UU.?*

¡La vida está llena de cambios! Cuando yo **(1)** _____ (ser) pequeña **(2)** _____

(tener) que aprender a hablar. Luego, cuando **(3)** _____ (ir) a la escuela primaria, me

(4) _____ (enseñar/ellos) a escribir. Después, en la escuela secundaria, **(5)** _____

(aprender) a escribir a máquina. Mis padres y mis maestros **(6)** _____ (decir) que

(7) _____ (ser) más rápido y más claro que escribir a mano. Recientemente, cuando yo

(8) _____ (llegar) a la universidad, **(9)** _____ (ver) que **(10)** _____ (ser)

muy importante aprender a usar la computadora. ¡Qué difícil y complicado **(11)** _____ (parecer)

cuando yo **(12)** _____ (estar) aprendiendo a usarla! Ahora es muy fácil, pero la vida sigue

cambiando y pronto voy a tener que aprender a usar...

Vocabulario

A. Asociaciones. *Escribe al lado de las palabras de la columna A la letra de la frase de la columna B que más se asocia con ellas por el significado.*

	A		B
_____	1. gratis	a.	se ve por episodios
_____	2. trompeta	b.	hacer una película
_____	3. filmar	c.	sin tener que pagar
_____	4. pincharse	d.	parte de las fuerzas armadas
_____	5. telenovela	e.	instrumento de banda
_____	6. voluntario	f.	que trabaja sin salario
_____	7. ejército	g.	tener que arreglar la llanta

B. Reacciones. _¿Cuál es el verbo que describe mejor la reacción que se espera en cada caso?_

1. Roberto acaba de ganar el premio Nóbel.

    a. odiar   b. sonreír

2. Todo es malo en el restaurante —la comida, el vino, el servicio.

    a. quejarse   b. soñar

3. Con su familia y el trabajo, Roberto tiene mucha responsabilidad.

    a. apretar   b. sufrir estrés

4. Pedro dice que el alcalde administra bien la ciudad, pero Mario le responde que a él no le parece tan bueno.

    a. discutir   b. soñar

5. Elena falta mucho a clase sin decirle nada al profesor.

    a. sacar malas notas   b. salir juntos

6. A Gloria le robaron sus joyas.

    a. revelar   b. llorar

Diario interactivo personal

Fue memorable. _Describe un evento memorable en tu pasado. Puede ser uno relacionado a uno de estos temas o a otro tema que tú prefieras._

ambición	desempleo	enfermedad	segregación
amor	desesperación	muerte	sexo
crueldad	drogas	poder	soledad

Paso 3

En preparación

11.6 Present perfect

Talking about what people have or haven't done

A. ¿Preparativos? *Ricardo se está preparando para ir a Costa Rica, pero todavía necesita hacer muchas cosas. ¿Qué le contesta a su mamá cuando ella le hace estas preguntas?*

MODELO   ¿Cuándo <u>sacaste</u> tu pasaporte?
           Todavía no lo he sacado.

1. ¿Cuándo <u>fuiste</u> al consulado de Costa Rica?

   _____

2. ¿Cuándo te <u>tomaron</u> una foto para el pasaporte?

   _____

3. ¿Cuándo <u>hiciste</u> las maletas?

_____

4. ¿Cuándo <u>compraste</u> los boletos?

_____

5. ¿Cuándo <u>reservaste</u> un cuarto en un hotel?

_____

B. Costa Rica. *¿Cuánto sabes de Costa Rica? Completa las siguientes oraciones con el presente perfecto de los verbos indicados y aprenderás aún más sobre esta pequeña nación.*

1. Costa Rica está situada en Centroamérica y _____(ser) internacionalmente reconocida como

    un laboratorio viviente.

2. Los visitantes _____(reconocer) constantemente su exótica belleza y la gran riqueza de su

    fauna y flora.

3. Los biólogos _____(encontrar) más de mil variedades de orquídeas en las selvas de Costa

    Rica.

4. Los biólogos también _____(decir) que en Costa Rica se encuentra el cinco por ciento de todos

    los animales y plantas del mundo.

5. El excelente clima de Costa Rica también _____(afectar) favorablemente la longevidad de los

    costarricenses.

Vocabulario

Palabras escondidas. *Pon las letras en orden para formar palabras que aprendiste en esta lección. Con las letras que aparecen en las casillas (boxes) oscuras se puede formar el nombre de algo que todo el mundo quisiera recibir.*

1. **C E A O C D A I M R**

2. **R A E A P S**

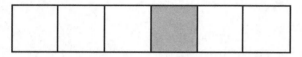

3. **Í B C O L M A**

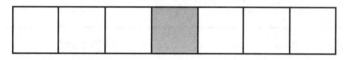

4. **O Y J A**

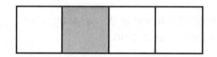

5. **M R A B T O**

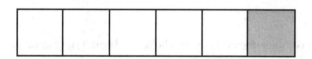

6. **S N E R R O Í**

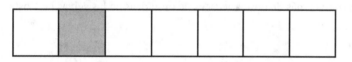

7. **P O D I S E O I**

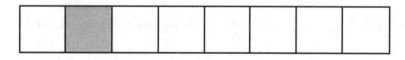

8. **G S T I A R**

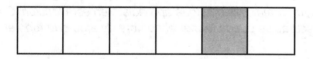

9. **U D M O N**

10. **N E C I T A R E L**

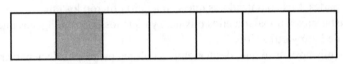

11. **L D C L A A E**

Ahora, la frase misteriosa...

¿Qué es lo que todo el mundo quisiera recibir?

___ ___ ___ ___ ___ ___ ___ ___ ___ ___

Leamos un poco más

Antes de empezar, dime...
Antes de leer el artículo, contesta estas preguntas para ver cuánto ya sabes del tema.

1. ¿Por qué crees que los primeros exploradores le dieron el nombre de «Costa Rica» a ese país centroamericano?

   _____

   _____

2. ¿Cuánto oro crees que los españoles encontraron en Costa Rica?

   _____

   _____

3. ¿Cuál es el producto principal de Costa Rica: las flores, el café, los bananos (como los llaman los costarricenses) o el té?

   _____

   _____

Lectura

El verdadero oro de Costa Rica

Cuando Cristóbal Colón descubrió Costa Rica en 1502, encontró muy pocos indígenas, sólo unos treinta mil divididos en tres grupos: los güetares, los chorotegas y los borucas. Se cree que Colón nombró el sitio «Costa Rica» debido a la gran cantidad de objetos de oro que mostraban estos indígenas. Pero en realidad, la tierra de la región tenía pocas riquezas, ya que parecía no ser muy fértil. Algunos expertos dicen que tanto la falta de tierra fértil como la de habitantes en la región se debía a alguna erupción volcánica que tal vez había dejado enterradas bajo la lava las tierras fértiles del país.

El resultado fue que al encontrar tan pocos indígenas en la región y al darse cuenta que el oro que le dio su nombre a la región no era de allí sino que había sido traído de otras partes, la mayoría de los españoles decidieron abandonar la región y buscar su suerte en otras partes. Los colonizadores que se quedaron fueron los que reconocieron la riqueza de la tierra y estaban dispuestos a trabajarla ellos mismos, ya que los pocos indígenas que había fueron reclutados para trabajar las minas de Perú y otros sitios.

Viéndose obligados a trabajar la tierra ellos mismos causó que, desde tiempos coloniales, se estableciera cierta igualdad social y económica. Actualmente los costarricenses señalan con orgullo ese origen democrático y consideran que es por eso, en gran parte, que el país sigue teniendo una tradición democrática.

Fue en el período colonial que empezó a cultivarse el café, producto que pronto llegó a ser el verdadero oro de Costa Rica. Sólo once años después de declarar su independencia de España, Costa Rica empezó a exportar café a Chile, y ya para 1845, lo estaba exportando a Europa. En 1875, el café representaba el 95% de las exportaciones de Costa Rica.

Actualmente el orgullo de los costarricenses con respecto al café del país es tal que con frecuencia se les oye decir que hasta el mismo Juan Valdés, de fama en los avisos comerciales para el café colombiano en la televisión de los Estados Unidos, no bebe café colombiano sino café costarricense.

Y ahora, dime...

1. Usa este diagrama Venn para comparar a los españoles que se quedaron a colonizar Costa Rica con los que colonizaron otros países como México y Perú.

Colonizadores españoles

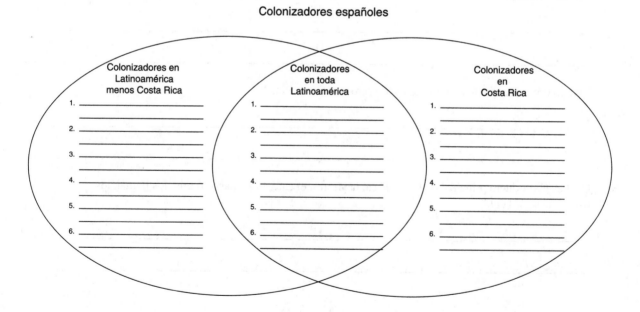

2. ¿Por qué dicen los costarricenses que Juan Valdés bebe café costarricense?

_____

_____

Escribamos un poco más

¡Lo hemos hecho juntos! *¿Cómo llegaste a la universidad? ¿Quiénes te han ayudado* (helped) *o lo has hecho tú solo(a)? Describe todo lo que tú has hecho para llegar adonde estás ahora y menciona lo que otras personas han hecho para ayudarte.*

_____

_____

_____

_____

_____

_____

_____

_____

_____

_____

_____

_____

_____

_____

_____

_____

_____

_____

Viajemos por el ciberespacio a... COSTA RICA

If you are a cyberspace surfer, try entering any of the following key words to get to many fascinating sites in **Costa Rica:**

Instituto de la Cultura

Centro Cultural Costarricense Norteamericano

Museo de Arte Costarricense

Cocina costarricense

Or, better yet, simply go to the *¡Dímelo tú!* Web site using the following address:

http://www.harcourtcollege.scom/spanish/dimelotu

There, with a simple click, you can

- look into the **Instituto de la Cultura,** where you can take Spanish classes in Costa Rica.

- visit the **Museo de Arte Costarricense.**

- find out as much as you can about **Centro Cultural Costarricense Norteamericano.**

- learn how to prepare some Costa Rican dishes.

Do at least two of these activities and write and turn in a brief description of what you learned.

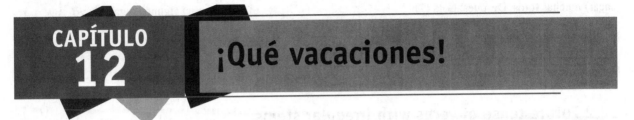

¡Qué vacaciones!

CAPÍTULO 12

Paso 1
En preparación
12.1 Future tense of regular verbs
Talking about the future

A. ¿Qué vas a hacer? *Dinos qué harás después de graduarte.*

1. ¿Tomarán tú y tus amigos unas vacaciones para celebrar?

   _____

2. ¿Empezarás a trabajar en seguida después de la graduación?

   _____

3. ¿Vivirás con tus padres por un tiempo?

   _____

4. ¿Te ayudarán tus padres económicamente si no encuentras trabajo?

   _____

5. ¿Asistirás a clases para graduados después de trabajar un tiempo?

   _____

B. ¡Sueños! *Elena está en su clase de economía soñando con sus próximas vacaciones. Según Elena, ¿qué es lo que hará?*

Cuando terminen las clases, **(1)** _____ (yo / ir) a Machu Picchu en tren con mi amiga

Lola. En el tren, **(2)** _____ (yo / conocer) a muchas personas interesantes. Los

camareros **(3)** _____ (traerme) la comida a mi cabina y **(4)** _____

(yo / sentirme) como una reina.

En Machu Picchu Lola y yo **(5)** _____ (caminar) mucho y **(6)** _____

(sacar) muchas fotos. Después, Lola **(7)** _____ (comprar) algunos regalos y yo

(8) _____ (conversar) con los guías guapos. ¡**(9)** _____

(Divertirnos) muchísimo!

12.2 Future tense of verbs with irregular stems
Talking about the future

A. ¡¿Cuarenta años?! *¿Cómo es tu vida ahora y cómo será cuando tengas 40 años? Sigue el modelo.*

> **MODELO** Ahora tengo que estudiar. (trabajar)
> **A los 40 años tendré que trabajar.**

1. Ahora **quiero** bailar toda la noche. (descansar)

   A los 40 años _____.

2. Ahora **salgo** con mis amigos. (esposo/esposa)

   A los 40 años _____.

3. Ahora **puedo** comprar sándwiches. (langosta)

   A los 40 años _____.

4. Ahora mis posesiones **valen** poco. (mucho más)

   A los 40 años _____.

5. Ahora no **hago** mi cama. (tampoco)

   A los 40 años _____.

B. ¿Qué pasará? *¿Qué hará este estudiante si se gana mucho dinero en la lotería? Llena los espacios con la forma apropiada de los verbos en el futuro.*

¡Si me gano la lotería no **(1)** _____ (saber) qué hacer! Mmmm, **(2)** _____ (poner) algún

dinero en el banco. **(3)** _____ (Decirles) a todos en la clase de español que yo **(4)** _____

(ir) a México para aprender español. Mis padres **(5)** _____ (poder) viajar por todo el mundo

porque yo **(6)** _____ (darles) $50.000. Mi hermano **(7)** _____ (querer) también

parte del dinero, pero no **(8)** _____ (haber) problema: ¡yo **(9)** _____ (ser) rico!

Vocabulario

A. Asociaciones. *Escribe la letra de la palabra de la columna B al lado de la palabra de la columna A con la cual se asocia.*

A		B	
_____	1. champú	a.	las maletas
_____	2. competencia	b.	lavarse las manos
_____	3. parrilla	c.	una carta
_____	4. empacar	d.	Machu Picchu
_____	5. sello	e.	carne asada
_____	6. bajar de peso	f.	abrir la puerta
_____	7. dormir la siesta	g.	ganar una medalla
_____	8. ruinas	h.	estar más delgado
_____	9. jabón	i.	descansar
_____	10. llave	j.	lavarse la cabeza

B. ¿Quién? ¿Qué? ¿Dónde? *Escribe la letra de la palabra de la lista que aparece a continuación al lado de la oración que la identifica.*

a.	pasaporte	d.	museo	g.	terraza	i.	ruinas
b.	vecinos	e.	medalla	h.	pasta dental	j.	media jornada
c.	a la parrilla	f.	espectáculo				

_____ 1. Las personas que viven al lado.

_____ 2. Cuando se trabaja solamente cuatro horas diarias.

_____ 3. Lo que se ve en el teatro.

_____ 4. Cómo el cocinero prepara la carne.

_____ 5. Lo que se come afuera, en el jardín de la casa.

_____ 6. Documento que se presenta en la frontera.

_____ 7. Se usa para limpiarse los dientes.

_____ 8. Donde hay exposiciones de pintura y escultura.

_____ 9. Lo que queda de las civilizaciones antiguas.

_____ 10. Lo que se gana en muchas competencias.

Diario interactivo personal

¿Otro curso de español? *¿Qué harás diferente cuando tomes otro curso de español? ¿Y qué no cambiarás del todo? Explica en detalle todo lo que harás para evitar los errores/problemas que has tenido este año y lo que harás de la misma manera porque te ha dado buen resultado.*

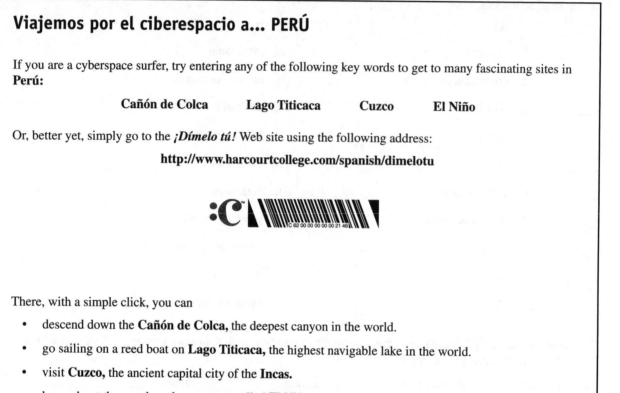

Viajemos por el ciberespacio a... PERÚ

If you are a cyberspace surfer, try entering any of the following key words to get to many fascinating sites in **Perú:**

> **Cañón de Colca**   **Lago Titicaca**   **Cuzco**   **El Niño**

Or, better yet, simply go to the *¡Dímelo tú!* Web site using the following address:

> **http://www.harcourtcollege.com/spanish/dimelotu**

There, with a simple click, you can

- descend down the **Cañón de Colca,** the deepest canyon in the world.
- go sailing on a reed boat on **Lago Titicaca,** the highest navigable lake in the world.
- visit **Cuzco,** the ancient capital city of the **Incas.**
- learn about the weather phenomenon called **El Niño.**

Do at least two of these activities and write and turn in a brief description of what you learned.

Paso 2

En preparación

12.3 Conditional of regular and irregular verbs

Stating what you would do

A. ¡Último día! *Si hoy fuera el último día en la universidad, ¿qué pasaría?*

1. yo / estar / contentísimo(a)

_____

2. padres / hacer / fiesta grande

_____

3. abuelos / regalarme / algo especial

_____

4. yo / buscar / trabajo

_____

5. tener / empezar a pagar / préstamos *(loans)*

_____

B. ¡Responsabilidades! *¿Cómo dividirían tú y un(a) amigo(a) las responsabilidades al prepararse para hacer un viaje de tres semanas a Perú? Escoge cinco actividades de esta lista y explica quién se ocuparía de ellas. ¿Tú? ¿Tu compañero(a)? ¿Los (las) dos?*

MODELO   Mi amigo(a) planearía los detalles del viaje.

empacar las maletas   reservar un carro
sacar dinero del banco   hablar con la agencia de viajes
comprar los boletos para el vuelo   conseguir los pasaportes
hacer las reservaciones en los hoteles   planear los detalles del viaje

1. _____

2. _____

3. _____

4. _____

5. _____

C. ¡Mi mundo ideal! *¿Cómo sería el mundo ideal de este joven peruano?*

Para mi mundo ideal, yo **(1)** _____ (cambiar) muchas cosas. Las universidades no

(2) _____ (existir), todos **(3)** _____ (trabajar)

y **(4)** _____ (ser) productivos en la sociedad sin necesidad de una educación

universitaria. En mi mundo nadie **(5)** _____ (estar) enfermo, no

(6) _____ (haber) guerra y todos **(7)** _____

(respetar) el valor de la vida humana. ¡Qué bello **(8)** _____ (ser) mi mundo!

Vocabulario

A. Sinónimos. *Busca en la columna B un sinónimo para cada una de las palabras de la columna A.*

	A		B
_____	1. alojarse	a.	no encontrar
_____	2. cargar	b.	defensa
_____	3. perder	c.	hotel
_____	4. enviar	d.	mandar
_____	5. alojamiento	e.	quedarse
_____	6. fortaleza	f.	llevar

B. Examen de vocabulario. *Tacha (cross out) en cada grupo la palabra que no pertenece.*

1.	enfermarse	alojarse	quedarse	alojamiento
2.	terrazas	cultivar	molestar	construir
3.	doler	olvidar	enfermarse	soroche
4.	enviar	tarjeta postal	sellos	andinismo
5.	cultivar	tacaño	chuño	tierra

C. Asociaciones. *Indica la palabra de la columna B que se asocia con cada verbo de la columna A.*

	A		B
_____	1. sacar	a.	mucho dinero
_____	2. estar	b.	tarjeta postal
_____	3. perder	c.	una foto
_____	4. enviar	d.	la tierra
_____	5. no gastar	e.	harto
_____	6. cultivar	f.	peso

Diario interactivo personal

El viaje de tus sueños. *Describe tu viaje si tuvieras el dinero y el tiempo necesario para viajar. ¿Adónde irías? ¿Qué harías? ¿Con quién irías? ¿Cuánto tiempo estarías viajando? ¿Visitarías otros lugares? ¿Cuáles? ¿Visitarías a alguien especial? ¿familiares? ¿amigos?*

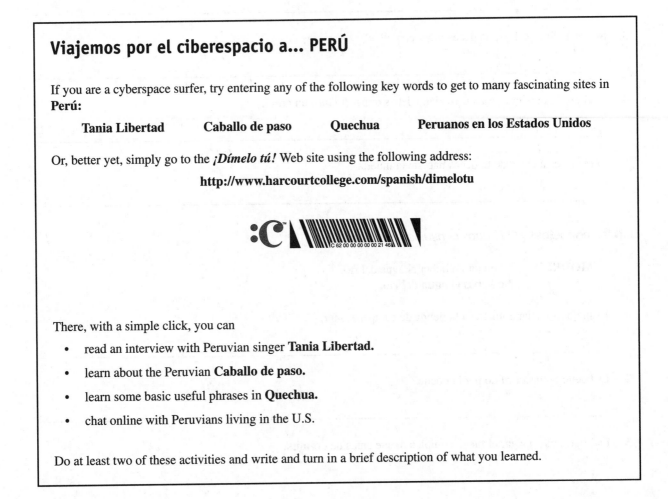

Viajemos por el ciberespacio a... PERÚ

If you are a cyberspace surfer, try entering any of the following key words to get to many fascinating sites in **Perú:**

Tania Libertad   **Caballo de paso**   **Quechua**   **Peruanos en los Estados Unidos**

Or, better yet, simply go to the *¡Dímelo tú!* Web site using the following address:

http://www.harcourtcollege.com/spanish/dimelotu

There, with a simple click, you can

- read an interview with Peruvian singer **Tania Libertad.**

- learn about the Peruvian **Caballo de paso.**

- learn some basic useful phrases in **Quechua.**

- chat online with Peruvians living in the U.S.

Do at least two of these activities and write and turn in a brief description of what you learned.

Paso 3
En preparación
12.4 *Tú* commands: A second look
Requesting, advising, and giving orders to people

A. ¡Cuidado con los osos! *Margarita Osorio y su familia van de vacaciones de Lima a Alaska. ¿Qué les dice sobre los osos* (bears) *su amiga Benita que visitó Alaska el año pasado?*

> MODELO   Si ves un oso, no debes correr.
> **Si ves un oso, no corras.**

1. Si un oso se acerca, no debes darle comida.

2. Si el oso está cerca del carro, no debes salir.

   _____

3. Si ves algunos ositos, no debes jugar con ellos.

   _____

4. Si el oso te persigue *(chases you)*, no debes trepar *(climb)* un árbol.

   _____

5. Si el oso está cerca de ti, debes hacerte la muerta.

   _____

B. ¡Más consejos! *¿Qué otros consejos le da Benita?*

      MODELO   Es mejor no beber el agua del río.
                      No bebas el agua del río.

1. Es mejor no dejar comida en la tienda de campaña *(tent)*.

   _____

2. Es bueno no hacer ruido por la noche.

   _____

3. Es importante apagar el fuego completamente antes de dormirse.

   _____

4. Es esencial limpiar el campamento al irse.

   _____

5. Es importante no caminar sola por la noche.

   _____

6. Es importante tener un mapa de la región.

   _____

Vocabulario

Crucigrama. *Usa las indicaciones a continuación para completar este crucigrama.*

Horizontal
1. día de trabajo
5. hombre
6. _____ dental
7. *past participle of* **ser**
10. lo contrario de **encuentra**
11. verano: gafas de _____
13. ¡Yo no voy! ¡_____ tú!
14. preposición
15. algo que se da para un cumpleaños

Vertical
2. no acordarse
3. quedarse en un hotel
4. documento de nacionalidad
8. se usa para limpiarse los dientes
9. de donde viene alguien
11. cien años
12. cartera
13. edad avanzada

Leamos un poco más

Antes de empezar, dime...

Antes de leer, dinos lo que sabes sobre Lima, la capital de Perú. Indica si estás de **acuerdo (A)** *o en* **desacuerdo (D)** *con estos comentarios sobre Lima. Luego lee la lectura y decide si tenías razón o no.*

A   D   1. Para muchos turistas, Lima sólo es la puerta a Cuzco, Machu Picchu y otros sitios incaicos.

A   D   2. Lima es una ciudad incaica típica. Tiene muy poca influencia española.

A   D   3. En las tiendas de Lima es posible encontrar artesanía de todo el país.

A   D   4. Debido al turismo, de noche todos los bares y clubes nocturnos en Lima tocan música disco.

A   D   5. Lima se llama la ciudad de los reyes *(kings)* porque allí vivieron todos los reyes del imperio inca.

Lectura

Lima: La ciudad de los reyes

Para muchos turistas que visitan Lima, ésta es una ciudad para descansar de un largo viaje y prepararse para ir a otro lugar interesante. Pero en vez de prepararse para viajar inmediatamente a Cuzco y Machu Picchu, o a los secretos del Amazonas, debemos pensar en las maravillas que ofrece una ciudad como Lima.

Lima, actualmente la capital de Perú, es única en Hispanoamérica. En esta hermosa ciudad se encuentra una combinación del mundo típico de los Andes con la fuerte tradición de un pasado español y la exquisita experiencia de una ciudad moderna y espectacular. Una visita a Perú tiene que empezar en Lima, la puerta del país.

En la mayoría de las tiendas de Lima se encuentran los retablos *(carved altarpieces)* de la región de Ayacucho, la cerámica de la selva del Amazonas y las máscaras de diablos *(devils' masks)* de la zona del lago Titicaca.

En la vida nocturna de Lima siempre se escuchan en algún lugar los sonidos de la música andina de Huancayo o Cajamarca, y la infaltable marinera del norte de Trujillo. Y Lima, más que otras ciudades de Hispanoamérica, guarda en sus hermosos museos recuerdos de la cultura inca.

Lima fue llamada originalmente la «ciudad de los reyes», porque fue fundada en la fiesta religiosa de los tres Reyes Magos o Epifanía. En un tiempo fue llamada también la «ciudad de los jardines» porque estaba rodeada de un ambiente pastoril de huertos *(orchards)* y campos verdes.

Y ahora, dime...

1. Compara la Lima moderna con la Lima antigua. Indica las características de cada una.

LA LIMA MODERNA	LA LIMA ANTIGUA
1.	1.
2.	2.
3.	3.
4.	4.
5.	5.
6.	6.

2. Explica los dos nombres de Lima: «ciudad de los reyes» y «ciudad de los jardines».

_____

_____

Escribamos un poco más

No seas así. *Piensa en un(a) buen(a) amigo(a) tuyo(a) que tiene serios problemas. Pueden ser problemas con sus estudios, con sus padres, con sus amistades, etc. Describe el problema y luego haz una lista de consejos que tú le puedes dar para ayudarle. Incluye el mayor número posible de consejos.*

_____

_____

_____

_____

_____

_____

_____

_____

Viajemos por el ciberespacio a... PERÚ

If you are a cyberspace surfer, try entering any of the following key words to get to many fascinating sites in **Perú:**

Escuelas de español en Perú   **Cocina peruana**   **Museos del Perú**   **Cultura moche**

Or, better yet, simply go to the *¡Dímelo tú!* Web site using the following address:

http://www.harcourtcollege.scom/spanish/dimelotu

There, with a simple click, you can

- look into the possibility of studying Spanish in **Cuzco.**

- learn how to prepare some Peruvian dishes.

- select your favorite Peruvian museum from among many.

- study the great **Moche** culture of Peru.

Do at least two of these activities and write and turn in a brief description of what you learned.

CAPÍTULO 13

Mente sana, cuerpo sano

Paso 1

En preparación

13.1 Present subjunctive: Theory and forms

Giving advice and making recommendations

A. Las esperanzas de unos padres panameños. *Según Oreste, ¿qué esperan sus padres? Llena los espacios en blanco para saber cuáles son las esperanzas de estos padres panameños. ¿Son muy diferentes de las esperanzas de tus padres?*

1. Mis padres prefieren que yo _____ (trabajar) para pagar parte de mis estudios.

2. Mi madre insiste en que yo _____ (regresar) a casa antes de las dos de la mañana.

3. Mi padre recomienda que yo no _____ (casarme) hasta terminar mis estudios.

4. Mis padres sugieren que yo _____ (estudiar) mucho.

5. Mi padre insiste en que yo _____ (graduarme) en sólo cuatro años.

B. ¿Qué prefiere Oreste? *¿Qué dice tu amigo Oreste cuando le preguntas con qué frecuencia quiere que su familia haga lo siguiente?*

> **MODELO**   ¿Mandarte dinero?
> **Sugiero que mis padres me manden dinero una vez al mes.**

1. ¿Visitarte?

   Yo prefiero que mis padres _____.

2. ¿Llamarte por teléfono?

   Yo sugiero que mi madre _____.

3. ¿Escribirte?

   Insisto en que mis hermanos _____.

4. ¿Venir a visitarte?

   Quiero que mi madre _____.

5. ¿Hacerte una comida especial?

   Sugiero que mis padres _____.

13.2 Subjunctive with expressions of persuasion
Persuading

A. ¡Consejos! *¿Qué consejos le da Oreste a Ortelio, su hermano menor, ahora que está por empezar su primer año en la Universidad de Panamá?*

> **MODELO**   recomendar / tú dormir / más / cinco horas
> **Recomiendo que duermas más de cinco horas.**

1. recomendar / tú no beber / alcohol

   _____

2. insistir / tú no usar / drogas

   _____

3. sugerir / tú vivir / residencia / primer año

   _____

4. aconsejar / tú estudiar / cuatro horas diarias

   _____

5. recomendar / hablar / con los profesores en sus oficinas

   _____

B. Para adaptarse a la universidad. *¿Qué les dicen los estudiantes veteranos a los estudiantes de primer año en la Universidad de Panamá?*

> **MODELO**   Consejo: comer bien
> **Aconsejamos que (ustedes) coman bien.**

1. Recomendación: participar en todos los aspectos de la vida universitaria

   _____

2. Sugerencia: estudiar todos los días, no sólo antes del examen

   _____

3. Consejo: no enamorarse el primer semestre

_____

4. Recomendación: no mirar mucho la televisión

_____

5. Sugerencia: hacer ejercicio con regularidad

_____

Vocabulario

A. ¿Cómo son? *¿Cómo están? Indica cuál de las posibilidades completa las oraciones lógicamente.*

1. Felipe y Carlos han hecho tres horas de gimnasia. Están _____.

   a. flojos   b. molidos

2. Teresa va a tener un niño. Está _____.

   a. de mal humor   b. embarazada

3. Lorenzo cree que todo saldrá bien siempre. Es _____.

   a. optimista   b. envidioso

4. Pedro y Laura son buenos amigos.

   a. Se llevan bien.   b. Son envidiosos.

5. A Paula le gusta participar en los concursos. Es _____.

   a. intuitiva   b. competitiva

6. Jaime y Luis han trabajado todo el día sin descansar. Están _____.

   a. muertos   b. relajados

7. A Marta no le gusta trabajar. No hace ningún esfuerzo. Es _____.

   a. floja   b. trabajadora

8. ¡La música está demasiado fuerte! Me duelen _____.

   a. las orejas   b. los oídos

B. Grupos de significado. *Clasifica las palabras de la lista según las categorías propuestas.*

boca	embarazo	gimnasia	oído	piel
competitivo	envidioso	hombro	optimista	presión
de mal humor	esfuerzo	intuitivo	pecho	resfriado
doblar	estirar	inyección	pesas	vitamina

salud

_____

_____

_____

_____

ejercicio

_____

_____

_____

_____

partes del cuerpo

_____

_____

_____

_____

carácter

_____

_____

_____

_____

C. Consejos generales. *Decide si estos consejos son acertados para una persona de edad* (elderly). *Marca* **A (Acertado)** *si el consejo es bueno o* **NA (No acertado)** *si el consejo es malo.*

A   NA   1. Coma mucha carne.

A   NA   2. No fume ni beba alcohol.

A   NA   3. Corra cinco millas todos los días.

A   NA   4. Tome leche y calcio.

A   NA   5. No use sal.

A   NA   6. Camine mucho.

A   NA   7. Coma tres o cuatro huevos al día.

A   NA   8. Vaya al médico por lo menos una vez al año.

Escribamos un poco más

Conciencia. *Todos tenemos una conciencia y con frecuencia nuestra conciencia nos habla y nos hace sugerencias o recomendaciones. ¿Qué te dice tu conciencia? ¿Cuáles son algunas de las recomendaciones, sugerencias o consejos que te hace? Escríbelos exactamente como los oyes en la cabeza. Por ejemplo, puedes escribir **Aconsejo que...**, **Insisto en que...** o **Quiero que...**, etc. Menciona unos quince consejos.*

_____

_____

_____

_____

_____

_____

_____

_____

_____

_____

_____

_____

_____

_____

_____

_____

_____

_____

Viajemos por el ciberespacio a... PANAMÁ

If you are a cyberspace surfer, try entering any of the following key words to get to many fascinating sites in **Panamá:**

Canal de Panamá	**Invasión de Panamá**
ANCON	**Cibermundo Panamá o Sinfonet Panamá**

Or, better yet, simply go to the *¡Dímelo tú!* Web site using the following address:

http://www.harcourtcollege.com/spanish/dimelotu

There, with a simple click, you can

- sail through the **Canal de Panamá** and learn its amazing history.

- learn about **ANCON,** an organization dedicated to the preservation of the rich ecosystems of Panama.

- read the document titled *The Panama Deception* at this site dedicated to the topic of the U.S. invasion of Panama in 1989.

- chat online with Panamanians.

Do at least two of these activities and write and turn in a brief description of what you learned.

Paso 2

En preparación

13.3 *Usted* and *ustedes* commands

Telling people what to do or not to do

A. ¡El Club Caribe! *Completa las oraciones para ver qué dice el anuncio que escuchó Ortelio en la radio.*

> **MODELO**   hacer / ejercicio / nuestro Club Caribe
> **Hagan ejercicio en nuestro Club Caribe.**

1. cambiar / su imagen / nuestro club

_____

2. bailar / ritmo / música

_____

3. nadar / nuestra piscina olímpica

_____

4. venir a consultar / nuestros especialistas

_____

5. llamarnos / ahora mismo

_____

B. ¡Qué coincidencia! *Cuando termina el anuncio del Club Caribe, Ortelio recibe una llamada del Club Caribe. ¿Qué le dicen?*

MODELO   Puede comprar nuestro especial del mes esta noche.
Compre nuestro especial del mes esta noche.

1. Puede aprender a bailar con nosotros.

_____

2. Puede hacer ejercicios aeróbicos con nosotros todos los días.

_____

3. Puede venir una, dos, tres veces a la semana o más si quiere.

_____

4. Puede consultar con nuestros especialistas.

_____

5. Puede usar nuestro *jacuzzi*.

_____

C. Un nuevo socio. *Ortelio decide hacerse socio del Club Caribe. ¿Qué preguntas les hace?*

MODELO   ¿Debo traer una botella de agua? (sí)
Sí, traiga una botella de agua.

1. ¿Debo completar este formulario? (sí)

_____

2. ¿Qué ropa debo llevar? (cómoda)

_____

3. ¿Debo pesarme cada vez? (no)

_____

4. ¿Debo ponerme a dieta? (no)

_____

5. ¿Cuándo debo volver? (en dos días)

_____

13.4 *Ojalá* and present subjunctive of irregular verbs
Expressing hope

A. ¡Ojalá! *¿Qué preocupaciones tiene Ortelio sobre los exámenes finales al completar su primer semestre en la Universidad de Panamá?*

1. Ojalá que yo _____ (saber) todo el material para el examen final.

2. Ojalá que este año los exámenes finales no _____ (ser) difíciles.

3. Ojalá que _____ (haber) exámenes de práctica en la biblioteca.

4. Ojalá que los profesores me _____ (dar) una A en todas las clases.

5. Ojalá que mi familia _____ (ir) a Francia para que yo pueda usar el francés que aprendí.

B. ¿Qué prefieres? *Estas compañeras de apartamento en la Ciudad de Panamá tienen un cuarto desocupado y hablan de buscar una nueva compañera. ¿Qué tipo de persona prefieren?*

> **MODELO** ¿Lisa?
> Ella __**prefiere**__ que ___**sea**___ (ser) una persona organizada.

1. ¿Yo?

Yo _____ que _____ (saber) algo de química.

2. ¿Susana y Julia?

Ellas _____ que _____ (estar) en algunas clases con nosotras.

3. ¿Mis amigos?

Ellos _____ que _____ (ir) a fiestas con nosotros.

4. ¿Todas nosotras?

    Nosotras _____ que _____ (haber) una semana de prueba.

5. ¿Yo?

    Yo _____ que nos _____ (dar) dinero para pagar la cuenta del teléfono.

Vocabulario

A. Asociaciones. *Empareja los verbos de la columna A con las palabras de la columna B que les pueden servir de complemento.*

	A		**B**
_____	1. levantar	a.	rendido
_____	2. medir	b.	las rodillas
_____	3. tomar	c.	los músculos
_____	4. estar	d.	el dolor
_____	5. aguantar	e.	la altura
_____	6. doblar	f.	dos minutos
_____	7. estirar	g.	tranquilizantes
_____	8. durar	h.	pesas

B. Un cuerpo escondido. *Busca en este rompecabezas dieciocho palabras en español que se refieren a las partes del cuerpo. Las hay horizontales, verticales y diagonales.*

```
D  J  B  M  H  S  R  G  O  I  D  O
I  D  A  T  O  I  C  E  R  U  Q  I
E  Q  D  P  M  Q  C  Z  I  H  F  X
N  R  T  O  B  I  L  L  O  S  E  I
T  K  F  B  R  T  G  S  P  E  Q  P
E  H  L  S  O  K  B  R  A  Z  O  E
H  A  D  C  A  J  R  Y  B  W  A  C
K  D  J  P  N  C  U  E  R  P  O  H
Y  Z  B  O  C  A  F  Y  O  Z  M  O
L  C  X  G  D  B  X  Q  D  P  M  W
W  E  G  B  L  E  O  P  I  E  L  T
O  N  A  R  I  Z  B  V  L  K  V  O
V  L  L  O  G  A  F  K  L  I  E  Y
J  C  D  M  U  N  M  O  A  J  N  Q
R  E  U  A  P  E  P  V  H  O  J  O
D  I  P  E  L  O  H  I  I  Z  W  N
G  F  I  M  R  T  X  L  E  U  T  R
P  H  W  N  V  A  P  K  G  R  X  F
J  B  O  C  S  S  I  D  Y  O  N  U
M  A  N  O  Z  N  E  V  T  J  M  A
```

Diario interactivo personal

Más conversaciones con tu conciencia. *A veces nuestra conciencia nos hace sugerencias y otras veces nos dice claramente lo que debemos hacer o no hacer. ¿Cuáles son algunos mandatos que te da la conciencia? En tu cuaderno, escribe unos quince mandatos e indica a qué están relacionados: salud, peso, alcohol o drogas, clases, etc.*

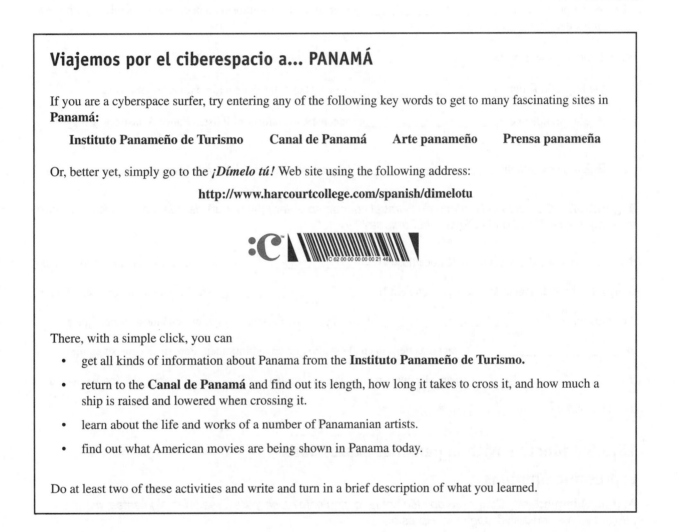

Viajemos por el ciberespacio a... PANAMÁ

If you are a cyberspace surfer, try entering any of the following key words to get to many fascinating sites in **Panamá:**

Instituto Panameño de Turismo   **Canal de Panamá**   **Arte panameño**   **Prensa panameña**

Or, better yet, simply go to the *¡Dímelo tú!* Web site using the following address:

http://www.harcourtcollege.com/spanish/dimelotu

There, with a simple click, you can

- get all kinds of information about Panama from the **Instituto Panameño de Turismo.**

- return to the **Canal de Panamá** and find out its length, how long it takes to cross it, and how much a ship is raised and lowered when crossing it.

- learn about the life and works of a number of Panamanian artists.

- find out what American movies are being shown in Panama today.

Do at least two of these activities and write and turn in a brief description of what you learned.

Paso 3

En preparación

13.5 Subjunctive with expressions of emotion

Expressing emotion

A. ¡Ciclismo! *¿Qué le dice Guillermo a su amigo el ciclista panameño?*

1. Me sorprende que _____ (querer) dejar tus estudios para dedicarte al ejercicio y a ponerte en forma.

2. Temo que ese deporte _____ (ser) peligroso en las montañas.

3. Me impresiona que tú _____ (tener) tanta determinación para estar en forma.

4. ¡Me sorprende que _____ (conocer) a los famosos ciclistas Lance Armstrong y Miguel Induráin!

5. Espero que algún día _____ (poder) competir en el Tour de Francia.

B. ¿Fútbol? *¿Qué piensa la mamá de Samuel cuando se entera* (finds out) *de que a su hijo lo aceptaron en el equipo de fútbol de la Ciudad de Panamá?*

¡No sé qué pensar! Estoy contenta de que ellos **(1)** _____ (haber) seleccionado a mi hijo para el

equipo de fútbol de Panamá y me alegra que él **(2)** _____ (dedicarse) a un deporte, pero me

preocupa que él **(3)** _____ (decidir) pasar demasiado tiempo entrenándose. Temo que él

(4) _____ (pasar) más tiempo en el estadio que en la biblioteca. Pero deseo que su equipo

(5) _____ (ganar) el campeonato. Ojalá que yo **(6)** _____ (poder) asistir a

todos los partidos.

13.6 Subjunctive with impersonal expressions

Expressing opinions

A. ¡Las Olimpiadas! *¿Cuál es tu opinión sobre lo siguiente? Usa las expresiones siguientes, con el subjuntivo o el indicativo, según la expresión.*

es bueno	es imposible	es posible
es cierto	es increíble	es ridículo
es extraño	es malo	es triste
es importante	es necesario	es verdad

1. Algunos jugadores usan drogas.

2. Los atletas de Panamá son superiores a todos los otros equipos.

_____

3. Hay peligro de terrorismo en los Juegos Olímpicos.

_____

4. Algunos jugadores reciben mucha atención.

_____

5. El fútbol americano es uno de los deportes más populares.

_____

B. ¡Deportes y estudios! *¿Qué opinas sobre los siguientes puntos controversiales?*

      MODELO   Se necesita una C o una nota mejor para jugar en los equipos de la universidad.
                ¿Es bueno o malo?
                Es bueno que los estudiantes necesiten una C o una nota mejor para jugar en los equipos de la universidad.

1. Este requisito *(requirement)* es discriminatorio. ¿Es obvio o es improbable?

_____

_____

2. Nuestra universidad gasta demasiado en deportes. ¿Es importante o es absurdo?

_____

_____

3. Todos los estudiantes de las residencias deben participar en algún equipo deportivo. ¿Es importante o es ridículo?

_____

_____

4. Los deportes competitivos son una parte importante de una educación universitaria. ¿Es cierto o es ridículo?

_____

_____

5. La universidad debe pagarles a sus atletas. ¿Es justo o es malo?

_____

_____

Vocabulario

Crucigrama. *Completa este crucigrama. Casi todas las respuestas son palabras del Capítulo 13.*

Horizontal

1. soportar, tolerar
3. En el fútbol se usa para patear.
5. Espero que sí.
7. perezoso
8. Levante y _____ las pesas.
9. tiempo de música
11. camino en un mapa
15. molido
17. artículo definido
18. tu número de kilos o libras
19. emplear
20. parte interior de la oreja; uno de los cinco sentidos
21. En cada mano hay cinco.

Vertical

1. recomendar
2. descansar
3. Esto cubre todo el cuerpo.
4. celoso
6. resultado de una irritación del estómago
10. una parte del pie
12. hacer el cuerpo más fuerte con ejercicios
13. para mantenerse en buena salud: A, B, C, D ó E
14. dispuesto a competir
15. una parte de la pierna
16. enfermedad común en el invierno
17. intento

Leamos un poco más

Antes de empezar, dime...
Ejercicios aeróbicos. *Contesta estas preguntas para ver cuánto sabes de los ejercicios aeróbicos.*

1. ¿Es necesario usar equipo especial para hacer ejercicios aeróbicos?

   _____

   _____

2. ¿Qué equipo puede usarse para hacer ejercicios aeróbicos?

   _____

   _____

3. ¿Qué precauciones deben tomarse para no lastimarse al hacer ejercicios aeróbicos?

   _____

   _____

Lectura

Buenas ideas para variar tu entrenamiento

Los avances de la ciencia moderna han favorecido la creación de novedosos equipos para ayudarnos a desarrollar resistencia cardiovascular y muscular, a la vez que obtenemos tonicidad y flexibilidad. A continuación presentamos varias de las innovaciones que se han desarrollado para optimizar la rutina de ejercicio diario.

1. **Banco o «bench step»:** Es un banco o banqueta ajustable a diversas alturas cuyo uso principal es subir y bajar el escalón utilizando pasos de baile, giros y brincos.

2. **Banda elástica:** Comercialmente conocida como «Dynaband», esta innovadora técnica consiste en bandas elásticas de diversas longitudes, que proveen distintos niveles de resistencia cuando uno trata de estirarlas.

3. **«Hula-hoop» aeróbico:** Nos presenta el antiguo concepto del «hula-hoop»; pesa 1 ? lbs. y añade resistencia a la sesión habitual de ejercicios.

4. **Equipo para ejercitarse en el agua:** Con el advenimiento de los acuaeróbicos, se ha creado «Hydro Fit», un equipo especial que incluye guantes y aditamentos para los tobillos y las piernas cuyo propósito es aumentar la resistencia natural del agua.

5. **Pesas:** Aunque son conocidas por todos, no nos deja de asombrar su versatilidad y ha sido recién al final de la década de los 80 que se han comenzado a usar pesas especiales para las clases de aeróbicos.

6. **Pelotas:** Las pelotas pesadas o «medicinales» se han utilizado en el campo del acondicionamiento físico por muchos años. Pero no ha sido hasta los últimos dos años que su utilización dentro de una clase de ejercicios ha permitido variedad y diversión a los que las utilizan.

7. **Tríalos:** Las competencias que incluyen natación, correr y correr en bicicleta han llegado a las clases de ejercicios en los gimnasios. Con el uso de bicicletas y remadoras electrónicas y estacionarias se han incorporado los tres conceptos básicos del tríalo en un salón de ejercicios.

Precaución

Antes de utilizar cualquier equipo innovador tome las siguientes precauciones.

- Haga ejercicios de calentamiento antes de comenzar con la sesión de aeróbicos.

- Utilice ropa y zapatos deportivos apropiados para la actividad.

- Ejercítese con moderación, progresando gradualmente.

- Seleccione instructores con la certificación apropiada.

- Siempre obtenga suficiente descanso finalizada la sesión de ejercicios para, de esta forma, restaurar el cuerpo.

La técnica del ejercicio a realizarse es importante. La calidad y la versatilidad de los mismos nos permite ampliar nuestra visión del ejercicio de una manera segura y efectiva. Si tiene la oportunidad de utilizarlos, anímese, no lo deje para más tarde.

por María I. Ojeda, M.S. *Buena Salud*
Volumen V. No. 9

Y ahora, dime...

1. Describe los siete equipos novedosos mencionados en esta lectura.

   a. banco: _____

   _____

   b. banda elástica: _____

   _____

   c. «hula-hoop» aeróbico: _____

   _____

   d. equipo para ejercitarse en el agua: _____

   _____

   e. pesas: _____

   _____

   f. pelotas: _____

   _____

   g. tríalos: _____

   _____

2. En tu opinión, ¿son válidas todas las precauciones mencionadas en la lectura? ¿Qué precauciones tomas tú cuando haces ejercicios aeróbicos?

_____

_____

_____

_____

Escribamos un poco más

¡Qué vida tan difícil! *Escribe sobre tu vida en la universidad. ¿Cuáles son los aspectos positivos y negativos de tu vida universitaria? ¿Qué haces para no rendirte (give up) a todas estas presiones? ¿Qué te dicen tus amigos para animarte cuando las cosas no van muy bien?*

_____

_____

_____

_____

_____

_____

_____

_____

_____

_____

_____

_____

_____

Viajemos por el ciberespacio a... PANAMÁ

If you are a cyberspace surfer, try entering any of the following key words to get to many fascinating sites in **Panamá:**

    Rubén Blades   **Instituto Panameño de Turismo**   **Presidente de Panamá**   **Terra**

Or, better yet, simply go to the *¡Dímelo tú!* Web site using the following address:

        http://www.harcourtcollege.com/spanish/dimelotu

There, with a simple click, you can

- read about the return of **Rubén Blades** to Panamanian politics.

- get some vital information for anyone planning to travel to Panama from the **Instituto Panameño de Turismo.**

- find out who the current president of Panama is and what action he/she has taken recently.

- read today's headlines concerning national events and sports in Panama.

Do at least two of these activities and write and turn in a brief description of what you learned.

Paso 1

En preparación

14.1 Subjunctive with expressions of doubt, denial, and uncertainty

Expressing doubt, denial, and uncertainty

A. Este partido va a ser un desastre. *Narciso es tu amigo de Pinar del Río en Cuba. Hoy el equipo de fútbol de Pinar del Río juega en el campeonato con el equipo de Matanzas. Tu amigo cree que su equipo no tiene la menor posibilidad de ganar. Expresa sus dudas al reaccionar a los comentarios que recibió en una carta de su padre en Pinar del Río.*

MODELO   Creo que vamos a ganar hoy. (dudar / ganar)
           Dudo que ganemos.

1. Nuestros jugadores están en muy buena forma. (no creer / estar en forma)

   _____

2. El otro equipo tiene algunos jugadores muy malos. (no estar seguro / tener jugadores tan malos)

   _____

3. El público va a animar *(encourage)* a nuestro equipo. (no pensar / tener tanto entusiasmo)

   _____

4. Nuestro arquero es el mejor de la liga. (dudar / ser el mejor)

   _____

5. Tenemos un entrenador excelente. (dudar / ser tan bueno)

   _____

B. Locamente enamorado. *Tu amigo Narciso se ha enamorado locamente de Marcela, una chica de Soroa, pero tú sabes que ella no tiene ningún interés en él. Usa las expresiones indicadas para hacerlo volver a la realidad.*

> **MODELO**   Yo creo que Marcela me ama locamente. (dudar)
> **Dudo que te ame locamente.**

1. Marcela piensa en mí constantemente. (es improbable)

    _____

2. Es obvio que quiere salir conmigo. (no es nada evidente)

    _____

3. Me mira durante la clase de ciencias políticas. (es increíble)

    _____

4. No hay otro hombre en su vida. (no es cierto)

    _____

5. ¿Por qué dices eso? ¿Tú crees que tiene novio? (estoy seguro)

    _____

Vocabulario

A. ¿Quiénes son? *Completa las oraciones con una de las personas de la lista que aparece a continuación.*

a. entrenador	c. arquero	e. lanzador	g. árbitro
b. torero	d. líder	f. bateadora	h. delantera

1. Este _____ es fantástico. ¡Nunca deja entrar la pelota!

2. Este _____ es el más imparcial y justo de todos.

3. Aquel país necesita un _____ que piense más en los problemas económicos.

4. Ese _____ insiste en que sus jugadores estén en forma.

5. María Dolores era defensora. Ahora es _____.

6. Sánchez fue el mejor _____ de la corrida.

7. Marta ha tenido más jonrones que nadie. Es la mejor _____ del equipo.

8. El _____ Torres usa un guante especial.

B. Asociaciones deportivas. *Indica cuál de las palabras de la columna B se asocia con cada una de las palabras de la columna A.*

	A		B
_____	1. alpinismo	a.	montaña
_____	2. maratón	b.	jonrón
_____	3. natación	c.	baloncesto
_____	4. boxeo	d.	guante
_____	5. ciclismo	e.	salvavidas
_____	6. cesto	f.	correr
_____	7. lanzador	g.	bicicleta

Escribamos un poco más

Tú y los deportes. *¿Qué opinas de los deportes? ¿Son buenos para los niños? ¿Es cierto que la competencia lleva a la violencia? ¿Es bueno que los jóvenes pasen más tiempo practicando un deporte que leyendo un libro? ¿Son algunos deportes demasiado violentos? Expresa algunas de tus opiniones sobre los deportes.*

_____

_____

_____

_____

_____

_____

_____

_____

_____

_____

_____

_____

_____

Viajemos por el ciberespacio a... CUBA

If you are a cyberspace surfer, try entering any of the following key words to get to many fascinating sites in **Cuba:**

Cuba travel **Música cubana**

Or, better yet, simply go to the *¡Dímelo tú!* Web site using the following address:

http://www.harcourtcollege.com/spanish/dimelotu

There, with a simple click, you can

- get all kinds of interesting information about this beautiful island nation.

- meet two internationally acclaimed Cuban composers: **Silvio Rodríguez y Pablo Milanés.**

- find out what the favorite destinations are for tourists in Cuba today.

- listen to three of Cuba's most popular salsa groups today: **Los Muñequitos de Matanzas, Afrocuba y Ibbu-Okun.**

Do at least two of these activities and write and turn in a brief description of what you learned.

Paso 2

En preparación

14.2 Subjunctive in adjective clauses

Referring to unfamiliar persons, places, and things

A. ¡Entrenadores! *¿Recuerdas las pequeñas ligas? ¿Qué tipo de entrenador(a) necesitan?*

1. los padres / buscar / entrenador(a) / tener experiencia con niños

   _____

2. los niños / necesitar / entrenador(a) / no presionarlos

   _____

3. los niños con menos talento / desear encontrar / entrenador(a) / ser paciente

   _____

4. el equipo / necesitar / entrenador(a) / saber enseñar el juego

   _____

5. los niños / querer / entrenador(a) / ser divertido(a)

   _____

B. ¡A trabajar! *Narciso es un buen atleta, pero con los deportes en la universidad no se gana dinero. ¿Qué posibilidades hay en los anuncios clasificados?*

> **MODELO**   Se necesitan cocineros... (tener experiencia)
> **Se necesitan cocineros que tengan experiencia.**

1. Se solicitan secretarios(as)... (saber usar la computadora)

   _____

2. Se busca conserje *(janitor)*... (poder trabajar de noche)

   _____

3. Se solicita tutor(a)... (explicar bien la gramática)

   _____

4. Se busca lavaplatos... (ser responsable)

   _____

5. Se necesitan camareros(as)... (tener buena presencia)

   _____

C. ¡Descontento! *Mateo no está contento en la Universidad de La Habana. ¿Qué pasa? ¿Qué quiere?*

> **MODELO**   Tiene un apartamento que es pequeño. (querer / grande)
> **Quiere un apartamento que sea grande.**

1. Tiene un puesto que paga poco dinero. (buscar / más dinero)

   _____

2. Está en un equipo de baloncesto que nunca gana un partido. (desear / ganar de vez en cuando)

   _____

3. Está en un equipo que practica lejos de su apartamento. (le interesa unirse / más cerca)

_____

4. Tiene compañeros de apartamento que son antipáticos. (querer / amables)

_____

5. Tiene varias clases que son muy difíciles. (preferir / más fácil)

_____

Vocabulario

Pon cada grupo de letras en orden para formar una palabra. Luego, arregla las letras que caen en las casillas oscuras para formar el nombre de un acontecimiento deportivo muy importante.

1. **T O E A P L**

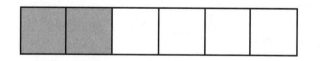

2. **Q E Í U S**

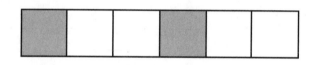

3. **R O A C**

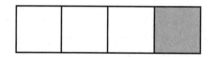

4. **A G E T U N**

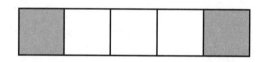

5. **M A C A L**

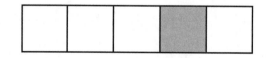

6. **S U O J T**

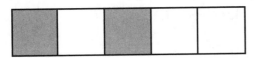

7. **T Á O I R B R**

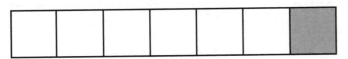

8. **T S P A I**

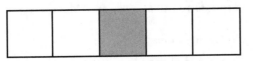

9. **S C O E T**

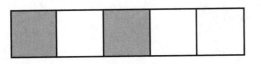

10. **E P E A L**

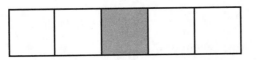

11. **E I N V L**

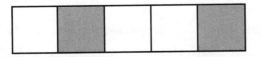

12. **O R C I A R D**

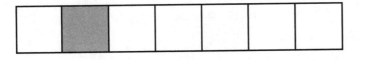

— — —   — — — — — —

— — — — — — — —

Diario interactivo personal

Yo creo que... *¿Qué opinas de los deportes en la universidad? Escribe tu opinión sobre uno de los siguientes temas.*

1. Para participar en algún deporte se debe mantener un promedio *(average)* de C.

2. Todas las universidades deben dar becas deportivas.

Viajemos por el ciberespacio a... CUBA

If you are a cyberspace surfer, try entering any of the following key words to get to many fascinating sites in **Cuba:**

Cine cubano   **Javier Sotomayor**   **Embargo sobre Cuba**   **José Martí**

Or, better yet, simply go to the *¡Dímelo tú!* Web site using the following address:

http://www.harcourtcollege.com/spanish/dimelotu

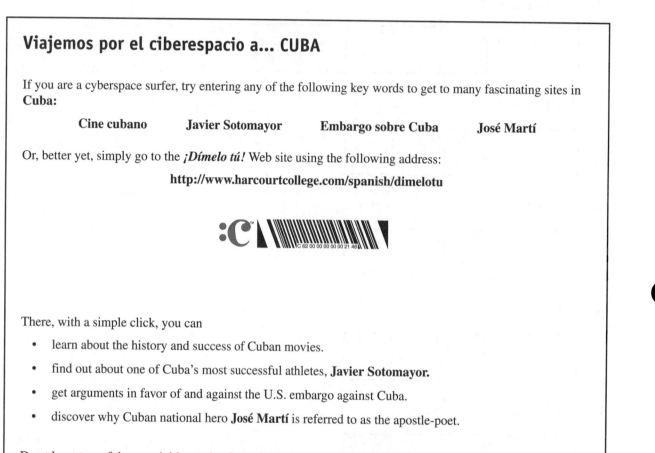

There, with a simple click, you can

- learn about the history and success of Cuban movies.
- find out about one of Cuba's most successful athletes, **Javier Sotomayor.**
- get arguments in favor of and against the U.S. embargo against Cuba.
- discover why Cuban national hero **José Martí** is referred to as the apostle-poet.

Do at least two of these activities and write and turn in a brief description of what you learned.

Paso 3
En preparación
14.3 Subjunctive in adverb clauses
Stating conditions

A. ¡Graduación! *Según tu mejor amigo Eduardo, ¿qué pasará el día de su graduación?*

_____	1. Me graduaré...	a.	para que mis padres estén orgullosos.
_____	2. Sacaré excelentes notas...	b.	a menos que me duerma.
_____	3. Limpiaré mi apartamento...	c.	en caso de que lloren.
_____	4. Escucharé los discursos...	d.	a menos de que saque una F en la clase de español.
_____	5. Traeré Kleenex para mis padres...	e.	antes de que lleguen mis padres.

B. Dos meses después: ¡Pobre hombre! *Ernesto acaba de recibir esta carta de Eduardo. ¿Qué le aconseja él?*

Querido Ernesto:

Como sabes, me gradué de la universidad hace dos meses. Desafortunadamente, he ido a muchas entrevistas pero todavía no consigo nada. Tengo muchas deudas. Te debo dinero a ti, a otros amigos y a mis padres también. Me imagino que todos estarán perdiendo la paciencia conmigo. ¿Qué me aconsejas?

Eduardo

1. Sigue buscando trabajo hasta que... (conseguir algo)

   _____

2. Ten paciencia aunque... (no poder pagar tus deudas ahora)

   _____

3. Paga las deudas en cuanto... (encontrar trabajo y empezar a ganar dinero)

   _____

4. Vive con tus padres hasta que... (tener dinero para mudarte)

   _____

5. Páganos tan pronto como... (recibir tu primer cheque)

   _____

C. ¡Todo ha cambiado! *Ahora completa esta segunda carta de Eduardo.*

Querido Ernesto:

Ayer fui a una entrevista con una empresa centroamericana y aunque todavía no **(1)** _____

(ofrecerme) el puesto, estoy seguro que lo harán. Pienso dar una gran fiesta tan pronto como

(2) _____ (ganar) lo suficiente. Te podré pagar lo que te debo tan pronto como

(3) _____ (ser) posible. Pero primero, tendré que comprar nuevos muebles cuando

(4) _____ (mudarme). Y claro, después de que **(5)** _____

(ahorrar) algún dinero, podré comprar un televisor nuevo, un estéreo y...

Eduardo

Vocabulario

A. Antónimos. *Busca en la columna B los antónimos de las palabras de la columna A.*

A	B
_____ 1. dejar	a. privado
_____ 2. concentrarse	b. no permitir
_____ 3. juego	c. tímido
_____ 4. agresivo	d. descontrolarse
_____ 5. tomar el pelo	e. distraerse
_____ 6. público	f. pelea
_____ 7. zambullirse	g. ser serio
_____ 8. mantener la calma	h. salirse

B. Es lógico. *Escoge las palabras que mejor completen las siguientes oraciones.*

1. Lourdes aprenderá a _____ tan pronto como tome lecciones.

   a. bucear　　　　　　　　　　　　b. apoyar

2. Gerardo es guía en Playa Guanabo. Lo _____ el mes pasado.

   a. transfirieron　　　　　　　　　b. provocaron

3. Es _____ que Eduardo va a participar en las olimpiadas.

    a. absurdo   b. obvio

4. A Dino le gusta _____ a Lourdes.

    a. sorprender   b. provocar

5. Lourdes _____ hacer cualquier cosa por un batido de Copelias.

    a. es capaz de   b. se rehusa a

Leamos un poco más

Antes de empezar, dime...

¿Qué ideas tienes sobre los deportes en los países hispanos? Compara lo que sabes antes de leer el artículo con lo que sabes después de leerlo.

Antes de leer		Información sobre los deportes en Latinoamérica	Ideas del autor	
C	F	1. En los países hispanos siempre ha habido un gran interés por el deporte.	C	F
C	F	2. Pelé y Diego Armando Maradona son dos jugadores de béisbol muy famosos.	C	F
C	F	3. Muchos deportes ecuestres y acuáticos no son muy populares en Latinoamérica porque son demasiados costosos.	C	F
C	F	4. Algunos deportes, como el béisbol y el baloncesto, no se practican en los países hispanos.	C	F
C	F	5. Generalmente, los periódicos en países latinos no le informan al público de los resultados deportivos.	C	F

Lectura

Los deportes en Latinoamérica

El fútbol es uno de los deportes más populares en Latinoamérica al igual que en Europa. En los últimos años ha aumentado mucho el número de participantes y aficionados en los estadios. Los campos para la práctica del fútbol también están llenos de jugadores y espectadores todos los domingos. Nombres inolvidables como el del brasileño Edson Arantes do Nascimento o Pelé y el del argentino Diego Armando Maradona son sólo unos ejemplos de la habilidad y el talento natural para este deporte.

    Sin embargo, el interés en diversos deportes es obvio en todos los países. Es bastante conocido el enorme interés que hay en el juego del béisbol en los países del Caribe. Los mejores jugadores en estos países a menudo se han incorporado a los equipos de las grandes ligas de los Estados Unidos. Entre ellos se puede nombrar a Roberto Clemente, Orlando Cepeda, José Canseco, Fernando Valenzuela y Sammy Sosa, entre otros.

Otro deporte de gran desarrollo en los países hispánicos es el boxeo. La historia de este deporte demuestra que son muchos los nombres hispanos de grandes campeones. Tampoco se puede ignorar el gran desarrollo que ha tenido el automovilismo Fórmula 1, especialmente en Brasil y en Argentina. En el automovilismo se han destacado el argentino Juan Manuel Fangio y los brasileños Ayrton Senna y Emerson Fittipaldi.

Hay algunos deportes que por sus características resultan demasiado costosos y sólo los practican las personas que disponen de dinero o reciben ayuda de empresas privadas. Entre éstos están los deportes ecuestres y los deportes acuáticos como la natación y la navegación a vela.

El golf se practica en pocos clubes particulares. El tenis, en cambio, es popular en todas partes. Actualmente han logrado buena figuración la argentina Gabriela Sabatini, las españolas Arantxa Sánchez Vicario y Conchita Martínez y la puertorriqueña Gigi Fernández. Otros deportes igualmente populares son el baloncesto, el voleibol y el atletismo. Son muchos los nombres de los deportistas destacados pero, indudablemente, Argentina, Cuba y México son los países que han logrado siempre mejores resultados.

Todo lo que se ha dicho permite afirmar que el deporte es una actividad que preocupa y despierta enorme interés, lo que se ve claramente en los programas de radio y televisión y en el número de páginas que dedican los diarios a proporcionar información y a comentar las actividades deportivas nacionales y extranjeras.

Y ahora, dime...
Selecciona la frase que completa la oración correctamente.

1. Los deportes que menos se practican en Latinoamérica son...

    a.   la natación y la navegación a vela.

    b.   el automovilismo y el tenis.

    c.   el boxeo y el golf.

    d.   el fútbol y el béisbol.

2. Probablemente los deportes más populares en Hispanoamérica son...

    a.   el tenis y la natación.

    b.   los deportes ecuestres.

    c.   el baloncesto y el atletismo.

    d.   el béisbol y el fútbol.

3. ¿En qué deportes se han destacado los siguientes deportistas?

    Gabriela Sabatini   _____

    Diego Maradona   _____

    Fernando Valenzuela   _____

    Juan Manuel Fangio   _____

Escribamos un poco más

¿Demasiado énfasis en deportes? *¿Crees que la sociedad estadounidense pone demasiado énfasis en los deportes? Contesta en un párrafo. Da varios ejemplos que apoyen tu respuesta.*

Viajemos por el ciberespacio a... CUBA

If you are a cyberspace surfer, try entering any of the following key words to get to many fascinating sites in **Cuba:**

Cuba   **Artistas cubanos**   **La Nueva Trova**   **Amaury Pérez**

Or, better yet, simply go to the *¡Dímelo tú!* Web site using the following address:

http://www.harcourtcollege.com/spanish/dimelotu

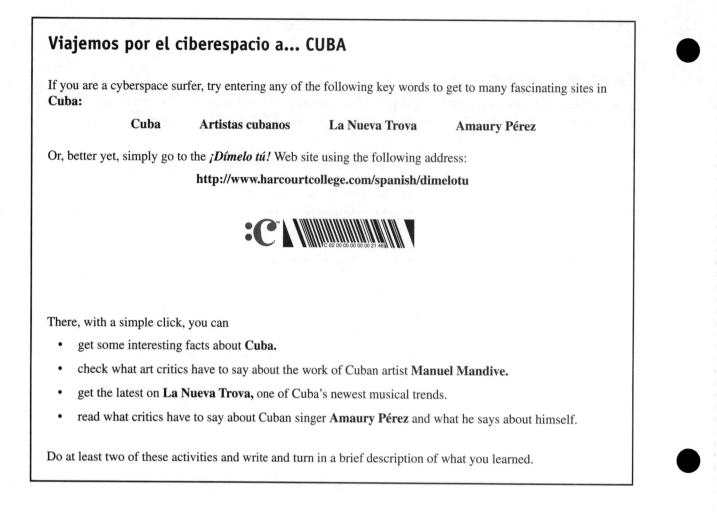

There, with a simple click, you can

- get some interesting facts about **Cuba.**
- check what art critics have to say about the work of Cuban artist **Manuel Mandive.**
- get the latest on **La Nueva Trova,** one of Cuba's newest musical trends.
- read what critics have to say about Cuban singer **Amaury Pérez** and what he says about himself.

Do at least two of these activities and write and turn in a brief description of what you learned.

Cuaderno de actividades Answer Key

PARA EMPEZAR

P.1 *Tú* and *usted* and titles of address

Addressing people

A. 1. usted
2. tú
3. tú
4. usted
5. usted

B. 1. formal
2. informal
3. informal
4. formal
5. formal

C. 1. *Answers will vary.*
2. Me llamo...
3. *Answers will vary.*
4. *Answers will vary.*
5. *Answers will vary.*
6. *Answers will vary.*

D. *Answers will vary.*

E.

TÚ:	¡Buenas <u>tardes</u>, Ramón! ¿Cómo <u>estás</u>?
RAMÓN:	Muy <u>bien</u>, gracias. ¿Y <u>tú</u>?
TÚ:	Bien, <u>gracias</u>.
TÚ:	<u>Buenas</u> tardes, profesora.
PROFESORA:	<u>Buenas tardes</u>.
TÚ:	Mira Ramón, te <u>presento</u> a mi <u>profesora</u> de español.
RAMÓN:	Mucho <u>gusto</u>, profesora Rivera.
PROFESORA:	El <u>gusto</u> es mío, Ramón.

P. 2 The Spanish alphabet and pronunciation: Vowels and diphthongs

Spelling and forming vowel sounds

1. The Spanish alphabet has 28 letters, the English alphabet has 26.
2. The **ñ** and the **rr.**
3. The **ch** and the **ll** have been removed. The **k** and the **w** appear only in borrowed words.
4. *Answers will vary.*
5. Vowels **a, e, i, o, u**   Strong: **a, e, o**   Weak: **i, u**   A diphthong is the union of two vowel sounds (one strong and one weak, or two weak) pronounced as one in a single syllable.

Antes de empezar, dime...

Answers will vary.

Y ahora, dime...

1. **Saludos:** All gestures mentioned are used for greetings.
   Despedidas: All gestures mentioned are used for good-byes.
   Saludos y despedidas: el apretón de manos, el abrazo y el beso

2. a. **apretón de manos:** all three groups
   b. **adiós:** all three groups (but with palm of hand turned up facing the sky)
   c. **abrazo:** all three groups
   d. **beso en la mejilla:** hombres/mujeres and mujeres/mujeres
   e. **hola:** all three groups

CAPÍTULO 1

Paso 1

En preparación

1.1 Subject pronouns and the verb *ser*: Singular forms

Clarifying, emphasizing, contrasting, and stating origin

A. 1. Sí, ella es amiga de José.
2. Sí, ella es presidenta de la asociación de estudiantes.
3. Sí, yo soy secretario(a) de la asociación.
4. Sí, él es profesor de arte.
5. Sí, él es compañero de cuarto de Mario.

B. 1. Sí, él es de Honduras.
2. Sí, yo soy de Venezuela.
3. Sí, él es de Uruguay.

4. Sí, ella es de El Salvador.
5. Sí, ella es de Paraguay.
6. Sí, yo soy de los Estados Unidos.

1.2 Gender and number: Articles and nouns

Indicating specific and nonspecific people and things

A. 1. Busco el bolígrafo.
2. Busco la calculadora.
3. Busco la mochila.

4. Busco el libro de español.
5. Busco los cuadernos.
6. Busco el diccionario.

B. 1. Hay una mochila.
2. Hay unos cuadernos.
3. Hay unos libros.
4. Hay una silla.

5. Hay unos bolígrafos.
6. Hay una goma.
7. Hay unos papeles.
8. Hay unos lápices.

C. 1. una pizarra
2. un escritorio
3. un bolígrafo
4. unos papeles
5. una silla

6. un lápiz
7. una mochila
8. unos libros
9. un cuaderno
10. una goma

1.3 Adjectives: Singular forms

Describing people, places, and things

A. 1. No, él es muy liberal.
2. No, ella es muy trabajadora.
3. No, él es muy paciente.
4. No, él es muy inteligente.
5. No, él es muy divertido/chistoso.

B. *Answers will vary.*

Vocabulario

A. 1. refresco
2. mochila
3. goma

4. pizarra
5. librería

B. *Answers will vary.*

C. 1. diccionarios
2. bolígrafos
3. libro

4. universidades
5. calculadoras

Paso 2

En preparación

1.4 Infinitives

Naming activities

A. 1. Sí, necesito comprar bolígrafos. / No, no necesito comprar bolígrafos.
2. Sí, necesito escribir cartas. / No, no necesito escribir cartas.
3. Sí, necesito llamar a unos amigos. / No, no necesito llamar a unos amigos.
4. Sí, necesito comer. / No, no necesito comer.
5. Sí, necesito leer libros. / No, no necesito leer libros.
6. Sí, necesito estudiar mucho. / No, no necesito estudiar mucho.

B. *Answers will vary.*

1.5 Subject pronouns and the verb *ser:* Plural forms

Stating origin of several people

A. 1. somos
2. soy
3. es
4. es
5. es

6. son
7. son
8. somos
9. son

B. 1. Sí, ellas son estudiantes de la universidad.
2. Sí, ella es una amiga.
3. No, nosotros no somos de Venezuela.

4. Sí, yo soy de los Estados Unidos.
5. Sí, ellos son estudiantes también.
6. No, tú no eres tímido.

1.6 Gender and number: Adjectives

Describing people

A. 1. Los profesores de historia son inteligentes y liberales.
2. Las profesoras Carrillo y Álvarez son pacientes y divertidas.
3. El profesor de física es tímido y serio.
4. La profesora de matemáticas es inteligente y simpática.
5. Todos los instructores de español son estupendos y populares.

B. *Answers will vary.*

Vocabulario

A. 1. arte
2. literatura
3. cine

4. ciencias políticas
5. historia
6. educación física

B. 1. e   2. d   3. g   4. b   5. f   6. c   7. a

Paso 3
En preparación

1.7 Present tense of -ar verbs

Stating what people do

A. 1. escuchan
2. prepara
3. estudiamos
4. hablo

5. llama
6. miran
7. tomamos
8. estudias

B. 1. Sí, practico / No, no practico español todos los días.
2. Sí, miramos / No, no miramos mucha televisión.
3. Sí, escuchamos / No, no escuchamos música muy fuerte.
4. Sí, estudio / No, no estudio todos los días.
5. Sí, soy / No, no soy paciente con mis compañeros(as) de cuarto.
6. Sí, necesito / No, no necesito más dinero.

C. *Answers will vary.*

1.8 The verb ir

Stating destination and what you are going to do

A. 1. e 2. a, c 3. f 4. d 5. f 6. b 7. b

B. 1. Mis amigos van a comprar libros en la librería.
2. Yo voy a estudiar en la biblioteca.
3. Tú vas a tomar refrescos en la cafetería.
4. Josefina y yo vamos a comer en la cafetería.
5. Ana y Julio van a comprar comida en el supermercado.

Vocabulario

A. ¡H A B L A R E N E S P A Ñ O L !

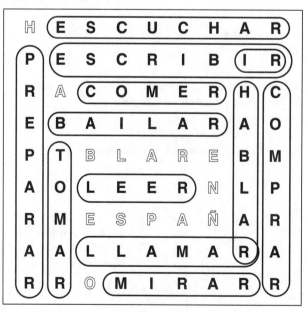

Harcourt, Inc. **Cuaderno de actividades Answer Key**

1. hablar	7. mirar
2. comer	8. comprar
3. escribir	9. escuchar
4. bailar	10. leer
5. llamar	11. preparar
6. ir	12. tomar

Antes de empezar, dime...

Answers will vary.

Y ahora, dime...

A.   Distancia y espacio

Cuando dos personas hablan:

Los hispanos
- No hay mucha distancia o espacio.
- No necesitan mucha distancia / mucho espacio.
- Avanzan para mantener una distancia íntima.

Los norteamericanos
- Hay más distancia/espacio.
- Necesitan más distancia/espacio.
- Se mueven para conservar más distancia/espacio.

Cuando dos personas se saludan o se dan la mano:
- Se dan un abrazo o un beso para eliminar distancia.
- Extienden el brazo al dar la mano.

B. 1. H   2. N   3. H   4. H/N   5. N   6. N   7. H

CAPÍTULO 2

Paso 1

En preparación

2.1 Present tense of *-er* and *-ir* verbs

Stating what people do

A. 1. abren
2. corre
3. regresa
4. recibe
5. escribe
6. comemos
7. bebemos

B. 1. entran
2. venden
3. recibe
4. divide
5. comparten
6. deciden

C. 1.   Yo vivo en Sierra Vista, 89 y Ángel Luis vive en Ponce de León, 163.
2.   Yo escribo en computadora pero Ángel Luis no escribe en computadora.
3.   Yo no leo mucho pero Ángel Luis lee mucho.
4.   Yo leo historia, política y los periódicos y Ángel Luis lee novelas, poesía y los periódicos.
5.   Yo estudio matemáticas y Ángel Luis estudia literatura.

Vocabulario

A. 1. c   2. d   3. e   4. b   5. f   6. a

B. 1. c   2. e   3. a   4. b   5. f   6. d

Paso 2

En preparación

2.2 Numbers 0–199

Counting, solving math problems, and expressing cost

A. 1. 558-2211
2. 910-1493
3. 771-6008

4. 215-1643
5. 519-2914

B. 1. ochenta y cinco dólares, treinta y dos centavos
2. cuatro dólares, diecinueve centavos
3. doce dólares, sesenta y tres centavos
4. sesenta y siete dólares, veintiocho centavos
5. cuarenta y tres dólares, noventa y dos centavos

2.3 Possessive adjectives

Indicating ownership

A. 1. Necesitamos su escritorio.
2. No necesitamos sus diccionarios.
3. Necesitamos tu estéreo.

4. Necesitamos nuestros discos compactos.
5. Necesitamos tus mapas.
6. Necesitamos mi teléfono.

B. 1. mi
2. Nuestro
3. Nuestras
4. Sus

5. mi
6. Tu
7. nuestro

2.4 Three irregular verbs: *Tener, salir, venir*

Expressing obligations, departures, and arrivals

A. 1. Yo tengo un coche nuevo todos los años.
2. Mis padres salen de viaje a Europa frecuentemente.
3. Mi papá siempre va a Arecibo.
4. Yo salgo con los muchachos más guapos de la universidad.
5. Mis amigos siempre vienen a mis fiestas estupendas.

B. 1. tengo
2. salimos
3. tenemos

4. tiene
5. vienen
6. vamos

Vocabulario

A. 1. detalle
2. ropa
3. limpiar

4. respuesta
5. comer

B. 1. S   2. A   3. A   4. S   5. A   6. S

C. 1. d   2. a   3. b   4. f   5. c   6. e

Paso 3

En preparación

2.5 Telling time

Stating at what time things occur

A. 1. Es a las nueve y diez de la mañana.
2. Voy a las doce del día. *or* Voy al mediodía.
3. Salgo a las tres menos diez (dos y cincuenta) de la tarde.
4. Regreso a las seis y veinticinco de la tarde.
5. Voy a las nueve menos veinticinco (ocho y treinta y cinco) de la noche.

B. 1. El sol sale a las siete y veintiuno de la mañana.
El sol se pone a las cinco menos once (cuatro y cuarenta y nueve) de la tarde.

2. El sol sale a las seis y cinco de la mañana.
El sol se pone a las seis y veintidós de la tarde.

3. El sol sale a las seis menos dieciocho (cinco y cuarenta y dos) de la mañana.
El sol se pone a las nueve menos veintiséis (ocho y treinta y cuatro) de la tarde.

4. El sol sale a las siete menos seis (seis y cincuenta y cuatro) de la mañana.
El sol se pone a las siete y dos de la tarde.

2.6 Days of the week, months, and seasons

Giving dates and stating when events take place

A. 1. El día de los Reyes Magos es el seis de enero.
2. El día de San Valentín es el catorce de febrero.
3. El día de San Patricio es el diecisiete de marzo.
4. El día de la independencia de los Estados Unidos es el cuatro de julio.
5. El descubrimiento de Puerto Rico es el nueve de noviembre.
6. El día de la Constitución es el veintitrés de julio.

B. *Answers will vary.*

2.7 Verbs of motion

Telling where people are going

A. 1. regreso
2. llego
3. vamos
4. salimos
5. trabajo
6. vamos
7. recibimos
8. comemos
9. regreso
10. necesito

B. 1. Yo corro dos millas por la mañana.
2. Mis padres van a un buen restaurante todas las semanas.
3. Mi hermana regresa de la universidad el viernes.
4. Mis amigos vienen mucho a mi casa.
5. Todos nosotros vamos a la playa del Condado.
6. Por la noche (yo) salgo con mis amigos a comer o al cine.

Vocabulario

A. 1. comprar
2. venir
3. verano

4. caminar
5. día

B. 1. dormir
2. miércoles
3. verano

4. mesero
5. alquiler

C. 1. la impresora
2. el teclado
3. el ratón

4. la almohadilla
5. los parlantes
6. el disco flexible

CAPÍTULO 3

Paso 1

En preparación

3.1 The verb *estar*

Giving location and indicating change

A. 1. ¿Dónde están los discos?
2. ¿Dónde está la sangría?
3. ¿Dónde están los refrescos?

4. ¿Dónde está la comida?
5. ¿Dónde está la guitarra?

B. *Answers may vary.*

1. La mamá está llorando.
2. El papá está preocupado.
3. Ernesto está muy triste.

4. Los novios están muy contentos.
5. El tío Óscar está borracho.
6. La tía Filomena está furiosa.

3.2 Interrogative words

Asking questions

A. *Answers will vary.*

B. 1. ¿Dónde están las aspirinas?
2. ¿Cómo estás?
3. ¿Adónde vas?
4. ¿Qué vas a comprar? *or* ¿Qué necesitas?
5. ¿Cuándo vas a otra boda?

Vocabulario

A. 1. c   2. a   3. e   4. b   5. d

B. 1. d   2. e   3. a   4. f   5. b   6. c

C. 1. banco
2. simpático
3. cafetería

4. pregunta
5. tapas

Paso 2

En preparación

3.3 Present progressive tense

Describing what is happening now

A. 1. El cocinero está preparando la comida en la cafetería.
2. La secretaria está escribiendo en la computadora en la oficina.
3. Tomás está aprendiendo francés en la clase de francés.
4. Carlos y Marta están practicando español en el laboratorio de lenguas.
5. Nosotros estamos leyendo en la clase de español.
6. *Answers will vary.*

B. 1. Manuel y Olga están preparando la comida.
2. Emilio está abriendo la puerta.
3. Los invitados están comiendo y tomando refrescos.
4. Yo estoy conociendo a muchas personas interesantes.
5. Todos nosotros estamos celebrando el cumpleaños de Ramón.

3.4 Superlatives

Stating exceptional qualities

A. 1. guapísima
2. grandísima
3. riquísimos
4. inteligentísimo
5. elegantísimo

B. 1. Tu novio es el más guapo de la universidad.
2. Tus profesores son los mejores de la universidad.
3. Tus amigos son los más interesantes del mundo.
4. Tú eres la mejor cocinera del mundo.
5. Tú eres la más estudiosa de la residencia.
6. Tú eres la más tímida del mundo.

Vocabulario

A. 1. d   2. b   3. f   4. a   5. c   6. e

B. 1. cantante, canción
2. estudiante
3. invitado, invitación
4. llamada
5. jugador
6. pregunta

C. 1. d   2. b   3. e   4. f   5. c   6. a

Paso 3
En preparación

3.5 *Ser* and *estar* with adjectives

Describing attributes and indicating changes

A. 1. es
2. está
3. está; es
4. está
5. está

B. 1. está
2. están
3. están
4. está
5. están

6. está
7. es
8. es
9. es
10. es

C. *Answers may vary.*

1. Todo el mundo está en una fiesta.
2. Antonio está muy contento porque está bailando con Ana.
3. Ana es la novia/amiga de Antonio. Ella es muy bonita.
4. Paco y Carmen están hablando/conversando.
5. La comida está en la mesa.
6. Jaime está furioso/triste porque quiere bailar y no hay más chicas.

3.6 The verb *gustar*

Talking about something you like or dislike

A. 1. No me gusta la sangría.
2. No me gustan los refrescos.
3. No me gusta la paella.
4. No me gustan tus amigos Sergio y Claudio.
5. No me gusta bailar ni salsa ni paso doble.
6. No me gusta hablar italiano.

B. 1. A Cristina le gustan los refrescos.
2. A nosotros nos gusta la paella.
3. A Pedro le gustan los discos de Enrique Iglesias.
4. A mí me gusta bailar salsa.
5. A Ramiro y a Felícita les gustan las tapas.
6. A ti te gusta la sangría.

Vocabulario

A. 1. sin licor
2. preparamos la comida
3. que no es interesante

4. mucho
5. idea
6. limpiar

B. 1. f   2. d   3. a   4. e   5. b   6. c

C. 1. tapas
2. cerveza
3. casetes

4. guitarra
5. refrescos
6. sangría

CAPÍTULO 4

Paso 1

En preparación

4.1 Demonstrative adjectives

Pointing out specific people, places, events, or things

A. 1. Este suéter es elegante.
2. Estas botas son grandes.
3. Estos pantalones son cortos.
4. Esta chaqueta es larga.
5. Este sombrero es feo.
6. Estos vestidos son hermosos.

B. 1. Estas botas son muy caras y esos sombreros son muy feos.
2. Esas faldas son muy cortas y estos vestidos son muy largos.
3. Estos autos son muy pequeños y ese avión es muy caro.
4. Esa cerveza es nacional y este vino es nacional también.
5. Estos vestidos son muy feos y esos pantalones son muy cortos.

4.2 Present tense of *e > ie* and *o > ue* stem-changing verbs

Describing activities

A. 1. entiende
2. Quiere
3. puede
4. Piensa
5. Prefiere
6. vuelven
7. empiezan
8. vuelve

B. 1. Yo prefiero estar en casa.
2. Yo no puedo dormir en hoteles.
3. Mi boleto cuesta mucho.
4. Ustedes pueden hacer más si no voy.
5. Ustedes vuelven muy tarde para mis clases de verano.

C. 1. Sí, almuerzo bien.
2. No, volvemos (a la residencia) a las diez.
3. Prefiero la clase de física.
4. Sí, duermo ocho horas todas las noches.
5. No, no pierdo mucho tiempo mirando la tele.
6. Pienso volver a casa en diciembre.

Vocabulario

A. 1. c 2. b 3. b 4. a 5. c

B. **museo:** guía, visita, servicios
ropa: falda, vestido, traje
colores: rojo, blanco, azul
fotografía: cámara, película, fotos

Paso 2

En preparación

4.3 Numbers above 200

Counting and writing checks

A. 1. setecientos cincuenta mil cuatrocientos noventa y nueve dólares
2. diecisiete mil seiscientos treinta y un dólares y cuarenta centavos
3. treinta y siete mil doscientos treinta y nueve dólares
4. cinco mil trescientos treinta y dos dólares y noventa y nueve centavos
5. cincuenta mil doscientos dólares
6. ciento sesenta y nueve mil seiscientos setenta y tres dólares y veintitrés centavos

B. 1. cincuenta y dos mil cuatrocientos cincuenta dólares
2. dieciocho mil quinientos dólares
3. dos millones de dólares
4. setenta y cinco mil cuatrocientos treinta dólares
5. cuatrocientos mil dólares
6. ciento ochenta y uno mil cuatrocientos dólares

4.4 Comparisons of equality

Stating equivalence

1. No son tan caros en Gigante como en Palacio de Hierro. [o]
   No cuestan tanto en Gigante como en Palacio de Hierro.

2. Son tan caros en Gigante como en Palacio de Hierro. [o]
   Cuestan tanto en Gigante como en Palacio de Hierro.

3. No son tan caros en Palacio de Hierro como en Gigante. [o]
   No cuestan tanto en Palacio de Hierro como en Gigante.

4. No son tan caras en Gigante como en Palacio de Hierro. [o]
   No cuestan tanto en Gigante como en Palacio de Hierro.

5. No son tan caras en Gigante como en Palacio de Hierro. [o]
   No cuestan tanto en Gigante como en Palacio de Hierro.

6. Son tan caros en Gigante como en Palacio de Hierro. [o]
   Cuestan tanto en Gigante como en Palacio de Hierro.

Vocabulario

A. 1. f   2. e   3. b   4. d   5. c   6. a

B. 1. zapato   4. impermeable
2. corbata   5. rojo
3. lana

C. 1. e   2. c   3. f   4. b   5. a   6. d

Paso 3

En preparación

4.5 Idioms with *tener*

Expressing feelings, obligations, and age

A. 1. c   2. e   3. b   4. d   5. a   6. f

B.
1. tengo que
2. tengo frío
3. tienes razón
4. tengo hambre
5. tengo miedo
6. tengo sed

4.6 Preterite of *ir, ser, poder,* and *tener*

Narrating in past time

A.
1. pude
2. fuimos
3. fue
4. fueron
5. fuimos
6. tuvo

B.
1. Tuvimos el examen ayer.
2. La fiesta fue ayer.
3. Fui ayer.
4. Tuvieron que pagar ayer.
5. Pude hablar con el profesor ayer.
6. Fue ayer.

Vocabulario

A. 1. e   2. d   3. a   4. f   5. c   6. b

B. Some words have more than one possible synonym.

1. hombre, señor
2. señora, mujer
3. servicios
4. bonito, hermoso
5. rebaja, ganga
6. viaje, visita

C.

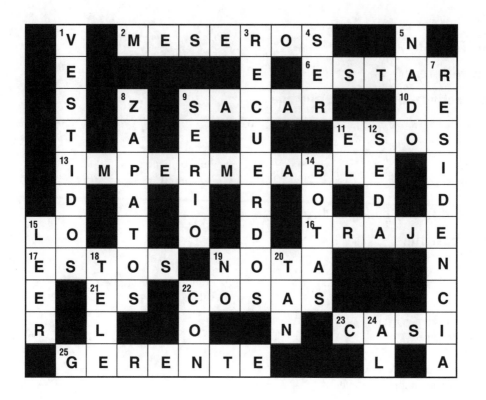

CAPÍTULO 5

Paso 1

En preparación

5.1 Adverbs of time

Expressing time and frequency

A. *Answers may vary.*

1. No, nunca organizo fiestas.
2. A veces pongo el volumen del estéreo muy alto.
3. Sí, siempre estudio toda la noche.
4. Pocas veces bebo alcohol.
5. No, nunca uso drogas ilegales.

B. 1. Yo nunca leo el periódico de la universidad.
2. Yo estudio en la biblioteca a veces.
3. Yo llego a clase tarde.
4. Yo escucho música clásica a veces.
5. Yo siempre voy a partidos de fútbol americano.

5.2 Prepositions

Describing the position of things

A. 1. Mari Pepa, Elisa y los Méndez viven al lado de Santiago.

Harcourt, Inc.   **Cuaderno de actividades Answer Key**

2. Los Aguirre viven delante de Santiago.
3. Los Aguirre viven a la izquierda y Elvira vive a la derecha de José Antonio.
4. Los Méndez viven al lado de los Leyva.
5. Mari Pepa y Elisa viven más lejos de Elvira.

B. *Answers may vary.*

1. El perro está debajo de la mesita.
2. Los libros están encima del sofá.
3. La mesita está a la derecha (lejos) de la puerta.
4. El sofá está entre la puerta y la mesita.
5. La lámpara está a la izquierda del sofá.

Vocabulario

A. 1. d   2. c   3. a   4. f   5. b   6. e

B. 1. la lámpara   4. la cama
     2. el televisor   5. el estéreo
     3. dinero

C. 1. cuarto   4. garaje/calle
     2. calle   5. cocina
     3. sala/cuarto   6. comedor/cocina

Paso 2

En preparación

5.3 *Ser* and *estar:* A second look

Describing people and things and telling time

A. 1. Tu habitación es grande.
     2. Los muebles están en buenas condiciones.
     3. El comedor está al lado de la cocina.
     4. La alfombra es verde.
     5. El baño está cerca de tu habitación.

B. 1. estoy   4. está
     2. es   5. es
     3. es   6. está

Vocabulario

A. 1. sucio   4. viejo
     2. pequeño   5. cerca
     3. caro   6. menor

B. 1. centro comercial   4. parada
     2. supermercado   5. alquiler
     3. condiciones

Paso 3

En preparación

5.4 Comparisons of inequality

Comparing and contrasting

A. *Patterns for answers:*

1. _____ es (soy) menos alto(a) que _____ .
2. _____ es (soy) mejor en matemáticas que _____ .
3. _____ es (soy) mayor que _____ .
4. _____ es (soy) más ordenado(a) que _____ .
5. _____ tiene (tengo) más paciencia que _____ .

B. *Some possible answers are:*
1. Las habitaciones en el apartamento son más grandes.
2. Hay más ruido en la residencia.
3. Hay más personas en las habitaciones de la residencia.
4. Hay menos personas por baño en el apartamento.
5. El apartamento es menos caro.

5.5 *Por* and *para:* A first look

Expressing direction and means

A. 1. para
2. Para
3. por

4. por
5. por; para

B. 1. para
2. para
3. por
4. para

5. por
6. para
7. para
8. para

Vocabulario

A. 1. e   2. a   3. f   4. b   5. d   6. c

B. 1. MUEBLES
2. NEVERA
3. TELEVISOR
   Answer: EL ALQUILER

4. ALFOMBRA
5. CHAQUETA

Capítulo 6

Paso 1

En preparación

6.1 Preterite of regular verbs

Providing and requesting information about past events

A. 1. decidieron
2. Comieron
3. salieron
4. encontraron

5. llamó
6. llegó
7. encontró
8. arrestó

B. 1. preparó
2. comí
3. salí
4. caminé
5. descubrimos

6. llamó
7. interrogaron
8. decidió
9. llegaron
10. ofrecieron

C. 1. salió
2. encontraron
3. llamó
4. arrestó

5. insistió
6. llamó
7. declaró

D. 1. convocó
2. rechazaron; iniciaron
3. ejecutaron; perdieron
4. discutieron
5. perdió; ganó

Paso 2

En preparación

6.2 Preterite of verbs with spelling changes

Describing in past time

A. 1. Durante la noche yo oí un ruido.
2. Salí de mi cuarto y busqué la bicicleta.
3. No encontré la bicicleta.
4. Decidí llamar a la policía.
5. Empecé a marcar 911.
6. En ese momento dos amigos salieron del baño con la bicicleta.

B. 1. eliminó; derrotó; llevó; venció
2. ganó
3. derrotó; celebró
4. fue
5. calificó

Vocabulario

A. **concierto rock:** aclamar, gritar, ritmo
   accidentes: explotar, avión, morir
   equipos deportivos: ganar, vencer, empatar

B. 1. ganó; tuvieron
   2. anunció; estableció
   3. negocios

4. empató; campeonato
5. encontró; desactivó

Paso 3

En preparación

6.3 Preterite of *estar, decir,* and *hacer*

Narrating about the past

A. 1. Estuve aquí ayer.
   2. Hicimos la tarea ayer.
   3. Hice las galletas ayer.

4. Dijimos eso ayer.
5. Estuvieron aquí ayer.

B. 1. Mamá hizo los sándwiches.
   2. Rafael y yo estuvimos en casa de tía Matilde.
   3. Dijimos: «¿Quiere acompañarnos?»
   4. Tía Matilde dijo que sí.
   5. Hicimos un pastel muy especial.
   6. El pastel estuvo delicioso.

6.4 The pronoun *se:* Special use

Making announcements

A. 1. Se necesita comprar mesas nuevas.
   2. Se necesita buscar meseros simpáticos.
   3. Se necesita buscar un administrador trabajador.
   4. Se necesita comprar sillas bonitas.
   5. Se necesita buscar un cajero honesto.
   6. Se necesita encontrar cocineros competentes.

B. 1. Se escucha / No se escucha música todo el día.
   2. Se pide / No se pide la tarjeta de identidad al entrar.
   3. Se organizan / No se organizan actividades y partidos.
   4. Se permite / No se permite llevar comida a las habitaciones.
   5. Se puede / No se puede cocinar en las habitaciones.
   6. Se duerme / No se duerme bien.

Vocabulario

A. 1. piscina
   2. música
   3. baloncesto

4. lagos
5. economía

B. *The words:*

policía	víctima	escapar	robar
pistola	tropas	atacar	bomba
robo	terrorista	sospechar	capturar
pegar			

Answer: ¡Los criminales van a la prisión!

Leamos un poco más

Ideas del autor: 1. F 2. F 3. C 4. F 5. F

Y ahora, dime...

1. b 2. a 3. a 4. c 5. c

CAPÍTULO 7

Paso 1

En preparación

7.1 Direct-object nouns and pronouns

Agreeing and disagreeing, accepting and refusing

A. 1. Sí, los compro con frecuencia.
2. Sí, la conozco muy bien.
3. Sí, la leo todos los meses.
4. Sí, siempre las veo.
5. Sí, los escucho a veces.
6. Sí, te acompaño con mucho gusto.

B. 1. lo leo
2. los miro
3. me llaman
4. la escucho
5. los compro

7.2 Irregular *-go* verbs

Telling what people do, say, or hear

A. 1. hacen
2. traen
3. pongo
4. dice
5. oye
6. digo
7. vienen

B. 1. Hago cosas interesantes.
2. Oigo cumbias colombianas todos los días.
3. Pongo la televisión para escuchar las noticias de EE.UU.
4. Digo muchas cosas en español ahora.
5. Salgo con los chicos de la familia.

Vocabulario

A. 1. e 2. d 3. f 4. b 5. c 6. a

B. 1. película
2. rechazar
3. acompañar(lo)
4. fin de semana
5. cena

Paso 2
En preparación

7.3 Present tense of *e* > *i* stem-changing verbs

Stating what people do

A. 1. sigo
2. digo
3. sirve

4. vestimos
5. dice
6. pido

B. 1. sirvo; sirve; sirven
2. pido; pide; piden
3. digo; dice; dicen

Paso 3
En preparación

7.4 Review of direct-object nouns and pronouns

Referring to people and things indirectly

A. 1. Lo (La) amo/respeto.
2. Los tolero/detesto.
3. Lo (La) admiro/tolero.

4. La adoro/odio.
5. Los (Las) tolero/detesto.
6. La tolero/odio.

B. 1. Sí, (No, no) me llama con frecuencia.
2. Sí, (No, no) los conozco bien.
3. Los tolera/detesta.

4. Me invita...
5. Las respeta/rechaza.
6. Sí, (No, no) me ama. Sí, (No, no) lo (la) amo.

7.5 The verbs *saber* and *conocer*

Stating what you know and who or what you are acquainted with

A. 1. No la conozco.
2. No lo sé.
3. No los conozco.

4. No la sé.
5. No los conozco.
6. No lo conozco.

B. 1. sé
2. conozco
3. conocen
4. saben

5. conocen
6. sé/saben
7. Sabes
8. conocer

Vocabulario

A. 1. admirar
2. gasto
3. libre

4. explicar
5. cenar
6. bebida

B. 1. firmar
2. rechazar
3. primero

4. amor
5. boleto

C. Está enamorado

CAPÍTULO 8

Paso 1

En preparación

8.1 Indirect-object nouns and pronouns

Stating to whom and for whom people do things

A. 1. Ahora les sirvo las empanadas.
2. Ahora le preparo un café.
3. Ahora te sirvo un helado.
4. Ahora le hago un té helado.
5. Ahora les preparo pescado.
6. Ahora le traigo aspirinas.

B. 1. Mis hijas le compraron una docena de rosas a mi mamá.
2. Mi hijo le regaló una botella de vino a mi papá.
3. Mi esposa les hizo una torta a los abuelos.
4. Yo le compré una camisa a mi papá.
5. Mi esposa y yo les regalamos un viaje a Puerto Montt a los dos.

8.2 Review of *gustar*

Talking about likes and dislikes

A. *Answers will vary.*

B. 1. A mí me gusta(n)...
2. A mi mamá le gusta(n)...
3. A mis hermanos les gusta(n)...
4. A mi papá le gusta(n)...
5. A todos nosotros nos gusta(n)...

Vocabulario

A. **fruta:** manzana, plátano
carne roja: carne de res, bistec
marisco: langosta, camarón
verdura: zanahoria, lechuga
ave: pollo, pavo
postre: flan, helado

B. 1. b   2. c   3. b   4. d   5. c

Paso 2

En preparación

8.3 Double object pronouns

Referring indirectly to people and things

A. 1. Ahora se los traigo.
2. Ahora se las traigo.
3. Ahora se lo traigo.
4. Ahora se las traigo.
5. Ahora se la traigo.
6. Ahora se los traigo.

B. 1. Nos las puede traer (Puede traérnoslas) con los entremeses.
2. Me la puede traer (Puede traérmela) con la comida.
3. Nos lo puede servir (Puede servírnoslo) con el postre.
4. Me lo puede servir (Puede servírmelo) en unos minutos.
5. Nos lo puede servir (Puede servírnoslo) más tarde.

C. 1. Roberto me los pasa a mí.
2. Yo se los paso a Leslie.
3. Leslie se los pasa a sus hermanos.
4. Sus hermanos se los pasan a sus tíos.
5. Sus tíos te los pasan a ti.
6. Tú me los pasas a mí otra vez.

Paso 3

En preparación

8.4 Review of *ser* and *estar*

Describing, identifying, expressing origin, giving location, and indicating change

A. 1. ¡Imposible! ¡La comida no es cara!
2. ¡Imposible! ¡El café no está frío!
3. ¡Imposible! ¡Los clientes no están furiosos!
4. ¡Imposible! ¡El restaurante no está muy lejos del centro!
5. ¡Imposible! ¡Los camareros no son antipáticos!

B. 1. son
2. son
3. es
4. es
5. está
6. está
7. están

8.5 The verb *dar*

Telling what people give

1. Mi hermanito me da un casete.
2. Mis abuelos me dan una cena en mi restaurante favorito.
3. Mi mamá me da una camisa.
4. Mi hermanito me dio un libro interesantísimo.
5. Mis abuelos me dieron unas camisetas.
6. Yo les di las gracias a todos.

Vocabulario

A. *Horizontal:* melón, plátano, pera, piña, fresa
Vertical: durazno, melocotón, manzana, naranja, limón
Answer: ¡Una manzana al día!

B. *Horizontal:* tomate, arroz, apio, col, zanahoria, lechuga
Vertical: papa
Answer: ¡Verduras!

C. *Horizontal:* mariscos, hamburguesa, cangrejo, pavo, res, aves, calamar, bistec, camarón, pollo
Vertical: pescado, salchicha, carne, langosta, cerdo, puerco
Answer: ¡Carne de res!

Leamos un poco más

Después de leer: 1. fourth 2. first 3. third 4. first 5. second

Y ahora, dime...

1. c 2. c 3. a 4. b 5. a 6. c

CAPÍTULO 9

Paso 1

En preparación

9.1 Weather expressions

Talking about the weather

A. 1. impermeable, paraguas
2. bufanda, guantes, sobretodo
3. vaqueros
4. paraguas
5. botas de goma, guantes, sobretodo
6. traje de baño

B. 1. Hace frío y esperan lluvia.
2. Hace calor y no esperan lluvia.
3. Hace fresco y esperan lluvia.
4. Hace frío, pero no esperan lluvia.
5. Hace fresco y esperan lluvia.

9.2 *Mucho* and *poco*

Expressing indefinite quantity

A. 1. Sí, estudio mucho.
2. Sí, tengo muchas tareas difíciles.
3. Sí, necesito mucho dinero.
4. No, duermo poco.
5. Sí, hace mucho frío.

B. 1. mucho
2. muchas
3. muchos
4. poco
5. mucho
6. mucha

Vocabulario

A. 1. pase
2. tío
3. comprando
4. coche
5. cansado

B. 1. pastelería
2. agencia de viajes
3. papelería
4. carnicería
5. farmacia
6. zapatería

C. 1. c   2. d   3. a   4. e   5. f   6. b

Paso 2

En preparación

9.3 Reflexive verbs

Talking about what people do for themselves

A. 1. se llaman
2. nos divertimos
3. levantarme
4. nos acostamos
5. nos ponemos
6. despertarnos
7. nos quedamos
8. me divierto
9. te duermes

B. 1. Laura canta cuando se baña.
    2. Alicia se ducha por veinte minutos.
    3. Hay muchachos que se divierten en el pasillo.
    4. Mis compañeras se visten para salir.
    5. Yo me despierto con todo el ruido que hacen los otros estudiantes.

C. 1. Yo me baño a las siete y veinte de la mañana.
    2. Eduardo y Raúl se cepillan los dientes rápidamente.
    3. Pepe se afeita en dos minutos.
    4. Yo me peino en cinco minutos.
    5. Todos nosotros nos vestimos rápidamente.

Vocabulario

A. 1. sentarse   2. ponerse   3. quitarse   4. vestirse   5. acostarse

B. **mañana:** se levanta, se afeita, se viste, se peina
    tarde/noche: se quita los zapatos, se sienta a ver las noticias, se acuesta, se duerme

C. 1. e   2. c   3. b   4. d   5. f   6. a

Paso 3

En preparación

9.4 *Por* and *para:* A second look

Explaining how, when, why, and for whom things are done

A. 1. e   2. c   3. d   4. f   5. b   6. g   7. a

B. 1. Para   5. por
    2. por   6. por
    3. por   7. Para
    4. por

9.5 Affirmative *tú* commands

Giving orders and directions

A. 1. Sal   5. Toma
    2. sigue   6. sube
    3. dobla   7. Mira
    4. camina

B. 1. Haz la tarea todos los días.
    2. Acuéstate temprano.
    3. Quédate más tiempo en la biblioteca.
    4. Pon atención durante las clases.
    5. Toma apuntes y estúdialos.
    6. Sal y diviértete un poco todas las semanas.

Vocabulario

Horizontal

1. clima
2. poco
4. neblina
7. oeste

9. tiempo
15. temperatura
17. bufanda
18. sol

Vertical

1. cono
3. pronóstico
5. nieva
6. sobretodo
8. se
10. viento

11. guantes
12. llueve
13. empapado
14. paraguas
16. nublado

CAPÍTULO 10
Paso 1
En preparación
10.1 Adverbs derived from adjectives
Expressing how an event happened

A. 1. No, contestan inmediatamente.
2. No, contestan personalmente.
3. Contestan cortésmente.

4. Sí, responde rápidamente.
5. Se debe darla detalladamente.

B. 1. felizmente
2. directamente
3. rápidamente
4. fácil

5. totalmente
6. tranquilamente
7. especialmente

Vocabulario

A. 1. e   2. a   3. h   4. g   5. c   6. b

B. 1. cuidadosa
2. honesta
3. herida

4. lenta
5. sospechosa

Paso 2
En preparación
10.2 Irregular verbs in the preterite
Describing what already occurred

A. 1. b   2. d   3. c   4. e   5. a   6. f

B. 1. decidimos
2. pudimos
3. anduvimos
4. dijo
5. tuvimos

6. me acosté
7. se acostaron
8. vino
9. tuve

C. 1. Vine a las tres (de la mañana).
2. Estuve en una fiesta.
3. No pude.

4. No, un amigo me trajo.
5. Tuve que entrar por la ventana.

10.3 Negative and indefinite expressions

Denying information and referring to nonspecific people and things

A. 1. d   2. a   3. e   4. b   5. c

B. 1. No, nadie me enseñó a manejar.
2. No, no tuve nunca un accidente (nunca tuve ningún accidente).
3. No, no llevo ningún amuleto.
4. No, la policía no me dio nunca ni una multa ni una advertencia.
5. No, nunca tengo miedo.

Vocabulario

A. 1. g   2. d   3. f   4. c   5. e   6. a
B. 1. f   2. b   3. d   4. c   5. a   6. e
C. 1. h   2. f   3. g   4. a   5. d   6. b   7. c

Paso 3

En preparación

10.4 Preterite of stem-changing -*ir* verbs

Talking about past events

A. 1. La policía persiguió a los ladrones en bicicleta.
2. Los ladrones se vistieron de Lex Luther y el Barón Rojo.
3. Un actor le pidió ayuda al público.
4. La gente se rió muchísmo con el espectáculo.
5. Los actores y el público se divirtieron toda la noche.

B. 1. se durmieron
2. oyeron
3. pidió

4. se murieron
5. persiguió; capturó
6. despidió

C. 1. fueron
2. siguieron
3. sintió
4. vieron
5. persiguieron

6. fue
7. se escapó
8. se resolvieron
9. llamaron

10.5 *Hacer* in time expressions

Describing what has been happening

A. 1. Hace [*time will vary*] que no llamo a mis padres por teléfono.
2. Hace [*time will vary*] que no escribo una carta.
3. Hace [*time will vary*] que no visito a mis abuelos.
4. Hace [*time will vary*] que conozco al (a la) profesor(a).
5. Hace [*time will vary*] que no hablo con un maestro de la escuela secundaria.
6. Hace [*time will vary*] que no les pido dinero a mis padres.

B. 1. Hace diez meses que la conocí en una fiesta.
2. Hace ocho meses que salimos en nuestra primera cita.
3. Hace seis meses que me dijo que me amaba.
4. Hace cuatro meses que se la presenté a mis padres.
5. Hace dos meses que le di un anillo de compromiso.
6. Hace un mes que decidió que ella estaba enamorada del profesor de inglés.

Vocabulario

Horizontal

2. cardíaco
6. socorro
8. choque
10. muerte
11. te
12. ambulancia

13. no
14. denunciar
17. emergencia
20. toalla
21. culpa
22. sacudida

Vertical

1. humo
3. respira
4. cartera
5. aceite
7. obtener
9. quemó

10. mecánico
11. tanque
15. faltar
16. pegar
18. multa
19. ayuda

Antes de empezar, dime...

Lo que los autores piensan

1. La violencia que abunda en todos los niveles de la sociedad.
2. Asociamos la violencia con las guerras, la política o los intereses económicos y los deportes.
3. Según la lectura, debe ser una de las misiones «obligatorias» de cualquier gobierno, en cualquier lugar del mundo.

CAPÍTULO 11

Paso 1

En preparación

11.1 Imperfect of regular verbs

Talking about past events

A. *Answers may also be negative.*

1. Visitaba a mis abuelos.
2. Odiaba los vegetales.
3. Jugaba con pistolas (muñecas).
4. Tenía un amigo invisible.
5. Me gustaba la escuela.

B. 1. tenía
2. nos levantábamos
3. desayunábamos
4. salíamos
5. jugábamos
6. gustaba

7. almorzábamos
8. comía
9. tenía
10. trabajaban
11. nos reuníamos

11.2 Uses of the imperfect

Talking about what we used to do

A. 1. Antes bebía refrescos.
2. Antes quería una bicicleta.
3. Antes vivía con mis padres en una casa.
4. Antes les pedía juguetes.
5. Antes miraba programas infantiles.

B. 1. llevaban
2. me sentía
3. jugaba
4. llegábamos
5. hacíamos

6. subía
7. bajaba
8. se divertía
9. estaba

11.3 Imperfect of *ser, ir,* and *ver*

Describing how you used to be, where you used to go, what you used to see

A. 1. De niño leías libros de aventuras.
2. De niño ibas al cine todas las semanas.
3. De niño eras un poco perezoso.
4. De niño hacías deportes todos los días.
5. De niño veías televisión todas las noches.

B. 1. era
2. quería
3. iba
4. veía

5. eran
6. íbamos
7. vencían
8. éramos

Harcourt, Inc. **Cuaderno de actividades Answer Key**

Vocabulario

A. 1. d   2. f   3. g   4. a   5. c   6. e

B. 1. b   2. b   3. a   4. b   5. a

Paso 2
En preparación

11.4 Preterite and imperfect: Completed and continuous actions
Describing completed actions and actions in progress in the past

A. 1. dormía; la despertó
2. bailaba; estaban; sonaron; se escapó; perdió
3. caminaba; vio; le preguntó; vivía
4. intentó; estaba
5. cantaba; limpiaba

B. 1. estudiaba
2. llamó
3. Eran
4. hablábamos
5. recordé
6. permitía
7. hacía
8. preparaba
9. vendía
10. tenía
11. regalé
12. puso

11.5 Preterite and imperfect: Beginning/end and habitual/customary actions
Describing the beginning or end of actions and habitual past actions

A. 1. era
2. celebraba
3. invitaban
4. traían
5. jugábamos
6. comíamos
7. dijeron
8. iba
9. invitaron
10. salimos
11. estaba
12. dormimos
13. nos divertimos
14. sirvió
15. Fue

B. 1. era
2. tuve
3. fui
4. enseñaron
5. aprendí
6. decían
7. era
8. llegué
9. vi
10. era
11. parecía
12. estaba

Vocabulario

A. 1. c   2. e   3. b   4. g   5. a   6. f   7. d

B. 1. b   2. a   3. b   4. a   5. a   6. b

Paso 3

En preparación

11.6 Present perfect

Talking about what people have or haven't done

A. 1. Todavía no he ido.
2. Todavía no me la han tomado.
3. Todavía no las he hecho.

4. Todavía no los he comprado.
5. Todavía no lo he reservado.

B. 1. ha sido
2. han reconocido
3. han encontrado

4. han dicho
5. ha afectado

Vocabulario

1. DEMOCRACIA
2. PASEAR
3. CÍMBALO
4. JOYA
5. TAMBOR
6. SONREÍR

7. EPISODIO
8. GRATIS
9. MUNDO
10. CLARINETE
11. ALCALDE

La frase misteriosa: PREMIO NOBEL

CAPÍTULO 12

Paso 1

En preparación

12.1 Future tense of regular verbs

Talking about the future

A. 1. Sí, (No, no) tomaremos unas vacaciones para celebrar.
2. Sí, (No, no) empezaré a trabajar en seguida después de la graduación.
3. Sí, (No, no) viviré con mis padres por un tiempo.
4. Sí, (No) mis padres (no) me ayudarán económicamente si no encuentro trabajo.
5. Sí, (No, no) asistiré a clases para graduados después de trabajar un tiempo.

B. 1. iré
2. conoceré
3. me traerán
4. me sentiré
5. caminaremos

6. sacaremos
7. comprará
8. conversaré
9. Nos divertiremos

12.2 Future tense of verbs with irregular stems

Talking about the future

A. 1. querré descansar
2. saldré con mi esposo/esposa

3. podré comprar langosta
4. valdrán mucho más
5. tampoco haré mi cama (no haré mi cama tampoco)

B. 1. sabré
2. pondré
3. Les diré
4. iré
5. podrán

6. les daré
7. querrá
8. habrá
9. seré

Vocabulario

A. 1. j   2. g   3. e   4. a   5. c   6. h   7. i   8. d   9. b   10. f

B. 1. b   2. j   3. f   4. c   5. g   6. a   7. h   8. d   9. i   10. e

Paso 2

En preparación

12.3 Conditional of regular and irregular verbs

Stating what you would do

A. 1. Yo estaría contentísimo(a).
2. Mis padres harían una fiesta grande.
3. Mis abuelos me regalarían algo especial.
4. Yo buscaría trabajo.
5. Tendría que empezar a pagar los préstamos.

B. *Summary of verb forms for answers:*
empacaría(mos) las maletas
sacaría(mos) dinero del banco
compraría(mos) los boletos para el vuelo
haría(mos) las reservaciones en los hoteles

reservaría(mos) un carro
hablaría(mos) con la agencia de viajes
conseguiría(mos) los pasaportes
planearía(mos) los detalles del viaje

C. 1. cambiaría
2. existirían
3. trabajarían
4. serían

5. estaría
6. habría
7. respetarían
8. sería

Vocabulario

A. 1. e   2. f   3. a   4. d   5. c   6. b

B. 1. enfermarse
2. molestar
3. olvidar

4. andinismo
5. tacaño

C. 1. c   2. e   3. f   4. b   5. a   6. d

Paso 3

En preparación

12.4 *Tú* commands: A second look

Requesting, advising, and giving orders to people

A. 1. Si un oso se acerca, no le des comida.
2. Si el oso está cerca del carro, no salgas.
3. Si ves algunos ositos, no juegues con ellos.
4. Si el oso te persigue, no trepes a un árbol.
5. Si el oso está cerca de ti, hazte la muerta.

B. 1. No dejes comida en la tienda de campaña.
2. No hagas ruido por la noche.
3. Apaga el fuego completamente antes de dormirse.
4. Limpia el campamento al irte.
5. No camines sola por la noche.
6. Ten un mapa de la región.

Vocabulario

Horizontal

1.	jornada	11.	sol
5.	varón	13.	ve
6.	pasta	14.	en
7.	sido	15.	regalo
10.	pierde		

Vertical

2.	olvidar	9.	origen
3.	alojarse	11.	siglo
4.	pasaporte	12.	bolso
8.	cepillo	13.	vejez

Antes de empezar, dime...

1. A   2. D   3. A   4. D   5. D

CAPÍTULO 13

Paso 1

En preparación

13.1 Present subjunctive: Theory and forms

Giving advice and making recommendations

A. 1. trabaje
2. regrese
3. me case
4. estudie
5. me gradúe

B. 1. me visiten...
2. me llame por teléfono...
3. me escriban...

4. me venga a visitar... (venga a visitarme...)
5. me hagan una comida especial...

13.2 Subjunctive with expressions of persuasion

Persuading

A. 1. Recomiendo que no bebas alcohol.
2. Insisto en que no uses drogas.
3. Sugiero que vivas en la residencia el primer año.
4. Aconsejo que estudies cuatro horas diarias.
5. Recomiendo que hables con los profesores en sus oficinas.

B. 1. Recomendamos que participen en todos los aspectos de la vida universitaria.
2. Sugerimos que estudien todos los días, no sólo antes del examen.
3. Aconsejamos que no se enamoren el primer semestre.
4. Recomendamos que no miren mucho la televisión.
5. Sugerimos que hagan ejercicio con regularidad.

Vocabulario

A. 1. b   2. b   3. a   4. a   5. b   6. a   7. a   8. b

B. **salud:** vitamina, presión, resfriado, inyección, embarazo
ejercicio: doblar, gimnasia, estirar, esfuerzo, pesas
partes del cuerpo: oído, hombro, boca, pecho, piel
carácter: intuitivo, optimista, envidioso, de mal humor, competitivo

C. 1. NA   2. A   3. NA   4. A   5. A   6. A   7. NA   8. A

Paso 2

En preparación

13.3 *Usted* and *ustedes* commands

Telling people what to do or not to do

A. 1. Cambien su imagen en nuestro club.
2. Bailen al ritmo de la música.
3. Naden en nuestra piscina olímpica.
4. Vengan a consultar con nuestros especialistas.
5. Llámennos ahora mismo.

B. 1. Aprenda a bailar con nosotros.
2. Haga ejercicios aeróbicos con nosotros todos los días.
3. Venga una, dos, tres veces a la semana o más si quiere.
4. Consulte con nuestros especialistas.
5. Use nuestro «jacuzzi».

C. 1. Sí, complete este formulario.
2. Lleve ropa cómoda.
3. No, no se pese cada vez.

4. No, no se ponga a dieta.
5. Vuelva en dos días.

13.4 *Ojalá* and present subjunctive of irregular verbs

Expressing hope

A. 1. sepa
   2. sean
   3. haya
   4. den
   5. vaya

B. 1. prefiero; sepa
   2. prefieren; esté
   3. prefieren; vaya
   4. preferimos; haya
   5. prefiero; dé

Vocabulario

   A. 1. h   2. e   3. g   4. a   5. d   6. b   7. c   8. f

B. *Horizontales:* oído, tobillo, brazo, cuerpo, boca, piel, nariz, ojo, pelo, mano
   Verticales: diente, hombro, cabeza, pie, rodilla, pecho
   Diagonales: dedo, pierna

Paso 3

En preparación

13.5 Subjuncive with expressions of emotion

Expressing emotion

A. 1. quieras
   2. sea
   3. tengas
   4. conozcas
   5. puedas

B. 1. hayan
   2. se dedique
   3. decida
   4. pase
   5. gane
   6. pueda

13.6 Subjuncive with impersonal expressions

Expressing opinions

A. *Answers will vary.*

B. 1. Es obvio que es discriminatorio... / Es improbable que sea discriminatorio...
   2. Es importante/absurdo que nuestra universidad gaste...
   3. Es importante/ridículo que todos los estudiantes de las residencias participen (deban participar)...
   4. Es cierto que los deportes competitivos son... / Es ridículo que los deportes competitivos sean...
   5. Es justo/malo que la universidad les pague (deba pagarles)...

Vocabulario

Horizontal

1. aguantar
3. pie
5. ojalá
7. flojo
8. baje
9. ritmo
11. ruta

15. rendido
17. el
18. peso
19. usar
20. oído
21. dedos

Vertical

1. aconsejar
2. relajarse
3. piel
4. envidioso
6. úlcera
10. tobillo

12. tonificar
13. vitamina
14. competitivo
15. rodilla
16. resfriado
17. esfuerzo

CAPÍTULO 14

Paso 1

En preparación

14.1 Subjunctive with expressions of doubt, denial, and uncertainty

Expressing doubt, denial, and uncertainty

A.
1. No creo que estén en forma.
2. No estoy seguro que tenga jugadores tan malos.
3. No pienso que tenga tanto entusiasmo.
4. Dudo que sea el mejor.
5. Dudo que sea tan bueno.

B.
1. Es improbable que Marcela piense en ti constantemente.
2. No es nada evidente que quiera salir contigo.
3. Es increíble que te mire durante la clase de ciencias políticas.
4. No es cierto que no haya otro hombre en su vida.
5. Estoy seguro que tiene novio.

Vocabulario

A. 1. c   2. g   3. d   4. a   5. h   6. b   7. f   8. e
B. 1. a   2. f   3. e   4. d   5. g   6. c   7. b

Paso 2

En preparación

14.2 Subjunctive in adjective clauses

Referring to unfamiliar persons, places, and things

A. 1. Los padres buscan un(a) entrenador(a) que tenga experiencia con niños.
2. Los niños necesitan un(a) entrenador(a) que no los presione.
3. Los niños con menos talento desean encontrar un(a) entrenador(a) que sea paciente.
4. El equipo necesita un(a) entrenador(a) que sepa enseñar el juego.
5. Los niños quieren un(a) entrenador(a) que sea divertido(a).

B. 1. Se solicita secretarios(as) que sepan usar la computadora.
2. Se busca conserje que pueda trabajar de noche.
3. Se solicita tutor que explique bien la gramática.
4. Se busca lavaplatos que sea responsable.
5. Se necesitan camareros(as) que tengan buena presencia.

C. 1. Busca un puesto que pague más dinero.
2. Desea estar en un equipo de baloncesto que gane de vez en cuando.
3. Le interesa unirse a un equipo que practique más cerca.
4. Quiere compañeros de apartamento que sean amables.
5. Prefiere clases que sean más fáciles.

Vocabulario

1. PEL<u>O</u>TA
2. ESQU<u>Í</u>
3. ARC<u>O</u>
4. <u>GU</u>ANTE
5. CAL<u>M</u>A
6. JU<u>S</u>TO

7. ÁRBITR<u>O</u>
8. PI<u>S</u>TA
9. <u>CES</u>TO
10. PE<u>L</u>EA
11. N<u>I</u>VE<u>L</u>
12. C<u>O</u>RRIDA

Answer: los Juegos Olímpicos

14.3 Subjunctive in adverb clauses

Stating conditions

A. 1. d   2. a   3. e   4. b   5. c

B. 1. consigas algo.
2. no puedas pagar tus deudas ahora.
3. encuentres trabajo y empieces a ganar dinero.
4. tengas dinero para mudarte.
5. recibas tu primer cheque.

C. 1. me hayan ofrecido
2. gane
3. sea

4. me mude
5. ahorre

Vocabulario

A. 1. b   2. e   3. f   4. c   5. g   6. a   7. h   8. d

B. 1. a   2. a   3. b   4. b   5. a

Antes de empezar, dime...

Ideas de autor: 1. C   2. F   3. C   4. F   5. F

Y ahora, dime...

1. a
2. d
3. Gabriela Sabatini: tenis
    Diego Maradona: fútbol
    Fernando Valenzuela: béisbol
    Juan Manuel Fangio: automovilismo

Manual de laboratorio

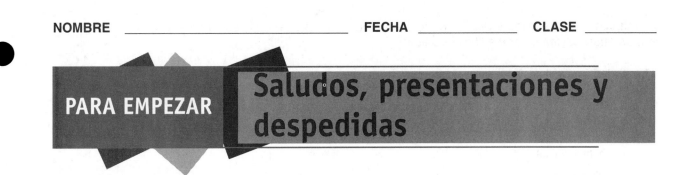

PARA EMPEZAR — Saludos, presentaciones y despedidas

Pronunciación
Vocales

The Spanish vowels are pronounced in a short, clear, and tense manner. Note the difference in length and sound of the vowels **a, e, i, o, u** in Spanish.

A. *Repeat the following sounds after the speaker. Be careful to avoid lengthening the Spanish vowels.*

1. a	e	i	o	u
2. ma	me	mi	mo	mu
3. na	ne	ni	no	nu
4. sa	se	si	so	su
5. fa	fe	fi	fo	fu

B. *Now repeat the following words after the speaker.*

1. Ana	él	ir	otro	cucú
2. llama	mente	así	como	sur
3. mañana	excelente	dividir	ojo	tú

Paso modelo
En preparación
P.1: *Tú* and *usted* and titles of address
Addressing people

A. A observar. *You have just arrived in a Spanish-speaking country. Listen to the following conversations and circle* **tú** *if the speakers are using an informal form of address or* **usted** *if they are using a formal form.*

1. tú	usted		4. tú	usted
2. tú	usted		5. tú	usted
3. tú	usted			

B. Saludos. *You are in the school cafeteria having breakfast. As various people greet you, respond appropriately using one of the choices below.*

1. a.   ¿Cómo te llamas?

    b.   Buenos días, señor.

    c.   Hola, amigo.

2. a.   Y tú, ¿qué tal?

    b.   Bastante bien. ¿Y tú?

    c.   Igualmente.

3. a.   Mucho gusto.

    b.   Elvira Padilla. ¿Y usted?

    c.   Muy bien, gracias. ¿Y usted?

4. a.   Gilberto Silva. ¿Y tú?

    b.   Mi padre, Jorge Molina.

    c.   Encantada.

5. a.   ¿Y cómo se llama usted?

    b.   Hasta pronto.

    c.   Bien, ¿y tú?

P.2: The Spanish alphabet and pronunciation

Spelling

A. Recepcionista. *You are the receptionist at a hotel and are having difficulty reading the handwriting on some registration forms. Ask the following guests to spell their last name for you. Write the missing letters in the spaces below.*

> **MODELO**   You hear: Aquí están Francisco Pacheco y familia. ¿Cómo se escribe su apellido?
> You write: P A C H E C O

1. A _____ U _____ A

2. _____ A _____ I _____ _____ A

3. P A _____ T O _____ A

4. L _____ _____ _____ A

5. V A _____ _____ E _____

B. ¿Cómo se escribe? *You have just met two people from Bolivia and you would like to keep in contact with them. As they tell you their names and spell them for you, write their names below.*

1. _____

2. _____

Escuchemos un poco más

¿Formal o informal? *Listen to the following dialogues. Circle* **formal, informal,** *or* **ambos** (both) *according to the forms of address you hear used. The dialogues will be repeated.*

1. formal   informal   ambos

2. formal   informal   ambos

3. formal   informal   ambos

4. formal   informal   ambos

5. formal   informal   ambos

Dictado

Listen as the narrator tells you the three most important characteristics of greetings and good-byes in the Spanish-speaking world, and write down exactly what you hear. The dictation will be repeated.

1. _____

2. _____

3. _____

CAPÍTULO 1 ¡Bienvenidos a la universidad!

Pronunciación

Diptongos

A diphthong is formed when the Spanish vowel **i** or **u** occurs next to another vowel in a word. Diphthongs are pronounced as one syllable. A written accent is required to separate them into two syllables.

A. *Listen to the following words and circle **D** if you hear a diphthong or **ND** if the diphthong has been split into two syllables. Each word will be repeated.*

1. D   ND   5. D   ND

2. D   ND   6. D   ND

3. D   ND   7. D   ND

4. D   ND   8. D   ND

B. *Listen to the following sentences. Circle the diphthong you hear in each sentence. Each sentence will be repeated.*

1. ia   ue   4. ai   eu

2. oi   ui   5. ei   ue

3. uo   ie

Silabeo

A. *A single consonant sound between two vowels always starts a new syllable. Listen to the following words and divide them into syllables. Each word will be repeated.*

> **MODELO**   señorita
> **se / ño / ri / ta**

1. teléfono   4. capital

2. saludos   5. cubano

3. ella   6. americana

B. *If two consonants occur between vowels, they are usually divided, one with each syllable. Listen to the following words and divide them into syllables. Each word will be repeated.*

> **MODELO** e x c e l e n t e
> **ex / ce / len / te**

1. d e s p e d i d a

2. u s t e d

3. d o c t o r

4. e n c a n t a d o

5. c a n t a n t e

6. i m p o r t a n t e

C. *If the second consonant is **r** or **l**, the consonants cannot be separated into two syllables. Listen to the following words and divide them into syllables. Each word will be repeated.*

> **MODELO** m a d r e
> **ma / dre**

1. e j e m p l o

2. e x t r a n j e r o

3. p r o f e s o r a

4. h a b l a r

5. i g l e s i a

6. r e p ú b l i c a

D. *If the vowels **a, e, o** occur together in any combination, they separate to form two syllables. Listen to the following words and divide them into syllables. Each word will be repeated.*

1. l e ó n

2. t e a t r o

3. c a n o a

4. m u s e o

5. p o e t a

6. i d e a

E. *A diphthong may be separated into two syllables by writing an accent over the **i** or **u**. Listen to the following words and divide them into syllables. Each word will be repeated.*

1. g r a c i a s

2. d í a

3. a d i ó s

4. t i n t o r e r í a

5. a v i ó n

6. s u é t e r

Paso 1

En preparación

1.1 Subject pronouns and the verb *ser:* Singular forms

Clarifying, emphasizing, contrasting, and stating origin

A. ¿Cómo es? *You will hear descriptions of six students after their first day of class. Write the name of each student next to the description that best matches the one you hear. Each description will be repeated.*

1. Él es popular y trabajador. _____

2. Él es muy atlético. _____

3. Ella es simpática. _____

4. Ella es seria y paciente. _____

5. Él es estudioso. _____

6. Ella es conservadora y elegante. _____

B. ¿A quién describen? *Listen to these descriptions and decide whether a teacher or a student is being described. Mark the appropriate box. Each description will be repeated.*

MODELO   You hear: Tú eres muy serio.
                     You mark: ☒ **Estudiante**

	Profesor	**Estudiante**
1.	☐	☐
2.	☐	☐
3.	☐	☐
4.	☐	☐
5.	☐	☐
6.	☐	☐

1.2 Gender and number: Articles and nouns
Indicating specific and nonspecific people and things

A. ¿Qué necesitamos? *What will you need to take with you on the first day of class? Listen to the speaker and then decide whether you will need some (**unos/unas**) or only one (**un/una**) of the objects mentioned. Write the correct answer next to each item and add the plural ending where necessary. The description will be repeated.*

1. _____ libro_____

2. _____ mochila_____

3. _____ bolígrafo_____

4. _____ cuaderno_____

5. _____ calculadora_____

6. _____ lápiz_____

B. ¿De quién es? *There are several items on the table. Tell what belongs to whom.*

> **MODELO** You hear: Hay un libro en la mesa. ¿De quién es?
> You write: **El** libro es de Jaime.

1. _____ cuaderno es de Gloria.

2. _____ bolígrafos son de Andrés.

3. _____ mochila es de Carlitos.

4. _____ lápiz es de Julia.

5. _____ calculadoras son de la profesora.

6. _____ papeles son de Ricardo.

1.3 Adjectives: Singular forms
Describing people, places, and things

A. En la novela. *Your Spanish literature instructor is discussing the differences between the principal characters in a novel you are about to read in class. Listen to your instructor and then mark the boxes to indicate which character has the following characteristics. Confirm your responses when your instructor repeats the discussion.*

	Teresa	Tomás	El profesor
1. conservador(a)	☐	☐	☐
2. divertido(a)	☐	☐	☐

	Teresa	Tomás	El profesor
3. romántico(a)	☐	☐	☐
4. impaciente	☐	☐	☐
5. atlético(a)	☐	☐	☐
6. tímido(a)	☐	☐	☐
7. difícil	☐	☐	☐
8. inteligente	☐	☐	☐
9. elegante	☐	☐	☐
10. simpático(a)	☐	☐	☐

B. ¿Hombre o mujer? *Carmen is describing her teachers. Listen to her descriptions and then indicate whether the teacher is a man or a woman.*

MODELO   You hear: Es sincero.
You mark: ☒   **Hombre**

	Hombre	Mujer			Hombre	Mujer
1.	☐	☐		4.	☐	☐
2.	☐	☐		5.	☐	☐
3.	☐	☐		6.	☐	☐

Escuchemos un poco más

A. El primer día de clase. *It's the first day of class. Listen to the conversation between three students, Ramona, Andrés, and Carlos. For each statement below, circle **C (cierto)** if it is true, or **F (falso)** if it is false. The conversation will be repeated.*

1.	**C**	**F**	Andrés es estudiante de la Universidad de Puerto Rico.
2.	**C**	**F**	Andrés no es estudioso.
3.	**C**	**F**	Carlos no es inteligente.
4.	**C**	**F**	Ramona es de Uruguay.
5.	**C**	**F**	Carlos es muy simpático.

B. ¿De dónde es? *Your teacher is introducing everyone in class. She asks each student to stand and give their name and say where they are from. Based on what you hear, draw a line connecting each student named with his or her home country.*

Estudiantes	Países
1. Carlos	Chile
2. Elena	Ecuador
3. Jorge	Colombia
4. Lupe	Perú
5. Yolanda	Paraguay
6. Patricio	Uruguay

Paso 2

En preparación

1.4 Infinitives

Naming activities

Responsabilidades. *What responsibilities do your classmates have? Listen to the following sentences. Then circle the word that best matches what you heard. The sentences will be repeated.*

1. Alicia:	comer	esquiar	leer
2. Elena:	ver	nadar	ir (de compras)
3. Carlos y María:	nadar	preparar	escuchar
4. Juan:	leer	ver	escribir
5. Lupe y Patricio:	hablar	comer	preparar

1.5 Subject pronouns and the verb *ser:* Plural forms

Stating origin of several people

A. ¿Ellos/ellas o nosotros/nosotras? *Who is being described? Listen to the speakers and then write the correct subject pronoun in the space provided.*

> **MODELO** You hear: Somos muy conservadoras.
> You write: **nosotras**

1. _____

2. _____

3. _____

4. _____

5. _____

6. _____

B. En la residencia. *You will hear eight statements about the picture below. Tell whether each is **cierto** (**C**) or **falso** (**F**).*

1. C   F   3. C   F   5. C   F   7. C   F

2. C   F   4. C   F   6. C   F   8. C   F

1.6 Gender and number: Adjectives

Describing people

A. ¿Quién es? *Tomás is talking about his friends, Yolanda and Paco. Listen to Tomás and indicate whether each statement refers to Yolanda, Paco, or both.*

MODELO   You hear: Es divertido.
                    You mark: ☒   **Paco**

	Yolanda	Paco	Yolanda y Paco
1.	☐	☐	☐
2.	☐	☐	☐
3.	☐	☐	☐
4.	☐	☐	☐
5.	☐	☐	☐
6.	☐	☐	☐
7.	☐	☐	☐

B. ¡Qué día! *Your roommate is just home from her first day of classes and you want to hear all about it. As you listen to her, draw a line connecting the objects and persons she mentions with the description she gives. The description will be repeated.*

1. libros de matemáticas   aburrido

2. profesora Martínez   trabajadores

3. clase de español   buenos

4. estudiantes   interesante

5. profesor Hernández   conservadora

6. libro de historia   divertida

Escuchemos un poco más

A. ¿Cómo son los estudiantes? *Your roommate is telling you what the students in each of his classes are like. As you listen to his description, circle the word that best describes the students in each class. The description will be repeated.*

1. Los estudiantes de la clase de español son...

     a.   inteligentes.   b.   perezosos.   c.   simpáticos.

2. Los estudiantes de la clase de ciencias políticas son...

   a. perezosos y aburridos.   b. muy buenos.   c. divertidos.

3. Los estudiantes de la clase de química son...

   a. perezosos.   b. inteligentes.   c. estudiosos.

4. Los estudiantes de la clase de matemáticas son...

   a. inteligentes.   b. aburridos.   c. divertidos.

5. Los estudiantes de la clase de economía son...

   a. simpáticos.   b. muy buenos.   c. aburridos.

B. ¡Son terribles! *Your roommate is not very happy with the people who live in the apartment across the hall. Listen to him describe them. Then indicate if the statements that follow are **cierto (C)** or **falso (F)**. The descriptions will be repeated.*

1.   **C**   **F**   Son muy trabajadores.

2.   **C**   **F**   Son perezosos.

3.   **C**   **F**   Son muy pacientes.

4.   **C**   **F**   Son muy divertidos.

5.   **C**   **F**   No son liberales.

C. Pasatiempos. *The teacher is talking to some students about their favorite pastimes. Listen to their conversation. Then draw a line connecting each student's name to his or her favorite pastime.*

1. Lupe   ver la tele y leer

2. Carlos   nadar y bailar

3. Anita   bailar y escuchar música

4. Pablo   comer

5. Roberto   ver la tele

6. Ana   estudiar

Paso 3

En preparación

1.7 Present tense of -ar verbs

Stating what people do

A. Compañeros de cuarto. *Fill in the missing words as you hear a description of what Ernesto and Gilberto are doing this evening. The list will be repeated.*

Ernesto (**1**) _____ la tele y (**2**) _____ la cena. Gilberto también

(**3**) _____ la tele mientras (**4**) _____ su libro de matemáticas.

Gilberto (**5**) _____ para un examen. Gilberto (**6**) _____ ir a la

biblioteca para estudiar, ¿no?

B. ¡A casa! *Norma decides to go home for the weekend. What does she say everyone does when she arrives? Respond by matching each phrase in the second column to the person in the first column who does each activity. The sentences will be repeated.*

1. yo   bailar en el patio

2. nosotros   no estudiar

3. Papá   comprar refrescos

4. Pepito y yo   mirar la tele

5. yo   preparar la cena

6. Mamá   llamar a un amigo

C. Por fin, ¡solo! *Now that you are living away from home, your parents want to know how you are doing. Answer their questions by writing in the missing words.*

1. Sí, yo _____ más dinero.

2. Sí, yo _____ en la biblioteca.

3. Sí, nosotros _____ todas las noches.

4. Sí, yo _____ mucho la tele.

5. Sí, yo _____ la cena para mis amigos.

1.8 The verb *ir*

Stating destination and what you are going to do

El último día... *Tomorrow is your best friend's last day at home before leaving for school. Listen to him tell what everyone is going to do and then draw a line to match each activity with the person(s) doing it.*

1. Gilberto

2. Tina

3. tú y Carmen

4. yo

5. nosotros

6. Carlos y Roberto

mirar la tele

estudiar en la biblioteca

escribir cartas

banco

preparar la cena

pasar el día con unos amigos

Escuchemos un poco más

A. ¿Qué van a hacer? *What are Paco, Marta, Ana, and Carlos going to do after class? Listen to their conversation. Then circle the correct answer. The conversation will be repeated.*

1. Paco...

   a.   va a la clase de historia.

   b.   va al teatro.

   c.   va a la biblioteca.

2. Marta...

   a.   va a la biblioteca.

   b.   va a la universidad.

   c.   va a ver a Ana.

3. Ana va con Marta...

   a.   al teatro.

   b.   a la clase de historia.

   c.   a la biblioteca.

4. Paco va con Carlos...

   a.   a casa de Marta.

   b.   a la universidad.

   c.   a la clase de historia.

5. Carlos va...

   a.   con Ana al teatro.

   b.   a la clase de historia.

   c.   a la biblioteca.

B. Programa de radio. *Nora, a new foreign student, is introducing herself on* **Radio Universidad.** *Listen to her and indicate whether the following statements are* **cierto (C)** *or* **falso (F).** *Nora's introduction will be rebroadcast so that you may confirm your answers.*

1.	C	F	Nora es de Chile.
2.	C	F	Nora estudia matemáticas.
3.	C	F	Los profesores de Nora son difíciles.
4.	C	F	Nora trabaja en la librería.
5.	C	F	Nora estudia en la biblioteca.

C. En mi apartamento. *A friend is describing life at his apartment. Listen to what he says, then indicate if the following statements are* **cierto (C)** *or* **falso (F).** *The description will be repeated.*

1.	C	F	Ellos miran la tele mucho.
2.	C	F	No escuchan la radio.
3	C	F	Él habla con sus padres por teléfono.
4.	C	F	Él toma café cuando estudia.
5.	C	F	Ellos preparan la cena todos los días.

Dictado

Listen as the narrator tells you what a student survey found are the three favorite activities of university students across the country. Write down exactly what you hear. The dictation will be repeated.

1. _____

2. _____

3. _____

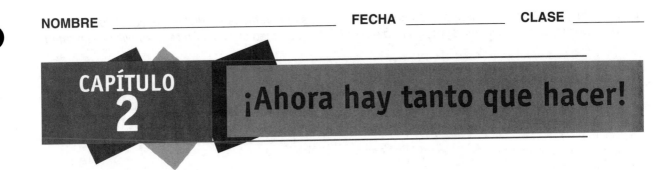

CAPÍTULO 2

¡Ahora hay tanto que hacer!

Pronunciación

Las letras *p, t*

The Spanish **p** is produced by slightly turning your lips inward and almost closing them completely. No puff of air should escape your mouth as in the English pronunciation of *p*. For example, if you hold the palm of your hand in front of your mouth, you should not feel a puff of air if you are saying the Spanish **p** correctly.

Now repeat the following words and sentences, paying close attention to the **p** sound.

Pepe   papa   pasa   copa

Paca pinta poco.

Pedro es un pintor portugués.

The Spanish **t** is produced by placing the tip of the tongue in back of the upper front teeth. As with the **p** sound, no puff of air should escape from your mouth.

Now repeat the following words and sentences, paying close attention to the **t** sound.

Tomás   pato   canta   turista

Tita toma té.

Tomás toca la trompeta.

Acentuación

A. *Words that end in a vowel (**a, e, i, o, u**) or the consonants **n** or **s** are usually stressed on the next-to-the-last syllable. Listen to the following words and divide each into syllables. Then underline the stressed syllable. Each word will be repeated.*

1. t a r d e s

2. g r a n d e

3. o r i g e n

4. p r o f e s o r a

5. c a p i t a l e s

6. p a d r e

7. n o c h e s

8. s e ñ o r i t a

B. *Words that end in a consonant other than* **n** *or* **s** *are stressed on the last syllable. As you listen to the following words, divide each into syllables and underline the stressed syllable. Each word will be repeated.*

1. b u s c a r

2. e s p a ñ o l

3. m u j e r

4. a m i s t a d

5. a c t r i z

6. i n t e l e c t u a l

7. l i b e r t a d

8. s e n t i m e n t a l

C. *Words that do not follow these two rules require a written accent to indicate where the stress is placed. As you listen to the following words, divide each into syllables and write an accent on the vowel of the stressed syllable. Each word will be repeated.*

1. c a f e

2. f r a n c e s

3. J o s e

4. a l e m a n

5. n a c i o n

6. l a p i c e s

7. P e r e z

8. s i m p a t i c o

Paso 1

En preparación

2.1 Present tense of *-er* and *-ir* verbs

Stating what people do

A. Cambio de trabajo. *As you listen to the following paragraph about Elvira's decision to change her line of work, fill in the missing words. The paragraph will be repeated.*

Elvira **(1)** _____ cambiar de trabajo. Ella ahora **(2)** _____ libros

en una librería. Elvira **(3)** _____ lejos del trabajo y hay mucho tráfico para llegar allí. En la

mañana Elvira **(4)** _____ la tienda y en la noche **(5)** _____ a

casa muy tarde. Ella **(6)** _____ un cambio. **(7)** _____ muy bien

en la computadora y por eso **(8)** _____ a trabajar en una oficina.

B. Un trabajo muy interesante. *As you listen to Elvira tell about her new job, fill in the missing words. The paragraph will be repeated.*

Ahora yo **(1)** _____ en una oficina en el centro. **(2)** _____ mucho

allí. Las otras personas y yo **(3)** _____ las responsabilidades del trabajo. Nuestra

compañía **(4)** _____ computadoras. Nosotros **(5)** _____ con compañías de

los Estados Unidos y de Hispanoamérica. Yo **(6)** _____ y **(7)** _____

mucho en español. Ahora yo **(8)** _____ cerca de mi trabajo. Con frecuencia, los otros

empleados y yo **(9)** _____ a comer en diferentes restaurantes, pero cuando es necesario nosotros

(10) _____ en la oficina. Hay mucho trabajo, pero ahora estoy más contenta.

Escuchemos un poco más

A. ¿Dónde trabajan? *Listen to the following description of different people's jobs. Indicate the place where each one works. The sentences will be repeated.*

_____	1. Mari Carmen trabaja...	a.	en un hotel.
_____	2. José trabaja...	b.	en una residencia.
_____	3. Lupe trabaja...	c.	en una oficina.
_____	4. Pedro trabaja...	d.	en un restaurante.
_____	5. Teresa trabaja...	e.	en la universidad.
_____	6. Juan Carlos trabaja...	f.	en una librería.

B. ¿Qué hacen estas personas? *What is the job of each of the following people? Indicate each one's line of work. The sentences will be repeated.*

_____	1. Antonio es...	a.	gerentes.
_____	2. Alicia es...	b.	dependiente.
_____	3. Manuel es...	c.	cocinero.
_____	4. Marta y Yolanda son...	d.	periodista.
_____	5. Gilberto y Cristina son...	e.	estudiante.
_____	6. Alfredo es...	f.	secretarias.

C. Empleos. *Lorenzo and Cristina are discussing their jobs. Listen to their conversation and then check your understanding by doing the true-false activity below. The conversation will be repeated.*

1.	C	F	Cristina trabaja en una oficina ahora.
2.	C	F	Lorenzo trabaja en una oficina también.
3.	C	F	El trabajo de Cristina es muy interesante.
4.	C	F	Lorenzo escribe todo el día en la computadora.
5.	C	F	El trabajo de Lorenzo es difícil pero interesante.
6.	C	F	El trabajo de secretaria paga bien.

Paso 2

En preparación

2.2 Numbers 0–199

Counting, solving math problems, and expressing cost

A. ¿Qué número es? *Listen to the information given about people's addresses, phone numbers, etc. In each case, indicate what the correct number is.*

1. Mi amigo Juan Delgado vive en nuestra residencia en el número _____.

    a. 92   b. 29   c. 93

2. El número de teléfono de la universidad es el _____.

    a. 253–4861   b. 263–4855   c. 273–4851

3. En la residencia hay _____ habitaciones.

    a. 175   b. 165   c. 155

4. El cumpleaños de Jorge es el _____ de octubre.

    a. 3   b. 13   c. 23

5. Este edificio es grande. Tiene _____ habitaciones.

    a. 155   b. 145   c. 135

B. ¡A la clase de matemáticas! *Listen to the math teacher's review of math problems. Indicate in each case which one you hear. Check your answers as the problems are repeated.*

1. a. $5 \times 13 = 65$ b. $5 + 10 = 15$ c. $5 \times 3 = 15$

2. a. $30 \times 6 = 180$ b. $180 \div 6 = 30$ c. $150 \div 5 = 30$

3. a. $25 + 45 + 55 = 125$ b. $25 + 60 + 30 = 115$ c. $25 + 50 + 40 = 115$

4. a. $76 - 62 = 14$ b. $66 - 52 = 14$ c. $76 - 32 = 44$

5. a. $160 \div 10 = 16$ b. $16 \times 10 = 160$ c. $6 \times 10 = 60$

2.3 Possessive adjectives

Indicating ownership

A. ¡Aquí está! *Everything your friend asks about is right here. Complete your answers to his questions with the appropriate possessive adjectives. The questions will be repeated.*

> **MODELO** AMIGO: ¿Bernardo tiene un bolígrafo?
> TÚ: Sí. Aquí está **su** bolígrafo.

1. Sí. Aquí está _____ computadora.

2. Sí. Aquí están _____ libros de química.

3. Sí. Aquí está _____ periódico en español.

4. Sí. Aquí está _____ calculadora.

5. Sí. Aquí está _____ radio.

6. Sí. Aquí están _____ discos flexibles.

B. Descripciones. *Answer your friend's questions by describing the things he asks about. Complete the responses with the appropriate possessive adjectives. The questions will be repeated.*

> **MODELO** AMIGO: ¿Daniela tiene un apartamento?
> TÚ: Sí. **Su** apartamento es muy modesto.

1. Sí. _____ amigos venezolanos son simpáticos.

2. Sí. _____ casa es muy bonita.

3. Sí. _____ tienda es muy elegante.

4. Sí. _____ examen es difícil.

5. No. _____ clase es a las dos y media.

2.4 Three irregular verbs: *Tener, salir, venir*

Expressing obligations, departures, and arrivals

A. Respuestas. *Indicate which of the three possibilities given below could answer each of the questions you will hear. The questions will be repeated.*

> **MODELO**   You hear: ¿Vienen tus amigos a la fiesta?
> You select the correct response:
> a. Sí, vengo a la fiesta.
> b. Sí, vienes a la fiesta.
> **c. Sí, vienen a la fiesta.**

1. a.   Tiene que estudiar.

    b.   Tengo que estudiar.

    c.   Tienes que estudiar.

2. a.   Salimos mañana.

    b.   Salgo mañana.

    c.   Salen mañana.

3. a.   Sí, vengo a estudiar.

    b.   Sí, venimos a estudiar.

    c.   Sí, vienen a estudiar.

4. a.   Tiene que aprender español.

    b.   Tienes que aprender español.

    c.   Tienen que aprender español.

5. a.   Sí. Sales a correr.

    b.   Sí. Salgo a correr.

    c.   Sí. Sale a correr.

6. a.   Sí. Vienes todos los días.

    b.   Sí. Vienen todos los días.

    c.   Sí. Vengo todos los días.

B. ¿Ejercicios o estudios? *Listen to the following conversation between Sarina and Francisca and complete it with the missing forms of the verbs* **tener, salir,** *and* **venir.** *The conversation will be repeated.*

SARINA: ¿A qué hora **(1)** _____ a correr hoy?

FRANCISCA: Hoy yo no **(2)** _____.

SARINA: ¿Por qué?

FRANCISCA: Porque **(3)** _____ que estudiar.

SARINA: ¿Por qué no **(4)** _____ al parque y corremos un poco primero?

FRANCISCA: Es que **(5)** _____ un examen mañana en la clase de matemáticas.

SARINA: Pero tú y yo **(6)** _____ que hacer un poco de ejercicio.

FRANCISCA: Mañana **(7)** _____ y hacemos ejercicio —¡después del examen!

Escuchemos un poco más

Problemas. *Listen to the following students talk about their problems. After each one speaks, answer the questions about what he or she says. The students will repeat their problems.*

1. Susana Vargas: ¿Cuál es el problema de Susana?

   a. No tiene apartamento y tiene que vivir con sus padres.

   b. No tiene tiempo para estudiar porque tiene que limpiar su apartamento.

   c. Su apartamento es muy caro y no tiene dinero para pagar el alquiler.

2. Miguel Antonio Hernández: ¿Qué problema tiene Miguel Antonio?

   a. Sus compañeros de cuarto son muy organizados, pero él no.

   b. Vive con dos muchachos que no son organizados como él.

   c. Vive en un apartamento y no tiene compañeros.

3. Serena Pacheco: ¿Por qué es difícil la situación de Serena?

   a. Sus compañeras de cuarto escuchan música todo el día.

   b. Sus compañeras de cuarto siempre estudian en la biblioteca.

   c. Comparte su habitación con dos chicas muy serias y no es muy divertido.

Paso 3

En preparación

2.5 Telling time

Stating at what time things occur

A. Horario. *Look at Natalia's schedule for next week. Then indicate whether the speaker's statements are true (**C, cierto**) or false (**F, falso**) based on the information in the schedule. The statements will be repeated.*

	lunes	martes	miércoles	jueves	viernes
8:00–9:00	clase de español	clase de aeróbicos	clase de español	clase de aeróbicos	clase de español
9:00–10:00	reunión en la cafetería		terminar proyecto		hablar con el prof. Díaz
10:00–11:00					
11:00–12:00	clase de química	clase de física	clase de química	clase de física	clase de química
1:00–7:00	TRABAJO	TRABAJO	TRABAJO	TRABAJO	TRABAJO
5:00	entrevistar al cocinero				
6:00					preparar banquete

1. C   F   3. C   F   5. C   F

2. C   F   4. C   F

B. ¿Dónde estamos? *Based on the schedule you used in exercise **A**, write where Natalia is at each of the times read by the speaker: **en una clase, en una oficina, en la cafetería,** or **en el trabajo.** The statements will be repeated.*

1. _____

2. _____

3. _____

4. _____

5. _____

6. _____

2.6 Days of the week, months, and seasons

Giving dates and stating when events take place

Calendario. *In Mateo's calendar important dates are circled. Listen to the information given by the speaker and complete the following sentences. (They do not appear in the order in which you will hear them.) The sentences will be repeated.*

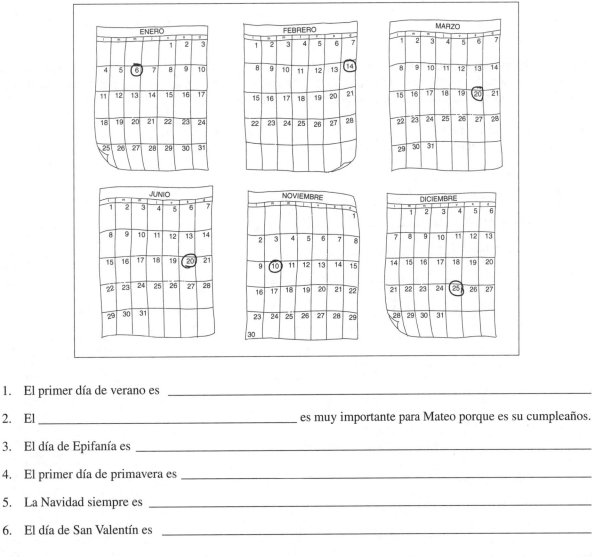

1. El primer día de verano es _____.

2. El _____ es muy importante para Mateo porque es su cumpleaños.

3. El día de Epifanía es _____.

4. El primer día de primavera es _____.

5. La Navidad siempre es _____.

6. El día de San Valentín es _____.

2.7 Verbs of motion

Telling where people are going

A. Ir a clase. *Indicate which is the logical answer to the questions you hear about going to and returning from the university. The questions will be repeated.*

1. a. Salgo en autobús.

   b. Sale para la universidad a las ocho.

   c. Salgo para la universidad muy temprano.

2. a. No, no caminas.

   b. Sí, camino en la universidad.

   c. Si, camino con mis amigos.

3. a. Nunca corro a la clase de español.

   b. Corres a la clase de español todos los días.

   c. Corro en el parque.

4. a. Regreso de la biblioteca.

   b. Voy a estudiar a la biblioteca.

   c. Regresas a la universidad.

5. a. Llegas por la mañana.

   b. Llego a casa a las cinco.

   c. Llego a casa con mis amigas.

B. ¡Tanta actividad! *Indicate what everyone in Mario's family is doing. As you listen to the speaker, complete the following sentences with the appropriate verbs of motion and the place from the list where these family members are going. The paragraph will be repeated.*

Lugares: al aeropuerto   a casa   a Los Ángeles
              a Europa   a nuestra casa   al supermercado

1. Mis hermanas_____.

2. Mi hermano Marcos _____.

3. Nuestros familiares _____.

4. Mamá_____.

5. Yo_____.

6. Mis hermanas_____.

Escuchemos un poco más

Horario de autobuses. *You call the bus depot for information about schedules and you hear the following recorded message. Listen carefully and fill in the missing information on the schedule below. Remember that P.M. times are expressed using the twenty-four-hour clock. The message will be repeated.*

Autobuses del norte

Autobús	Salidas	Destino	Días
#50	_____	Ponce	l mᵃ m j v s
#13	_____	Ponce	l mᵃ m j v s
#79	_____	Ponce	l mᵃ m j v s
#3	11:30	Ponce	_____
#81	17:30	Ponce	_____
#32	_____	Arecibo	mᵃ j
#16	_____	Arecibo	mᵃ j
#90	_____	Mayagüez	_____

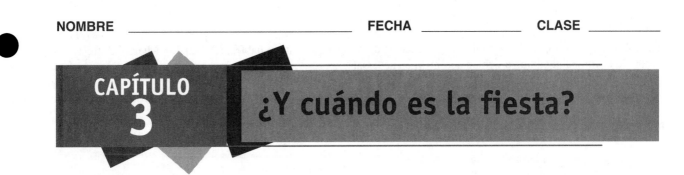

CAPÍTULO 3

¿Y cuándo es la fiesta?

Pronunciación

Las letras *b, v*

In Spanish, the **b** and **v** are pronounced exactly the same. However, depending on where they occur in a word, their pronunciation will vary. When **b** and **v** occur at the beginning of a word or after **m** or **n** they have a hard **b** sound similar to the English *b* in *bank,* for example: **botar, votar, baja, viaja, hombre.** In any other position the **b** and **v** have a softer sound, for example: **tubo, tuvo, lobo, lava, la boca, la vaca.** As you listen to the following words, circle **H** if you hear a hard **b/v** sound or **S** if a soft **b/v** sound. Each word will be repeated.

1. H   S   4. H   S

2. H   S   5. H   S

3. H   S   6. H   S

The hard **b** sound is produced by closing the lips and cutting the flow of air at the initial stage of producing the sound. Repeat the following words with a hard **b/v** sound being careful not to exaggerate the sound.

1. viaja   Vicente   Venecia   viernes

   Vicente viaja a Venecia el viernes.

2. bebe   bar   Benito   bien

   Benito bebe en el bar.

The soft **b/v** sound is produced with the lips restraining, but not stopping, the air that escapes as the sound is produced.

Now repeat the following words with a soft **b/v** sound. Remember that the lips should not completely block the flow of air and avoid using the front teeth and lower lip used in producing the English *v.*

1. lleva   Mave   llave   llavero

   Mave lleva la llave.

2. abuelo   Abel   trabaja   Cristóbal

   Mi abuelo Abel trabaja en San Cristóbal.

Repeat the following words, which have both soft and hard **b/v** sounds. Note the difference in sound.

1. Bolivia   vive   Viviana   verano   Venezuela   viaja

2. Viviana vive en Bolivia y en verano viaja a Venezuela.

Más acentos

The following exercises provide additional practice on dividing words into syllables, recognizing where the stress occurs in a word, and adding a written accent when necessary.

A. *As you listen to the following words, divide each into syllables. Each word will be repeated.*

1. s e ñ o r i t a

2. t e l é f o n o

3. a m e r i c a n o

4. M é x i c o

5. z a p a t o s

6. r e s e r v a c i ó n

B. *As you listen to the following words, underline the stressed syllable. Each word will be repeated.*

1. s a / l u / d o s

2. s i m / p á / t i / c o

3. i n / f o r / m a / c i ó n

4. r e s / t a u / r a n / t e

5. p o s / t e r / g a r

6. o / p e / r a / d o / r a

C. *Now, as you listen to the following words, divide them into syllables and add a written accent, if necessary.*

1. p a g a m o s

2. d o l a r e s

3. f r a n c e s e s

4. e s p e c t a c u l o

5. m u s i c a

6. c a l e n d a r i o

Paso 1

En preparación

3.1 The verb *estar*

Giving location and indicating change

A. Conversación. *Listen to the following conversation between Mrs. Valdivia and her two children. Fill in the missing forms of the verb **estar** as you hear them talk. The conversation will be repeated.*

Mi mamá, mi hermano Luis y yo **(1)** _____ en la cocina. Mamá está preparando la comida.

Luis, ella y yo **(2)** _____ hablando de la escuela. Aquí **(3)** _____

nuestra conversación:

MAMÁ: Hola, hija, ¿cómo **(4)** _____?

YO: **(5)** _____ muy bien. ¿Y ustedes?

MAMÁ: Nosotros **(6)** _____ bien. Tu hermano Luis **(7)** _____

un poco nervioso porque esta noche sale con María Dolores.

YO: ¡Ah! ¿Y cómo **(8)** _____ tu amiga María Dolores?

LUIS: **(9)** _____ muy bien. Ella y yo **(10)** _____

en la misma clase de historia.

MAMÁ: Ella es una chica muy trabajadora y estudiosa. Siempre **(11)** _____

en la biblioteca.

LUIS: ¡Y es muy guapa también!

YO: Tengo la impresión que **(12)** _____ muy contento con la escuela este

semestre.

LUIS: ¡Sí! Pero **(13)** _____ preocupado porque la semana próxima tenemos

muchos exámenes.

YO: Pues, necesitas estudiar con tu amiguita María Dolores.

B. Preguntas y respuestas. *You are talking to a friend on your way to class. Answer her questions, using the correct forms of* ***estar.*** *The questions will be repeated.*

1. Ellos _____ en el laboratorio.

2. Sí, María _____ en esta clase también.

3. Sí, los estudiantes _____ muy contentos.

4. Ella _____ en su oficina.

5. _____ enfermo.

3.2 Interrogative words

Asking questions

A. Información inesperada. (Unexpected information.) *You will hear information that surprises you. Using interrogative words, complete the questions below that you would ask to clarify the uncertainty.*

1. ¿No? ¿ _____ materias toma entonces?

2. ¿No? ¿ _____ trabaja entonces?

3. ¿Sí? ¿ _____ están? Muy nerviosos, me imagino.

4. ¿No? ¿ _____ vas entonces?

5. ¿No? ¿ _____ son entonces?

6. ¿No? ¿ _____ es entonces?

B. Una cita. *José Antonio has asked Teresa to a party. She has several questions. Which of the possibilities below answers each question? The questions will be repeated.*

1. a. Es a las nueve.
   b. Es el viernes.
   c. Todos los días.

2. a. Estoy en la universidad.
   b. Voy a la casa de mi amigo Lorenzo.
   c. En casa de Gabriela Santos.

3. a. Es amiga de Jorge Luis.
   b. Se llama Arturo Ponce.
   c. Soy Antonio, de la clase de química.

4. a. A todos sus amigos de la clase.
   b. Dos amigos invitan a Gabriela.
   c. ¿Por qué no invitas a dos estudiantes más?

5. a. Voy a llegar preocupado.
   b. Gabriela viene en autobús a la universidad.
   c. Vamos en auto.

Escuchemos un poco más

Cuatro situaciones distintas. *You will hear four people, each in a different situation. Listen to each one and answer the questions below. The speeches will be repeated.*

1. La persona que habla es...
   a. actriz.
   b. secretaria.
   c. cocinera.

2. La persona que habla es...

   a. profesor.

   b. abogado.

   c. mesero.

3. Esta persona está...

   a. en una fiesta donde las cosas no van muy bien.

   b. en un salón de clase de la universidad.

   c. en la oficina de uno de los periódicos de su ciudad.

4. ¿Qué está pasando?

   a. Ana María regresa de la tienda con su hijo Manolito.

   b. El padre sale de viaje y le dice adiós a su hijo.

   c. Manolito regresa de la universidad a la casa de sus padres.

Paso 2
En preparación
3.3 Present progressive tense
Describing what is happening now

A. Por eso. *Explain to the speaker why the things he asks about are not happening. Use the same verb as the speaker in your response. The questions will be repeated.*

MODELO	You hear:	Necesito hablar con Roberto.
	You write:	Lo siento. **Está hablando** con su mamá.

1. Lo siento. _____ con Daniel.

2. Lo siento. _____ en la biblioteca.

3. Lo siento. _____ una carta *(letter).*

4. Lo siento. _____ en casa ahora.

5. Lo siento. _____ un refresco.

B. En el restaurante. *Listen to the speaker's descriptions of Alberto and his friends when they go out for dinner at their favorite restaurant. Then select the sentence that best describes what each person is doing. The descriptions will be repeated.*

1. a. Está comiendo.
   b. Está bebiendo.
   c. Está escribiendo.

2. a. Está estudiando.
   b. Está lavando el auto.
   c. Está cocinando.

3. a. Está mirando la tele.
   b. Está lavando ropa.
   c. Está escuchando música.

4. a. Están comprando libros.
   b. Están comiendo en un restaurante.
   c. Están trabajando en la librería.

5. a. Ustedes están estudiando.
   b. Ustedes están tocando música.
   c. Ustedes están comprando refrescos.

3.4 Superlatives

Stating exceptional qualities

A. Comparaciones. *Listen to the comparisons made by each of the following speakers. Then indicate which of the sentences below summarizes what the speaker said. The comparisons will be repeated.*

1. a. Juan es el mayor.
   b. Juan es el mejor.
   c. Verónica es la menor.

2. a. La clase de historia es la mejor.
   b. La clase de inglés es la más aburrida.
   c. La clase más interesante es química.

3. a. Virginia es la menos sociable de todas.
   b. Manuela es la chica más sociable de las tres.
   c. Juana es la más aburrida de las chicas.

4. a. La chica que habla es la más trabajadora de todas.
   b. Luisa es la más perezosa de las tres.
   c. La chica que habla es la chica menos estudiosa.

5. a. El apartamento de Francisco es el más pequeño de todos.
   b. Alicia y María viven en el apartamento menos grande.
   c. El apartamento de Carlos es el apartamento más grande.

B. ¡De acuerdo! *You are in a very agreeable mood. Respond to your friend's comments with the absolute superlative of the same adjective your friend uses. The comments will be repeated.*

> **MODELO** You hear: Este libro es interesante, ¿verdad?
> You write: **Interesantísimo.**

1. _____.

2. _____.

3. _____.

4. _____.

5. _____.

6. _____.

Escuchemos un poco más

Conversación en la fiesta. *Listen to the following conversation. Then select the correct answer to the questions below. The conversation will be repeated.*

1. Según Estela, ¿cómo está la fiesta?

   a. Está aburrida.

   b. Está fenomenal.

   c. Está regular.

2. ¿Qué hacen en la sala?

   a. Están preparando la sangría.

   b. Están cantando unas canciones nuevas.

   c. Están bailando.

3. ¿Qué discos están escuchando?

   a. Están escuchando discos de flamenco.

   b. Están escuchando discos de rock.

   c. Están escuchando discos de salsa.

4. ¿Qué quiere hacer Estela?

   a. Quiere bailar con Nicolás.

   b. Quiere comer unas tapas.

   c. Quiere buscar un refresco.

5. ¿Dónde está la comida?

   a. Está en la sala.

   b. Está en la cocina.

   c. Está en el patio.

Paso 3

En preparación

3.5 *Ser* and *estar* with adjectives

Describing attributes and indicating changes

A. Así es. *You are having coffee with your Spanish instructor after class. Answer all his questions using the correct form of **ser** or **estar**. The questions will be repeated.*

1. Sí, _____ inteligente.

2. Sí, _____ nerviosísimos.

3. Sí, _____ aburridos.

4. Sí, _____ rico.

5. Sí, _____ enamorados.

6. Sí, _____ pequeñas.

B. Más preguntas. *Your roommate just walked in the door and immediately starts bombarding you with questions. Answer her by completing the sentences below with the correct form of **ser** or **estar**. The questions will be repeated.*

1. _____ muy contento(a).

2. _____ interesantísimas.

3. _____ difícil.

4. Porque _____ antipática.

5. _____ muy preocupada.

6. Porque _____ furioso con ella.

3.6 The verb *gustar*

Talking about something you like or dislike

A. Mamá tiene razón. *Natalia's mother is trying to guess what everyone would like to eat and drink. How does Natalia respond to her mother's suggestions?*

> **MODELO**   You hear: Ofelia va a tomar una cerveza, ¿verdad?
> You write: Tienes razón, mamá. **Le gusta** la cerveza.

1. Tienes razón, mamá. _____ la sangría.

2. Tienes razón, mamá. _____ los refrescos.

3. Tienes razón, mamá. _____ la paella.

4. Tienes razón, mamá. _____ las tapas.

5. Tienes razón, mamá. _____ la tortilla.

B. ¡No me gusta nada! *Juan and Mario are at Natalia's party. Juan is bored and doesn't like anything. Listen as Mario asks Juan questions. Then complete Juan's answers as in the model.*

> **MODELO** You hear: ¿Te gusta el flamenco?
> You write: **No, no me gusta.**

1. _____.

2. _____.

3. _____.

4. _____.

5. _____.

Escuchemos un poco más

Después de bailar... *Estela and Nicolás have just finished dancing. Listen to their conversation and then indicate if the statements that follow are **cierto (C)** or **falso (F)**. The conversation will be repeated.*

1.	**C**	**F**	Estela cree que Nicolás sabe bailar muy bien.
2.	**C**	**F**	Nicolás está cansado y no quiere bailar más.
3.	**C**	**F**	Estela quiere descansar.
4.	**C**	**F**	Nicolás no toma sangría.
5.	**C**	**F**	Carlos Mena no está en la fiesta.
6.	**C**	**F**	Carlos Villalba es el mejor amigo de Estela.

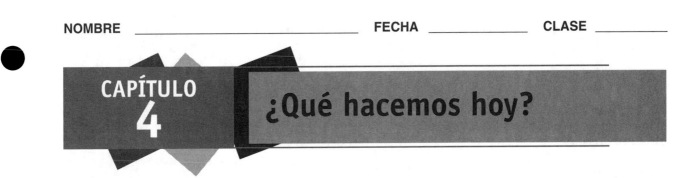

CAPÍTULO 4

¿Qué hacemos hoy?

Pronunciación

La letra *d*

The Spanish **d** has two different sounds: a hard **d** sound, which is similar to the English *d* in *Dan,* and a soft **d** sound, which is similar to the English *th* in *then.* The pronunciation of the **d** will vary depending on its position in a word or, if it is the first letter of a word, its position in a phrase or sentence. As you listen to the following words, circle **D** if the sound is similar to the English *d,* and **TH** if it is similar to the English *th* of the word *then.* Each word will be repeated.

1.	D	TH	5.	D	TH
2.	D	TH	6.	D	TH
3.	D	TH	7.	D	TH
4.	D	TH	8.	D	TH

The Spanish hard **d** sound is produced with the tip of the tongue against the back of the upper teeth. The flow of air is stopped for an instant by the tongue and then released. The hard **d** occurs after the consonants **n** and **l** and at the beginning of a phrase or sentence.

Repeat the following words and phrases after the speaker. Be sure to place the tip of the tongue against the back of the upper teeth and not against the back of the upper gum ridge as in the English *d.*

dímelo	dando	cuando	Aldo
día	manda	dólares	falda

Duerme durante el día.

El doctor debe venir el domingo.

The soft **d** sound is produced by placing the tongue between the front teeth and restricting, but not stopping, the flow of air. It occurs between vowels or after any consonant other than **n** or **l.**

As you repeat the following words, note the similarity between the Spanish soft **d** and the English *th* sound.

vida	todo	sábado	ustedes
nada	tarde	mudo	estudiar

No debes dar nada a David.

Nadie dice la verdad.

Now repeat the following sentences. Note how the pronunciation of the **d** varies, depending on where it occurs in a word or sentence.

Debes dármelo.   Adiós, doctora Díaz.

No deben dárselo a él.   ¿Adónde va Cándido?

¿Dónde está el doctor?   David, ¿adónde van?

Las letras *r, rr*

The **r** and **rr** in Spanish are produced by having the tip of the tongue tap the back of the gum ridge above the upper teeth. The **r** requires one rapid tap; the **rr** requires various taps in rapid succession.

As you listen to each word, circle **R** if you hear a single tap and **RR** if there is a succession of taps on the back of the gum ridge above the upper teeth. Each word will be repeated.

1. R	RR		5. R	RR
2. R	RR		6. R	RR
3. R	RR		7. R	RR
4. R	RR		8. R	RR

The **r** sound occurs between two vowels or after a consonant other than **l, n,** or **s.**

Repeat the following words. If you have difficulty producing this sound, it sometimes helps to think of the Spanish **r** as sounding like the English *tt* in *Betty* or *better.*

caro	por	ahora	María
tarde	coro	Alberto	dinero

The Spanish **r** is pronounced as **rr** when it occurs at the beginning of a word or after the consonants **l, n,** or **s.** Now repeat the following words. Make sure you tap the roof of the mouth several times in succession.

Roberto	socorro	ropa	alrededor
romántico	Enrique	arroz	terremoto

Now repeat the following word pairs. Note how a single tap of the tongue can change the meaning of a word completely.

coral / corral	ahorra / ahora	vara / barra
carro / caro	corro / coro	cero / cerro
pero / perro	para / parra	

Paso 1

En preparación

4.1 Demonstrative adjectives

Pointing out specific people, places, events, or things

A. Contrastes. *Mrs. Gómez is walking with her two children in town. She meets Mrs. Aranda who asks her a lot of questions. Complete Mrs. Gómez's answers with the forms of the demonstrative adjectives that you hear her use. The conversation will be repeated.*

1. _____ niño tiene sueño. _____ niño tiene hambre.

2. _____ libro es interesante. _____ libro es aburrido.

3. _____ faldas son muy largas. _____ faldas son muy cortas.

4. _____ suéteres son una ganga. _____ suéteres son muy caros.

5. _____ señora es la profesora de inglés. _____ señora es administradora.

B. Lo mío y lo tuyo. (Mine and yours.) *Complete the responses to your friend's statements and questions by adding the correct form of* **este** *or* **ese,** *according to the model. Your friend's statements will be repeated.*

> **MODELO**   You hear: Ah, tienes un libro de química.
> You write: Sí, **este** libro es muy bueno.
>
> You hear: Tengo las fotos de mi viaje a México.
> You write: ¡Qué bueno! Quiero ver **esas** fotos.

1. Tengo ganas de probar *(taste)* _____ vino.

2. Sí, _____ novela es muy interesante.

3. _____ universidad es famosa.

4. Sí. Trabajo en _____ oficina.

5. _____ cartas son muy largas.

4.2 Present tense of *e* > *ie* and *o* > *ue* stem-changing verbs
Describing activities

A. Salir a comer. *Carlos is trying to find a time to take Silvina out to dinner. As you listen, complete his explanation of why it is so difficult. The passage will be repeated.*

(1) _____ salir a almorzar con mi amiga Silvina, pero ella no (2) _____

salir hoy. (3) _____ terminar su tarea hoy, y por eso (4) _____ en su

habitación. (5) _____ salir mañana, pero mañana yo (6) _____ muy tarde

del laboratorio y no (7) _____ almorzar juntos. (8) _____ que el

fin de semana es mejor. (9) _____ salir cuando no tenemos que pensar en nuestro trabajo.

Silvina también.

B. Problemas de estudiantes. *Learn why Carlos and Rafael aren't happy this semester at the university by answering the questions you will hear. The questions will be repeated.*

> **MODELO** You hear: ¿Por qué no pasan Carlos y Rafael más tiempo en la biblioteca?
> You write: No **pueden.** Tienen que trabajar.

1. (entender) No _____ qué deben hacer.

2. (encontrar) No _____ apartamento.

3. (costar) La comida _____ mucho allí.

4. (preferir) _____ dormir.

5. (cerrar) _____ los libros.

Escuchemos un poco más

¿Quién? *Listen to the following conversation, which takes place in the **Museo de Arte Moderno** in Chapultepec Park in Mexico City, between Paco, Rosa, and a museum guard. Then indicate which of the characters talked about each of the following topics. The conversation will be repeated.*

	Paco	Rosa	Guardia
1. Dice que el museo es maravilloso.	☐	☐	☐
2. Tiene interés en David Alfaro Siqueiros.	☐	☐	☐
3. Dice que hay arte de Diego Rivera en el otro salón.	☐	☐	☐
4. Tiene ganas de ver los cuadros de Frida Kahlo.	☐	☐	☐

	Paco	Rosa	Guardia
5. Le pregunta al guardia dónde está el salón que tiene los cuadros de Frida Kahlo.	☐	☐	☐
6. Dice que el museo tiene una buena colección de Frida Kahlo.	☐	☐	☐
7. Pregunta dónde están los servicios.	☐	☐	☐
8. Dice dónde están los servicios.	☐	☐	☐

Paso 2

En preparación

4.3 Numbers above 200

Counting and writing checks

A. De compras. *You're shopping in a department store in Mexico City. Can you understand the prices that the clerks quote for you? Circle the price of each of the items. The salespeople's statements will be repeated.*

1. Suéter:
   a. $599,00   b. $959,00   c. $9.509,00

2. Zapatos:
   a. $519,92   b. $510.009,92   c. $590,92

3. Pijama:
   a. $273,54   b. $263.54,00   c. $263,54

4. Traje:
   a. $300.102,00   b. $3.202,00   c. $3.112,00

5. Falda:
   a. $499,99   b. $499.990,00   c. $490.990,00

B. Población. *Can you use your knowledge of numbers to take notes in a geography class? You will hear the population of several cities in Latin America. Circle the correct figure below. The information will be repeated.*

1. Maracaibo, Venezuela:
   a. 2.600.000   b. 1.106.000   c. 1.206.000

2. Ciudad de Panamá

   a. 411.000   b. 4.411.000   c. 400.011

3. Cali, Colombia

   a. 1.637.000   b. 1.037.000   c. 6.137.000

4. Callao, Perú

   a. 5.074.000   b. 754.000   c. 574.000

5. Córdoba, Argentina

   a. 696.000   b. 969.000   c. 690.900

4.4 Comparisons of equality

Stating equivalence

A. Igual. *Summarize your friend's remarks by completing the sentences below. Your friend's remarks will be repeated.*

    MODELO   You hear: Juana trabaja todos los días. Arturo trabaja todos los días.
                       You write: Juana trabaja **tanto como** Arturo.

1. Los Pérez tienen _____ los García.

2. Sabrina es _____ Gloria.

3. Jorge bebe _____ Tomás.

4. Esta falda es _____ esa falda.

5. Pablo compra _____ Ernesto.

B. Comparación de países. *A Mexican is telling a new acquaintance from a South American country about Mexico. The other person responds by saying his country is just like Mexico in all respects. Complete his responses with the appropriate comparison of equality.*

    MODELO   You hear: México es muy grande.
                       You write: Mi país es **tan grande como** México.

1. Las ciudades de mi país *(country)* son _____ las ciudades de México.

2. Mi país tiene _____ México.

3. La capital de mi país es _____ la Ciudad de México.

4. La gente de mi país lee _____ los mexicanos.

5. En mi país hay _____ en México.

Escuchemos un poco más

De compras. *Listen to the following dialogue between a salesman and a tourist at a department store in Mexico City. Then circle the correct answer to the questions below. The dialogue will be repeated.*

1. ¿Qué desea comprar la turista?

   a. Unos zapatos.

   b. Una falda.

   c. Una blusa.

   d. Un vestido.

2. ¿Cuánto cuesta la blusa amarilla?

   a. $244,90

   b. $144,90

   c. $240,99

   d. $140,99

3. ¿Por qué no compra la turista la blusa blanca?

   a. Quiere una azul.

   b. No busca una blusa.

   c. Prefiere una blusa negra.

   d. Es muy pequeña.

4. ¿Por qué quiere la turista una blusa de otro color?

   a. El color negro es su favorito.

   b. No le gusta el color blanco.

   c. No le gusta el verde.

   d. El azul es su color favorito.

5. ¿Cuánto cuesta la blusa que compra la turista?

   a. $244,90

   b. $144,90

   c. $240,99

   d. $140,99

Paso 3
En preparación

4.5 Idioms with *tener*

Expressing feelings, obligations, and age

A. ¿Qué tiene? *Listen to each of the situations your friend describes. Match each one with the appropriate **tener** idiom by writing the numbers 1–6 in the blanks provided.*

_____ Tiene miedo.

_____ Tiene suerte hoy.

_____ Tiene frío.

_____ Tiene hambre.

_____ Tiene prisa.

_____ Tiene razón.

B. Sí o no. *You are visiting the home of a friend for the first time. Your friend's mother is very concerned about your comfort. Using the appropriate **tener** idiom, complete your answers to her questions. The questions will be repeated.*

1. Sí, gracias. _____ .

2. No, _____ . Gracias.

3. Sí, gracias. _____ .

4. No, _____ .

5. Sí, _____ .

6. Sí, _____ allí.

4.6 Preterite of *ir, ser, poder,* and *tener*

Narrating in past time

A. Xochimilco. *Listen to Javier talk about the tour he and his wife took. Then indicate if the statements that follow are **cierto (C)** or **falso (F)**. His story will be repeated.*

1.	C	F	Ayer nuestra excursión no fue muy interesante.
2.	C	F	Fuimos a Xochimilco.
3.	C	F	Tuvimos la oportunidad de ir en una lancha.
4.	C	F	Mi esposa pudo comprar muchas flores.
5.	C	F	Los mariachis no estuvieron muy buenos.

B. ¡Qué suerte! *As you listen to the questions Paulina asks her friend Cuautehmoc about his evening last night, complete his answers by filling in the blank with the correct preterite form of the appropriate verb. The questions will be repeated.*

1. (poder)   Sí, _____ comprar dos boletos en el primer balcón anoche.

2. (tener)   No, sólo _____ que pagar cincuenta pesos por cada boleto.

3. (ir)   Rosita _____ conmigo.

4. (ser)   ¡_____ fenomenales!

5. (ir)   Después del ballet _____ a tomar un café en la Zona Rosa.

Escuchemos un poco más

¡Otro museo! *Listen as two friends visiting Mexico City try to decide how to spend the day. Indicate if the statements below are **cierto (C)** or **falso (F)**. The dialogue will be repeated.*

1.	**C**	**F**	La amiga quiere ir al Museo Nacional de Antropología.
2.	**C**	**F**	En el museo pueden aprender mucho de los aztecas y los mayas.
3.	**C**	**F**	El chico dice que no pasan mucho tiempo en los museos.
4.	**C**	**F**	La chica cree que deben ir de compras por la mañana.
5.	**C**	**F**	Deciden pasar todo el día en el museo.

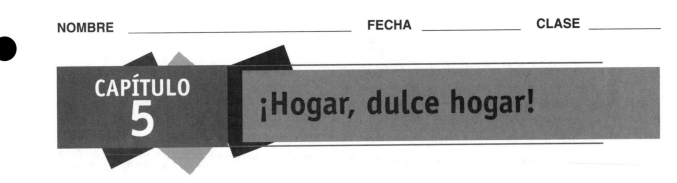

CAPÍTULO 5

¡Hogar, dulce hogar!

Pronunciación

Las letras *j, g*

The Spanish **j** is pronounced like the English *h* in *horse*. Like the English *h*, the Spanish **j** is produced in the back part of the mouth.

Now repeat the following.

José	lejos	jueves	garaje
jamás	mejor	debajo	Japón

El joven más bajo es Juan.

El rojo es mejor para el jueves.

The Spanish **g** has two basic sounds. It is pronounced exactly like the Spanish **j** when it precedes an **e** or an **i.** When it precedes an **a, o,** or **u** it is pronounced like the English *g* in *gate*.

As you listen to the following words, circle **J** if you hear **ge** or **gi.** If you hear **ga, go,** or **gu** circle **G.** Each word will be repeated.

1. J	G		5. J	G
2. J	G		6. J	G
3. J	G		7. J	G
4. J	G		8. J	G

Now repeat the following.

gente	gitano	general	Génova
gimnasio	gigante	género	Ginebra

No hay gente gitana en Génova.

Generalmente, hay mucha gente en el gimnasio.

The Spanish **g** before **a, o,** or **u** is produced in the back of the mouth by momentarily stopping the flow of air. When **g** occurs between vowels, the air is only restrained, not completely stopped.

Now repeat the following.

gorro   agua   gusta   gato

gastar   contigo   domingo   tango

Al gato no le gusta el agua.

El gorro que tengo no me gusta para el domingo.

In the Spanish syllables spelled **gue** and **gui,** the **u** is silent. The **g** is pronounced like Spanish **g** before **a, o,** and **u.**

Guevara   guerra   guitarra   sigue

águila   alguien   portugués   pague

Paso 1
En preparación
5.1 Adverbs of time
Expressing time and frequency

A. ¡Mucho trabajo! *Listen to the following narration about Carlos and Roberto, two brothers. Then circle the phrase that best completes each statement below. The narration will be repeated.*

1. Carlos y Roberto trabajan...

   a. de noche.   b. tarde.   c. todos los días.

2. Carlos sale al trabajo...

   a. temprano.   b. tarde.   c. de noche.

3. Roberto trabaja...

   a. de noche.   b. de día.   c. todo el día.

4. Carlos y Roberto asisten a clases...

   a. por la tarde.   b. de día.   c. todo el día.

5. Los chicos estudian...

   a. de noche.   b. de día.   c. temprano.

B. En otras palabras. *Listen to how Bernardo and his friends have worked out their schedules this semester. Then circle the choices below that best summarize what you hear. The statements will be repeated.*

1. a. Bernardo trabaja todos los días.   2. a. Elena trabaja tanto como Bernardo.

   b. Bernardo estudia todo el tiempo.   b. Elena tiene clases todo el día.

   c. Bernardo trabaja y estudia.   c. Elena siempre está trabajando.

3. a. Jorge practica el piano cinco días a la semana.

    b. Jorge practica el piano todos los días.

    c. Jorge nunca practica el piano ahora.

4. a. Mariana llega temprano a la clase de física.

    b. Mariana siempre llega a las nueve en punto a la clase de física.

    c. Mariana siempre llega tarde a la clase de física.

5.2 Prepositions

Describing the position of things

A. Boda. *Using the illustration below, select the correct answer to each question you hear. Each question will be repeated.*

1. a. Está delante de los novios.

    b. Está detrás de los novios.

    c. Está lejos de los novios.

2. a. Están entre los novios.

    b. Están al lado de los novios.

    c. Están detrás de los novios.

3. a. Está enfrente de la novia.

    b. Está a la derecha de la novia.

    c. Está lejos de la novia.

4. a. Están delante de los novios.

    b. Están cerca de los novios.

    c. Están lejos de los novios.

5. a. Está al lado del novio.

    b. Está a la derecha del novio.

    c. Está detrás del novio.

B. Descripción de un cuarto. *Using the illustration below, tell if each sentence you hear is a true or false description of the room. The description will be repeated.*

1. **C**   **F**   3. **C**   **F**   5. **C**   **F**

2. **C**   **F**   4. **C**   **F**

Escuchemos un poco más

Necesito apartamento. *Roberto is starting college and is apartment hunting. Listen to his conversation with an apartment owner and then circle the letter of the appropriate response to the questions below. The conversation will be repeated.*

1. ¿Cómo sabe Roberto que hay un apartamento para alquilar?

     a. El dueño lo llama por teléfono.

     b. Hay un anuncio en el periódico.

     c. Hay un anuncio en la universidad.

2. ¿Cuántas recámaras tiene el apartamento?

     a. Tres.

     b. Cuatro.

     c. Una.

3. ¿Está cerca el apartamento de la universidad?

    a. Sí. Está enfrente.

    b. No. Hay que tomar el autobús para llegar.

    c. Sí, pero está lejos del supermercado.

4. ¿Cuándo va Roberto a ver el apartamento?

    a. Mañana. El dueño sale hoy.

    b. En el otoño.

    c. Esta tarde.

Paso 2
En preparación
5.3 *Ser* and *estar:* A second look
Describing people and things and telling time

A. El nuevo apartamento. *Carolina is asking Consuelo questions about her new apartment. Complete Consuelo's answers below with the correct form of **ser** or **estar**. The questions will be repeated.*

1. Doscientos ochenta pesos al mes. El apartamento no _____ caro.

2. Tiene tres. _____ pequeño.

3. No. No _____ muy cerca, pero hay una parada de autobús a una cuadra de allí.

4. Los dueños _____ muy simpáticos.

5. No. El apartamento no _____ amueblado.

6. Yo _____ muy cómoda allí.

B. Otro apartamento. *Miguel has not been as lucky as Consuelo. As you listen to him talk about his apartment, complete the following paragraph with the correct forms of **ser** or **estar**. The paragraph will be repeated.*

¡Mi nuevo apartamento **(1)** _____ un desastre! La sala tiene una sola ventana y por eso la

habitación **(2)** _____ oscura. Los muebles **(3)** _____ muy viejos. Y no hay

supermercados en el barrio. Sólo hay tiendas pequeñas, pero siempre **(4)** _____ cerradas. Y el

apartamento **(5)** _____ bastante lejos de la universidad. Yo no **(6)** _____ muy contento.

Creo que necesito buscar otro apartamento para el semestre que viene.

Escuchemos un poco más

Una visita sorpresa. *Listen to the following dialogue to find out what happens when Ricardo Marín's parents drop by his university apartment for a surprise visit. Then select the best answer to each of the questions you will hear. The dialogue will be repeated.*

1. a. Porque tienen ganas de ver a su hijo.
   b. Porque es el cumpleaños de Ricardo.
   c. Porque Ricardo tiene ganas de comer la comida de casa.

2. a. Opina que es muy grande y muy bonito.
   b. Opina que está muy limpio y ordenado.
   c. Opina que está muy desordenado.

3. a. Está así por los exámenes.
   b. Está en esas condiciones porque Ricardo limpia su cuarto todos los días.
   c. Está así porque Ricardo, como su mamá, nunca limpia su cuarto.

4. a. Venir con más frecuencia.
   b. Traer comida cuando vienen a hacer una visita de sorpresa.
   c. No venir sin llamar primero.

Paso 3
En preparación
5.4 Comparisons of inequality
Comparing and contrasting

A. Mi hermano. *Listen to the following description of two brothers. After the description you will hear four questions. Complete the answers to the questions by filling in the missing information. The description and questions will be repeated.*

1. Es más _____ que su hermano mayor.

2. El hermano _____ estudia más.

3. El hermano _____ es más inteligente.

4. El hermano _____ es más sociable.

B. Comparaciones. *Listen to the following comparisons that María Teresa is making about herself and her friends at school this semester. Then supply the missing words for the sentences below that summarize what she says. The comparisons will be repeated.*

1. El apartamento de María Teresa es _____ grande que el apartamento de su amiga Victoria.

2. La clase de inglés es _____ difícil que la clase de español.

3. El apartamento de Carlos es _____ barato que el apartamento de Miguel Ángel.

4. Daniela es _____ organizada que Raquel.

5.5 *Por* and *para:* A first look

Expressing direction and means

A. Respuestas breves. *Indicate which of the choices below would be the correct short answer to each of the questions you will hear. The questions will be repeated.*

1. a. Para aprender la lengua.　　　　b. Por aprender la lengua.

2. a. Para el parque.　　　　　　　　b. Por el parque.

3. a. Para el tren.　　　　　　　　　b. Por tren.

4. a. Sí, para profesor, sabe poco.　　b. Sí, por ser profesor sabe poco.

B. Mis abuelos. *Listen to Eduardo's description of his grandparents' new apartment and complete it below by filling in the missing words. The description will be repeated.*

Mis abuelos tienen ahora un apartamento en nuestra ciudad. Está un poco lejos de nuestra casa. **(1)** _____

ir a su nuevo apartamento, tomo el autobús o voy **(2)** _____ coche. Paso **(3)** _____ el

centro de la ciudad y llego en media hora. Su apartamento es pequeño, pero muy cómodo. Ellos y yo hablamos

(4) _____ teléfono dos o tres veces **(5)** _____ semana. **(6)** _____

ellos es mejor vivir cerca de su familia, y **(7)** _____ nosotros es maravilloso tenerlos aquí.

Escuchemos un poco más

Yo te ayudo. *Mrs. Saldívar is visiting her son, Luis, for the first time at the university. Listen to their conversation and then select the correct answer to the questions below. The conversation will be repeated.*

1. ¿Qué cambio *(change)* ve la señora Saldívar en su hijo?

   a. Piensa que su hijo está más flaco.

   b. Piensa que su hijo está más alto.

   c. Piensa que su hijo está más gordo.

   d. No ve ningún cambio en su hijo.

2. ¿Por qué dice Luis que su madre tiene razón?

    a. Porque la comida de la cafetería es excelente.

    b. Porque come mucho cuando está nervioso.

    c. Porque no tiene tiempo para comer cuando tiene exámenes.

    d. Porque sólo come una vez al día.

3. ¿Por qué piensa la señora Saldívar que el cuarto de Luis es un desastre?

    a. Porque los muebles son feos.

    b. Porque el apartamento es oscuro.

    c. Porque el cuarto es muy pequeño.

    d. Porque hay ropa por todas partes.

4. ¿Cuándo piensa Luis limpiar el apartamento?

    a. Después de los exámenes.

    b. Después de la visita de su madre.

    c. Antes de la próxima visita de su madre.

    d. No piensa limpiar el apartamento nunca.

5. ¿Está de acuerdo con Luis la señora Saldívar?

    a. Sí, ella está de acuerdo con Luis.

    b. No, ella quiere limpiar el apartamento ahora.

    c. Sí, por eso decide no hablar de la condición del apartamento.

    d. Sí, ella quiere que Luis y sus amigos limpien el apartamento.

CAPÍTULO 6

Un comunicado especial

Pronunciación
Las letras *x, h, ch*

Before a consonant, the letter **x** is pronounced like an **s.** Listen to the following words and repeat each after the speaker.

| explicar | extraño | expresar | extra |
| externo | texto | mixto | sexto |

In many proper names, the **x** is pronounced like the Spanish **j.** Listen to the following words and repeat them after the speaker.

| México | Texas | Xavier | Oaxaca |

In all other instances the letter **x** is usually pronounced like the *ks* sound in the English word *exit*. Listen to the following words and repeat them after the speaker.

| examen | exagerar | exacto | sexo |
| oxígeno | existe | éxito | exótico |

The letter **h** has no sound in Spanish. It is never pronounced. Listen to the following words and repeat them after the speaker.

| hotel | hospital | ahí |
| ahora | hombre | |

The combination of the letters **ch** is pronounced like the *ch* in the English word *church*. Listen to the following words and repeat them after the speaker.

| chile | mucho | champú | muchacho |
| chocolate | rancho | chino | ancho |

Paso 1

En preparación

6.1 Preterite of regular verbs

Providing and requesting information about past events

A. ¿Un robo? *Listen to Gustavo Osorio's wife's story about the almost-robbery in their building. Then indicate whether the sentences below are **cierto (C)** or **falso (F)**. The story will be repeated.*

1.	C	F	Anoche entró un hombre al edificio de los Osorio.
2.	C	F	Los Osorio oyeron un ruido en el apartamento de abajo.
3.	C	F	Cuando miraron por la ventana, no vieron a nadie en el patio.
4.	C	F	Llegó la policía y arrestó a los Osorio.
5.	C	F	Ricardo no encontró su llave cuando volvió. Por eso abrió la ventana para entrar a su apartamento.

B. El partido de fútbol. *Osvaldo couldn't go to the soccer game, so he has a lot of questions for his friend, Cristóbal, who did go. Select Cristóbal's answers from the choices below. The questions will be repeated.*

1. a. Sí, pasó la tarde en el estadio.

    b. Sí, pasé la tarde en el estadio.

    c. Sí, pasamos la tarde en el estadio.

2. a. Carla no fue.

    b. Roberto y Francisco fueron con Carla.

    c. Fui con Roberto y Francisco.

3. a. Sí, en el último minuto marcamos un gol y vencimos uno a cero.

    b. Sí, en el último minuto marcaste un gol y venciste uno a cero.

    c. Sí, en el último minuto marcamos un gol y perdimos uno a cero.

4. a. Jugué muy bien, me parece.

    b. Jugó muy bien, me parece.

    c. Jugaron muy bien, me parece.

5. a. No, porque perdí el partido de la semana pasada.

    b. No, porque perdió el partido de la semana pasada.

    c. No, porque perdiste el partido de la semana pasada.

Escuchemos un poco más

Noticiero Capital. *Escucha este noticiero de Radio Capital de la Ciudad de Guatemala. Luego indica si las oraciones que siguen son **ciertas (C)** o **falsas (F).** Si son falsas, corrígelas. El noticiero se repetirá.*

C   F   1. Noticiero Capital es el último noticiero del día.

_____

C   F   2. Anunciaron que todavía no saben quién mató al dueño de la tienda India Moderna.

_____

C   F   3. El gobernador anunció que ya saben qué causó el accidente del vuelo 113 de Aerolíneas Maya.

_____

C   F   4. Anunció también que ya descubrieron la cajita negra del vuelo 113 de Aerolíneas Maya.

_____

C   F   5. El equipo de Chichicastenango era *(was)* el favorito para ganar el campeonato de fútbol desde el principio.

_____

Paso 2
En preparación
6.2 Preterite of verbs with spelling changes
Describing in past time

A. El examen. *Isabel asks Liliana about her history test. Complete Liliana's answers below, using the preterite of the verb indicated. The questions will be repeated.*

1. (llegar)   Sí, _____ a las dos menos cuarto.

2. (llegar)   No, _____ tarde como siempre.

3. (comenzar) _____ a las dos en punto.

4. (comenzar) Sí, _____ inmediatamente.

5. (sacar) Estoy segura que _____ una «A».

B. Un domingo muy agradable. *Complete José's description of the nice day he had last Sunday. The description will be repeated.*

Ayer fue domingo y pasé un día muy agradable. Primero, mi hermano y yo **(1)** _____ el

periódico. Después yo salí y **(2)** _____ al tenis con mi novia Carmen Alicia. Carmen Alicia y

yo decidimos ir a cenar. Yo volví a casa y **(3)** _____ a hacer la tarea. A las siete salí a

buscar a Carmen Alicia. **(4)** _____ a su casa a las siete y media. Fuimos a cenar a un

restaurante argentino excelente. Cuando **(5)** _____ pagar, Carmen Alicia insistió: «Esta

vez invito yo».

Escuchemos un poco más

Noticiero. *Escucha este noticiero especial sobre un robo que ocurrió en la calle Arbenz en la Ciudad de Guatemala. Luego selecciona la frase que mejor complete cada oración. El noticiero se repetirá.*

1. Julio Carpio y Elva Serrano son...

   a. víctimas.

   b. locutores.

   c. ladrones.

2. El robo ocurrió en...

   a. Quetzaltenango.

   b. la estación de Radio Quiché.

   c. la calle Arbenz.

3. Las víctimas perdieron...

   a. todo su dinero.

   b. su auto.

   c. su vida.

4. Las víctimas dicen que el ladrón es...

   a. grande y fuerte.

   b. violento.

   c. cortés.

Paso 3

En preparación

6.3 Preterite of *estar, decir,* and *hacer*

Narrating about the past

A. ¿Quién fue? *Can you identify this person? Listen to the following description. Then circle* **estar, decir,** *or* **hacer** *below depending on which verb is used in each sentence that you hear. Then write the name of the mystery person. The sentences will be repeated.*

1. estar   decir   hacer   4. estar   decir   hacer

2. estar   decir   hacer   5. estar   decir   hacer

3. estar   decir   hacer   Nombre: _____

B. ¡Qué sorpresa! *Mamá has come home after a hard day at work and finds the house in perfect shape. She wants to know who did all the things that had to be done. Below, complete her son Pablo's answers. The questions will be repeated.*

1. (ir) _____ papá y Betina.

2. (decir) Tú nos _____ el número, mamá.

3. (hacer) La _____ mi hermana Margarita.

4. (hacer) Lo _____ yo, mamá.

5. (estar) Sí, mamá. _____ trabajando en la casa todo el día.

6.4 The pronoun *se:* Special use

Making announcements

A. En la residencia. *Catalina is telling some new students about her dormitory. Select the sentence in each pair below that summarizes what she says. The statements will be repeated.*

1. a. Se vive bien en la residencia.

   b. Se vive mal en la residencia.

2. a. Se come bien en la residencia.

   b. Se come mal en la residencia.

3. a. Se prohibe fumar en la residencia.

   b. No se prohibe fumar en la residencia.

4. a. Se permite tomar bebidas alcohólicas en la residencia.

b. No se permite tomar bebidas alcohólicas en la residencia.

5. a. Se puede estudiar porque no hay ruido *(noise)*.

b. No se puede estudiar por el ruido.

B. Lo siento mucho. *Manuel is new in town. He needs a lot of things done, but walks into the wrong store each time. Listen to his questions, and complete the storekeepers' answers below using the impersonal* **se.** *The questions will be repeated.*

> **MODELO**   You hear: Necesito comprar una lámpara.
> You see and write: (vender) Lo siento, señor. Aquí **no se venden** lámparas.

1. (alquilar)   Lo siento, señor. Aquí _____ habitaciones.

2. (reparar)   Lo siento, señor. Aquí _____ bicicletas.

3. (buscar)   Lo siento, señor. Aquí _____ mesero.

4. (preparar)   Lo siento, señor. Aquí _____ hamburguesas.

5. (comprar)   Lo siento, señor. Aquí _____ libros.

Escuchemos un poco más

¿Qué hacemos? *Norma y Edmundo, dos jóvenes guatemaltecos, no pueden decidir qué hacer esta noche y ya es un poco tarde. Escucha su conversación y luego indica si las oraciones que siguen son* **ciertas (C)** *o* **falsas (F).** *Si son falsas, corrígelas. La conversación se repetirá.*

C   F   1. La exhibición del *Popol Vuh* es en la biblioteca de la universidad.

_____

C   F   2. Norma y Edmundo no van a la exhibición porque no empieza hasta mañana.

_____

C   F   3. Cancelaron la conferencia de Rigoberta Menchú porque la recipiente del Premio Nóbel de la Paz se enfermó *(became ill)*.

_____

C   F   4. Los Quetzales probablemente van a ganar el campeonato de baloncesto este año.

_____

C   F   5. Al final, Norma y Edmundo decidieron no salir y mirar la televisión en casa.

_____

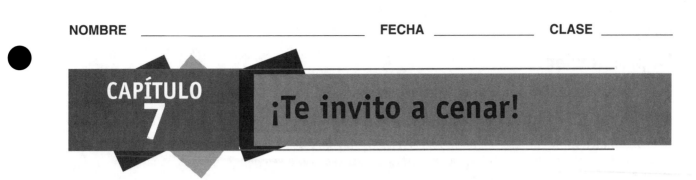

CAPÍTULO 7

¡Te invito a cenar!

Pronunciación

Las letras *s, z, c, q*

The letter **s** in Spanish is pronounced like the English *s* in *soft*. Listen to the following words and repeat them after the speaker.

casa	mesa	presente	señor
seis	José	pasado	cansado

In parts of Spain and all of Spanish America, the letter **z** is identical in pronunciation to the letter **s.** It is never voiced like the English *z*.

Listen to the following words and repeat them after the speaker.

mozo	zapato	raza	zona
azul	azafata	marzo	lazo

When the letter **c** comes before the vowels **e** or **i,** it too is pronounced like the letter **s.**

Listen to the following words and repeat them after the speaker.

cinco	quince	nación	cine
veces	cerveza	doce	trece

When the letter **c** appears before the vowels **a, o,** or **u,** it is pronounced similar to the English *c* in *cup*. Unlike the English *c*, the Spanish **c** is never followed by a puff of air.

Listen to the following words and repeat them after the speaker.

casa	como	cosa	cuando
cuarto	buscar	color	capítulo

With a few exceptions, the letter **q** in Spanish only occurs before the vowels **ue** and **ui.** It is pronounced like the English *k*. The **u** is silent in these combinations.

Listen to the following words and repeat them after the speaker.

que	quiero	quince	queso
quemar	quizás	química	quedarse

Paso 1

En preparación

7.1 Direct-object nouns and pronouns

Agreeing and disagreeing, accepting and refusing

A. Problemas sentimentales. *José Antonio is having problems with his girlfriend María, and asks his Colombian friend Ricardo for advice. Indicate what advice Ricardo gives him. The questions will be repeated.*

1. a. Claro, hombre. Tienes que llamarla.

    b. Claro, hombre. Tienes que llamarme.

    c. Claro, hombre. Tienes que llamarlo.

    d. Claro, hombre. Tienes que llamarlas.

2. a. Sí, hombre. Es necesario invitarlos.

    b. Sí, hombre. Es necesario invitarnos.

    c. Sí, hombre. Es necesario invitarla.

    d. Sí, hombre. Es necesario invitarlo.

3. a. La puedes comprar después de hablar con ella.

    b. Las puedes comprar después de hablar con ella.

    c. Lo puedes comprar después de hablar con ella.

    d. Los puedes comprar después de hablar con ella.

4. a. No, hombre. No es necesario invitarlos.

    b. No, hombre. No es necesario invitarnos.

    c. No, hombre. No es necesario invitarlas.

    d. No, hombre. No es necesario invitarla.

5. a. ¿Estás loco? Yo no voy a acompañarla.

    b. ¿Estás loco? Yo no voy a acompañarlas.

    c. ¿Estás loco? Yo no voy a acompañarlo.

    d. ¿Estás loco? Yo no voy a acompañarlos.

B. Siempre conforme. *(Always agreeable.) Manolo's new roommate Francisco is Colombian and very agreeable. He's willing to go along with anything Manolo suggests. Complete Francisco's answers to the questions you will hear with the appropriate object pronouns. The questions will be repeated.*

1. Sí, cómo no. ¿Por qué no _____ miramos?

2. Cómo no. Ahora _____ traigo.

3. Fabuloso. Si tú _____ preparas, yo _____ como.

4. Sí, _____ llevo con mucho gusto.

5. Claro. Te ayudo a buscar_____.

7.2 Irregular *-go* verbs

Telling what people do, say, or hear

A. Flores. *Carlos and Graciela have a beautiful garden. As you listen to Graciela describe how they care for their flowers, circle the subject of each verb you hear. The statements will be repeated.*

1. yo   ellas   él   nosotros

2. yo   ellas   él   nosotros

3. yo   ellas   él   nosotros

4. yo   ellas   él   nosotros

5. yo   ellas   él   nosotros

B. ¡Viene el novio! *Julieta's boyfriend, Esteban, is coming to meet her parents for the first time. Listen as she describes the frenzied preparations. Then, in the spaces below, indicate who is doing what to get ready for this special dinner. The description will be repeated.*

Esteban   Mamá   Roberto   Papá   Julieta

1. Viene a la casa de Julieta a cenar.   _____

2. Pone la mesa.   _____

3. Hace la comida.   _____

4. Compra vino.   _____

5. Busca flores en el jardín.   _____

6. Trae flores.   _____

Escuchemos un poco más

¿Quieres salir conmigo? *Escucha la conversación por teléfono de Manolo y Herlinda, y entonces selecciona la respuesta correcta a las preguntas que siguen. Presta atención a la entonación de las preguntas y declaraciones. Se repetirá la conversación.*

1. ¿Por qué llama Manolo a Herlinda?

   a. Porque es el cumpleaños de Herlinda.

   b. Para impresionarla.

   c. Para invitarla a cenar.

   d. Porque siempre la llama a esta hora.

2. ¿Adónde va a llevar Manolo a Herlinda?

   a. A comprar flores para su cumpleaños.

   b. A comprar chocolates para su madre.

   c. A una fiesta a las siete.

   d. A comer.

3. ¿A qué hora salen Manolo y Herlinda?

   a. Hoy a las siete.

   b. Mañana a las siete.

   c. El sábado a las siete.

   d. No van a salir.

4. ¿Qué pone Herlinda al lado de la cama de su madre el día de su cumpleaños?

   a. Dinero.

   b. Chocolates.

   c. Flores.

   d. Boletos para el teatro.

5. ¿Qué le va a llevar Manolo a la madre de Herlinda?

   a. Flores o chocolates.

   b. La cena.

   c. Una invitación.

   d. Nada.

Paso 2
En preparación
7.3 Present tense of *e > i* stem-changing verbs
Stating what people do

A. ¡Celebración! *Listen to this description of how a group of students from the **Universidad Nacional de Colombia** decided to celebrate a special occasion. Then circle the letter of the phrase that correctly completes each sentence. The narration will be repeated.*

1. El grupo quiere celebrar porque...

    a. hay un concierto.

    b. es el cumpleaños de una de las chicas.

    c. hay una discoteca nueva.

    d. no hay más clases.

2. Las chicas consiguen información de un concierto pero...

    a. no hay boletos.

    b. los boletos cuestan mucho.

    c. los chicos tienen boletos para un baile.

    d. no hay concierto esta noche.

3. Los chicos dicen que prefieren...

    a. ir a bailar.

    b. ir a comer.

    c. ir al concierto.

    d. Todas estas respuestas.

4. Todos deciden ir a un restaurante que sirve...

    a. comida mexicana.

    b. bebidas alcohólicas.

    c. comida italiana.

    d. hamburguesas.

B. A dieta. *Listen to Solita and Amalia's conversation about Solita's diet and fill in the missing words below. The conversation will be repeated.*

AMALIA: ¿Cómo va tu dieta?

SOLITA: Te **(1)** _____ que es difícil, muy difícil. **(2)** _____ una

dieta muy difícil.

AMALIA: ¿Qué comes? Me imagino que no comes postres.

SOLITA: No, no como postres. En casa me **(3)** _____ vegetales y fruta.

AMALIA: ¿Y si sales a comer?

SOLITA: En los restaurantes **(4)** _____ ensalada.

AMALIA: ¿Y no tienes hambre?

SOLITA: Sí, tengo hambre, **(5)** _____.

AMALIA: ¿Estás más delgada?

SOLITA: Oh, sí.

AMALIA: A ver si me **(6)** _____ una copia de tu dieta. Yo también necesito bajar de

               peso *(lose weight)*.

Escuchemos un poco más

¿Quieres salir? *Hoy es sábado, y Eduardo, un estudiante de Colombia, está haciendo planes para salir con Margarita. Escucha su conversación, y luego indica si las oraciones que siguen son **ciertas (C)** o **falsas (F)**. Si son falsas, escribe la información correcta. Se repetirá la conversación.*

   C   **F**   1.   Ésta es la primera vez que Eduardo sale con Margarita.

_____

   C   **F**   2.   Eduardo y Margarita deciden ir a un partido de fútbol.

_____

   C   **F**   3.   Eduardo dice que va a pasar a buscar a Margarita a las siete.

_____

   C   **F**   4.   Eduardo y Margarita son novios.

_____

Paso 3

En preparación

7.4 Review of direct-object nouns and pronouns

Referring to people and things indirectly

A. Están equivocados. *Lidia's friends are all involved in tumultuous relationships. Listen as Lidia tells about each case, and indicate which statement below correctly summarizes each situation. The statements will be repeated.*

1. a. Marcela ama a Manolo.

   b. Manolo detesta a Marcela.

   c. Marcela odia a Manolo.

2. a. Susana admira a Eduardo.

   b. Eduardo detesta a Susana.

   c. Eduardo no respeta a Susana.

3. a. Javier no tiene interés en Lidia.

   b. Javier llama constantemente a Lidia.

   c. Javier está enamorado de Lidia.

4. a. Antonio odia a Dolores.

   b. Dolores ya no está enamorada de Antonio.

   c. Dolores y Antonio van a empezar a salir.

5. a. Catalina está enamorada de Armando.

   b. Para Catalina, Armando es un amigo y nada más.

   c. Catalina adora a Armando y él la adora también.

B. Amar es sufrir. *Ever since Irene moved into an apartment with her girlfriend from Medellín, Hernán's relationship with her has been in trouble, and he doesn't seem to understand what's happening. Explain things to him by completing the sentences below with the correct object pronoun. The statements will be repeated.*

1. Francamente, Hernán, me parece que _____ llamas demasiado.

2. No, Hernán. Irene no _____ detesta.

3. Hernán, no _____ tienes que comprar y no tienes que llevar _____ a su casa.

4. No, Hernán. Me parece que Irene no _____ quiere oír. No está interesada.

5. Lo siento, Hernán, pero tengo la impresión que Irene ya no _____ quiere. Tienes que olvidar

   _____ *(forget her)*.

7.5 The verbs *saber* and *conocer*

Stating what you know and who or what you are acquainted with

A. ¡Qué tonto! *Salvador's new roommate doesn't seem to know too much. As you listen to Salvador's questions, complete his roommate's answers below, using the correct form of **saber** or **conocer**. The questions will be repeated.*

1. Lo siento, pero no lo _____ todavía.

2. No sé. No la _____.

3. No _____. No tengo la lista.

4. No la _____.

5. No _____. No recuerdo dónde es.

B. ¡Qué suerte! *Regina tells her friend Carmen that she doesn't understand why things seem to go perfectly for Adela. Carmen explains why. Listen to Regina's statements. Then complete Carmen's responses with the correct form of **saber** or **conocer**. The statements will be repeated.*

1. Su padre _____ al rector de la universidad.

2. Es que Adela _____ hablar muy bien el francés.

3. Bueno, Adela _____ tocar el clarinete.

4. Hace mucho tiempo que él la _____. Los dos son de Bogotá.

5. Porque ella _____ usar la computadora.

Escuchemos un poco más

Radio Universal. *Escucha el programa de radio **Mensajes de Cupido**. Entonces pon un círculo alrededor de la letra de la respuesta a las preguntas que siguen. Se repetirá el programa.*

1. ¿Qué pide la señorita de la primera carta?

   a. Quiere conocer a un hombre joven y guapo.

   b. Quiere conocer a un hombre, y no le importa si es pobre.

   c. Quiere encontrar un trabajo bueno.

   d. Quiere encontrar un hombre que tenga un trabajo bueno.

2. ¿Quién escribe la primera carta?

    a.   Una señorita que se llama Alicia Campo.

    b.   Una señorita de Alicante.

    c.   Un señor que no es ni guapo ni joven.

    d.   El locutor no sabe de quién es.

3. ¿De quién es la segunda carta?

    a.   Es de una chica inteligente.

    b.   Es de un muchacho rubio, alto, de ojos azules.

    c.   Es de un muchacho guapo y trabajador.

    d.   No dice de quién es.

4. ¿Qué dice la gente de «Impaciente»?

    a.   Dice que es muy impaciente.

    b.   Dice que es muy bien parecido y que trabaja mucho.

    c.   Dice que necesita encontrar el gran amor de su vida.

    d.   Dice que es alto, rubio y que tiene los ojos azules.

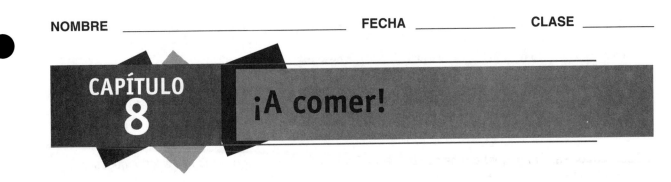

CAPÍTULO 8
¡A comer!

Pronunciación

Las letras *m, n, ñ*

The letters **m** and **n** are generally pronounced as in English. Repeat the following words after the speaker.

mujer	nada	más
mes	nunca	nueve

The exception to the preceding rule occurs when the letter **n** precedes the letters **b, v, p,** or **m.** In these cases, it is usually pronounced like the letter **m.** Repeat the following words after the speaker.

invitación	con prisa	un baile
convenir	con María	un vecino
convidar	un pueblo	un mapa

The Spanish **ñ** is pronounced somewhat like the English *ni* in the word *reunion*. Repeat the following words and sentences after the speaker.

otoño	compañero	señora
mañana	pañuelo	pequeño

El dueño es pequeño.

La niña va a la viña.

Paso 1

En preparación

8.1 Indirect-object nouns and pronouns

Stating to whom and for whom people do things

A. ¿A quién? *Circle the phrase that corresponds to the indirect-object pronoun you hear in each question. The questions will be repeated.*

> **MODELO** You hear: ¿Qué puedo servirles?
> You circle: **a ustedes**

1. a mí   a ti   a usted   a nosotros   a ustedes

2.	a mí	a ti	a usted	a nosotros	a ustedes
3.	a mí	a ti	a usted	a nosotros	a ustedes
4.	a mí	a ti	a usted	a nosotros	a ustedes
5.	a mí	a ti	a usted	a nosotros	a ustedes

B. Coco Loco. *Paco and Flora are having dinner at Coco Loco in Santiago. Paco has a lot of questions. Complete Flora's answers by adding the correct indirect-object pronoun.*

> **MODELO** You hear: ¿Qué me recomiendas?
> You write: **Te** recomiendo el pescado.

1. Van a traer _____ el menú pronto.

2. Sí, _____ puedo pedir un vaso de agua.

3. _____ recomiendo un refresco o un vino blanco.

4. _____ van a servir la ensalada.

5. _____ paso la sal en un momentito.

8.2 Review of *gustar*

Talking about likes and dislikes

A. ¡Correcto! *At the bargain priced Casa de Cena restaurant in Santiago, María asks Ernesto about what each person is going to order. She's right in each case. Complete Ernesto's answers with the correct form of **gustar** preceded by the indirect-object pronoun.*

> **MODELO** You hear: Tu primo va a pedir verduras, ¿verdad?
> You write: Correcto. **Le gustan** mucho las verduras.

1. Correcto. _____ la comida china.

2. Correcto. _____ los mariscos.

3. Correcto. _____ la fruta.

4. Correcto. _____ las hamburguesas.

5. Correcto. _____ la carne de res.

B. ¡No come carne! *Elvira and Francisco are in Valparaíso having dinner at Anastasia. Elvira's answers to Francisco's questions show that she dislikes meat and prefers fish and seafood. Listen to Francisco's questions. Then complete Elvira's answers as in the model.*

> **MODELO**   You hear: ¿Te gusta el pollo?
> You write: No. **No me gusta** el pollo.

1. _____ los camarones.

2. _____ la langosta.

3. _____ el bistec.

4. _____ los mariscos.

5. _____ la carne de puerco.

Escuchemos un poco más

En el Canto del Agua. *Los señores Suárez y sus hijos Petra y Rafael están en el restaurante chileno Canto del Agua. Escucha su conversación con el camarero y luego indica la respuesta correcta a las preguntas que siguen. Recuerda, para ayudarte a entender presta atención al enlace* (linking) *de las palabras. La conversación se repetirá.*

1. ¿Qué pide la señora Suárez?

   a. bistec

   b. pavo

   c. pescado

   d. hamburguesa

2. ¿Qué pide la niña?

   a. bistec

   b. pavo

   c. pescado

   d. hamburguesa

3. ¿Qué quiere comer el niño?

   a. bistec

   b. pavo

   c. pescado

   d. hamburguesa

4. ¿Qué le va a traer a Rafael el camarero?

   a. bistec

   b. pavo

   c. pescado

   d. hamburguesa

5. ¿Qué le recomienda al señor Suárez el camarero?

   a. bistec y pavo

   b. camarones y bistec

   c. pescado y pavo

   d. pescado y camarones

Paso 2

En preparación

8.3 Double object pronouns

Referring indirectly to people and things

A. Demasiados invitados. *It's her daughter's birthday party and Mrs. Galván has invited not only her daughter's friends but their parents as well. It's not easy keeping up with all their requests. Indicate below what Mrs. Galván would say to each of the guests. Their requests will be repeated.*

1. a. Te lo traigo en seguida.

   b. Me lo traes en seguida.

   c. Se la traigo en seguida.

2. a. Te lo paso. Aquí lo tienes.

   b. Nos la pasa. Aquí la tiene.

   c. Te la paso. Aquí la tienes.

3. a. Ahora me lo preparas.

   b. Ahora te lo preparo.

   c. Ahora te la preparamos.

4. a. Sí, en la cocina. Te lo traigo.

   b. Sí, en la cocina. Se los traigo.

   c. Sí, en la cocina. Me los traen.

5. a. Nos lo sirven ahora.

   b. Me lo sirven ahora.

   c. Se lo sirvo ahora.

B. ¿Quién compró estas cosas? *Javier is showing Isabel all the different gifts the members of his family received from their Chilean relatives. Isabel wants to know who gave the gifts to the people Javier mentions. Complete her questions below, using the correct double object pronouns.*

> **MODELO**   You hear: Mira el reloj tan lindo que tiene mi hermano Roberto.
> You write: ¿Quién **se lo** regaló?

1. ¿Quién _____ regaló?

2. ¿Quién _____ regaló?

3. ¿Quién _____ regaló?

4. ¿Quién _____ regaló?

5. ¿Quién _____ regaló?

6. ¿Quién _____ regaló?

Escuchemos un poco más

Canto del Agua. *Los novios Claudio y Elena están cenando esta tarde en el restaurante Canto del Agua. Escucha su conversación con el mesero y luego indica si estas oraciones son* **ciertas (C)** *o* **falsas (F)***. Presta atención al enlace de palabras para ayudarte a entender mejor. La conversación se repetirá.*

1.	C	F	Claudio quiere una sopa de mariscos.
2.	C	F	Claudio también pide carne asada, papas y una ensalada.
3.	C	F	Elena le pide al mesero una ensalada y nada más.
4.	C	F	El mesero le sugiere un postre exquisito.
5.	C	F	Sólo desean tomar dos copas de vino.

Paso 3
En preparación

8.4 Review of *ser* and *estar*

Describing, identifying, expressing origin, giving location, and indicating change

A. ¡Todo está mal! *A friend invites you to his favorite restaurant in Viña del Mar, but you are not pleased with the food or service. Explain to your friend what you don't like by completing the responses below.*

> **MODELO** You hear: ¿Te gusta la sopa?.
> You write: No, porque **está** fría.

1. No, porque _____ antipático.

2. No, porque _____ muy pequeño.

3. No, porque _____ frío.

4. No, porque _____ muy cerca de la cocina.

5. No, porque _____ dulce *(sweet)*.

6. No, porque no _____ limpios.

B. Un restaurante nuevo. *Listen to the following narration. Then indicate whether the statements below are **cierto (C)** or **falso (F).** The narration will be repeated.*

1.	C	F	Ellos están muy tristes hoy.
2.	C	F	Van a abrir un nuevo restaurante italiano.
3.	C	F	El restaurante va a estar listo a tiempo.
4.	C	F	Ellos están muy cansados.
5.	C	F	Mañana es un día muy especial.

8.5 The verb *dar*

Telling what people give

A. Regalos de Navidad. *Raimundo is discussing Christmas gifts with his brother Alfredo. Complete Alfredo's answers to Raimundo's questions with the appropriate form of **dar.** The questions will be repeated.*

1. Siempre le _____ flores.

2. Siempre les _____ boletos para un partido de fútbol.

3. No sé. Los abuelos siempre nos _____ dinero.

4. Siempre me _____ una corbata.

5. ¿Por qué no le _____ un libro?

B. El 26 de diciembre. *It is the day after Christmas and Raimundo is discussing gifts family members gave with his brother Alfredo. Complete Alfredo's answers to Raimundo's questions with the correct form of the preterite of **dar.** The questions will be repeated.*

1. _____ _____ una camisa.

2. _____ _____ una semana de vacaciones en Viña del Mar.

3. _____ _____ un juego para la computadora.

4. _____ _____ boletos para un concierto de Enrique Iglesias.

5. ¿No lo abriste? _____ _____ dos discos compactos.

Escuchemos un poco más

Otra vez en el Canto del Agua. *Los Suárez están por terminar la cena. Escucha su conversación y luego indica si las oraciones que siguen son* **ciertas (C)** *o* **falsas (F)**. *La conversación se repetirá.*

1.	C	F	A Rafael le gustan las hamburguesas, pero prefiere el pavo.
2.	C	F	La niña cree que el pavo está para chuparse los dedos.
3.	C	F	El señor Suárez cree que el pavo siempre es bueno en el Canto del Agua.
4.	C	F	Cuando el señor Suárez pide la cuenta, el camarero les recomienda un postre.
5.	C	F	Los Suárez están satisfechos, pero deciden pedir un postre.

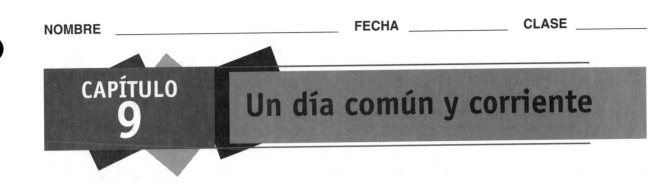

CAPÍTULO 9

Un día común y corriente

Pronunciación

Las letras *ll, y*

The **ll** and **y** in Spanish are usually pronounced exactly the same. They are somewhat similar to the English *y* in the word *year*. Repeat the following words and sentences after the speaker.

llamo	millón	llegamos	pollo
playa	ayuda	mayonesa	ayer

Yo llevo la llave.

Si llueve, no vamos a la playa.

When the letter **y** occurs by itself or at the end of a word, it is pronounced like the Spanish **i.** Repeat the following words and sentences after the speaker.

doy	hay	voy	rey	hoy y mañana

Hoy hay muy poca ayuda.

El yate del rey llega en mayo.

Paso 1

En preparación

9.1 Weather expressions

Talking about the weather

A. El informe del tiempo. *As you listen to the following weather forecasts, select the phrase below that best represents what the weather will be like in each situation. The weather reports will be repeated.*

1. a. Llueve.

    b. Hace viento.

    c. Hace calor.

2. a. Está despejado.

    b. Hay neblina.

    c. Hace calor.

3. a. Hace calor.
    b. Llueve.
    c. Hace viento.

4. a. Hace frío.
    b. Hace calor.
    c. Llueve.

5. a. Hace mucho viento.
    b. Está nevando.
    c. Está despejado.

B. ¿Conoces tu país? *Indicate whether the following descriptions of weather in the U.S. are **cierto (C)** or **falso (F)**. The descriptions will be repeated.*

1. C   F
2. C   F
3. C   F
4. C   F
5. C   F

9.2 *Mucho* and *poco*

Expressing indefinite quantity

Consecuencias del clima. *Listen to these geographical descriptions. Then indicate which phrase most likely applies. The descriptions will be repeated.*

1. a. mucha vegetación   b. poca vegetación

2. a. mucho viento   b. poco viento

3. a. mucho frío   b. poco frío

4. a. mucha lluvia   b. poca lluvia

5. a. mucha vegetación   b. poca vegetación

Escuchemos un poco más

¡Qué buen pronóstico! *Escucha el pronóstico del tiempo para el primero de noviembre en Boca Ratón en el estado de la Florida. Luego pon un círculo alrededor de los elementos mencionados en el pronóstico para hoy y para el resto de la semana. El pronóstico se repetirá.*

HOY	
cielo con nubes	cielo sin nubes
35 a 37° F	35 a 37° C
poco viento	mucho viento
lluvia	no va a llover

EL RESTO DE LA SEMANA	
cielo con nubes	cielo sin nubes
35 a 37° F	35 a 37° C
poco viento	mucho viento
lluvia	no va a llover

Paso 2

En preparación

9.3 Reflexive verbs

Talking about what people do for themselves

A. ¡Cómo cambia el tiempo! *Here are some suggestions about how to be comfortable in summer and winter. Indicate whether each piece of advice is valid for summer or for winter. The suggestions will be repeated.*

1. verano   invierno   4. verano   invierno

2. verano   invierno   5. verano   invierno

3. verano   invierno   6. verano   invierno

B. Conversaciones en la universidad. *A group of friends is chatting around the lunch table. Indicate the appropriate response below to each person's question or comment. The sentences will be repeated.*

1. a. Me acosté temprano.

    b. Me desperté tarde.

    c. Me senté a tu lado.

2. a. Sí, por eso me quité el suéter.

    b. Sí, voy a ponerme el abrigo.

    c. Sí. ¿Me puedes prestar tu paraguas?

3. a. No me puedo quedar más. Tengo que ir a la biblioteca.

    b. Es que no tengo nada que hacer. Por eso me siento con ustedes.

    c. Hoy por la mañana me afeité rápidamente y me corté dos veces.

4. a. Te estás divirtiendo mucho, ¿verdad?

    b. Yo también tengo que levantarme temprano.

    c. Debes volver en seguida a tu habitación y acostarte.

5. a. Sí, me voy a sentar a ver televisión.

    b. Sí, me voy a poner un pantalón corto y una camiseta.

    c. Sí, me voy a vestir con traje y corbata.

Escuchemos un poco más

Desesperada. *Radio Borinquen de Nueva York tiene un programa especial para las amas de casa (housewives) por la mañana. Las mujeres escriben cartas contando sus problemas y piden consejos de otras personas. Escucha esta carta y luego indica si **Desesperada (D)** o su **esposo (E)** hace las siguientes actividades. El programa se repetirá.*

_____	1.	Se despierta primero.	_____	6. Lleva a los niños a la escuela.
_____	2.	Se baña en cinco minutos.	_____	7. Compra la comida.
_____	3.	Se viste rápidamente.	_____	8. Prepara la cena.
_____	4.	Prepara el desayuno.	_____	9. Acuesta a los niños.
_____	5.	Despierta a los niños.	_____	10. Limpia la casa.

Paso 3

En preparación

9.4 *Por* and *para:* A second look

Explaining how, when, why, and for whom things are done

¡A acampar! *The Zúñiga family is planning a camping trip. Listen to the children's questions and answer them by completing the sentences below with **por** or **para** as appropriate. The questions will be repeated.*

1. Pienso que vamos a salir _____ la mañana.

2. No. Prefiero ir _____ carro.

3. Mamá va a preparar la comida _____ todos.

4. Sí. Necesitamos dinero _____ comprar gasolina.

5. Vamos a pasar _____ San Sebastián.

6. Nos quedamos allí _____ unos tres días.

7. Sí. Necesitamos un mapa _____ no perdernos.

8. _____ mí, está bien.

9.5 Affirmative *tú* commands

Giving orders and directions

A. Problemas y soluciones. *Alberto is having trouble getting ready for his history test. Give him the obvious advice he needs by completing the sentences below with the appropriate affirmative* **tú** *command. The statements will be repeated.*

1. _____ el capítulo tres, entonces.

2. _____ los ejercicios, entonces.

3. _____ bien en clase, entonces.

4. _____ bien la lección, entonces.

5. _____ a la biblioteca, entonces.

B. Del pensamiento al acto. *Mrs. Lozada is looking around the house to see what has to be done. Listen to her observations. Then complete her statements below with the appropriate affirmative* **tú** *command. Her observations will be repeated.*

> **MODELO**   You hear: Pronto van a llegar los invitados. Isabel debe poner la mesa.
> You write: Isabel, **pon** la mesa, por favor.

1. Juan Pedro, _____ tu cama, por favor.

2. María Cristina, _____ a la tienda por leche, por favor.

3. Luisito, _____, por favor.

4. Mi amor, _____ temprano, por favor.

5. Catalina, _____ en seguida. Ya van a llegar los invitados.

Escuchemos un poco más

¿Cómo llego? *Ángel le está diciendo a Mario cómo llegar de su casa al cine. Mientras escuchas, dibuja una línea* (draw a line) *en el mapa siguiente, indicando la ruta que Mario sigue. La conversación se repetirá.*

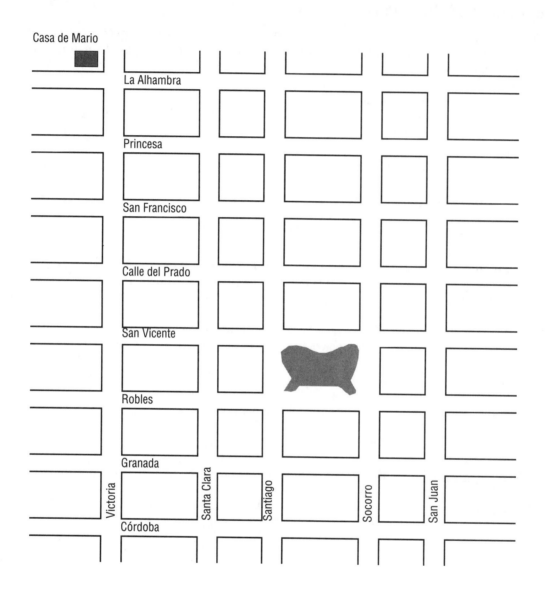

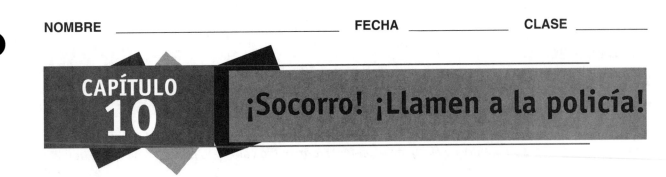

CAPÍTULO
10

¡Socorro! ¡Llamen a la policía!

Paso 1

En preparación

10.1 Adverbs derived from adjectives

Expressing how an event happened

¡Por suerte! *Listen to the following story about a party. For each number, circle the adverb that could be added to each sentence. The story will be repeated.*

1. personalmente	totalmente	románticamente
2. increíblemente	fácilmente	directamente
3. honestamente	constantemente	cariñosamente
4. totalmente	personalmente	únicamente
5. afortunadamente	regularmente	constantemente

Escuchemos un poco más

Un accidente automovilístico. *Guillermo fue testigo de un accidente de dos coches, y ahora está preparando un informe para la policía. Escucha mientras lee su informe e indica con un adverbio cómo Guillermo hizo las cosas que menciona.*

> **MODELO** You hear: Corrí con rapidez a los coches para ayudar a las víctimas.
> You write: **rapidamente**

1. _____ vi que el chófer tenía sangre en la cara.

2. Lo ayudé _____ a salir del coche.

3. Le pregunté _____ si necesitaba una ambulancia.

4. Me dijo _____ que su herida no fue grave.

5. Les expliqué, _____ a la policía la situación.

6. Les dije _____ a los paramédicos lo que pasó.

Paso 2

En preparación

10.2 Irregular verbs in the preterite

Describing what already occurred

A. ¡Una mala aventura! *Oscar is telling what happened yesterday when he invited his friends for a drive in his new car. Complete his story by filling in the preterite form of the verbs you hear. The story will be repeated.*

Mis amigos y yo **(1)** _____ en mi carro el domingo por la tarde. Desafortunadamente, yo no

(2) _____ suficiente gasolina en el carro. Cuando llegamos al lago, el carro no **(3)** _____

seguir. Mi amigo Jorge **(4)** _____ cinco kilómetros para comprar gasolina. Él **(5)** _____

tres litros de gasolina. Por suerte, nosotros **(6)** _____ salir de allí antes del anochecer *(it got dark)*.

B. ¡Fue terrible! *Yesterday Consuelo witnessed a car accident on the highway. Listen to her story and then indicate whether the sentences below are **cierto (C)** or **falso (F)**. The story will be repeated.*

1.	C	F	Consuelo fue víctima de un accidente en la carretera.
2.	C	F	En el accidente chocaron cuatro coches.
3.	C	F	Tuvieron que llamar a varias ambulancias porque hubo heridos.
4.	C	F	Consuelo les hizo muchas preguntas a los bomberos.
5.	C	F	Hay que manejar cuidadosamente para evitar accidentes.

10.3 Negative and indefinite expressions

Denying information and referring to nonspecific people and things

A. Somos unos angelitos. *Before the landlord agrees to let you have a party in your apartment, he asks you a few questions. Listen to them, and complete the responses below with the appropriate negative word. The questions will be repeated.*

      MODELO   You hear: ¿Siempre dan fiestas los fines de semana?
                       You write: **Nunca** damos fiestas los fines de semana.

1. _____ hacemos mucho ruido en las fiestas.

2. _____ bebe mucho.

3. _____ de nuestros amigos es violento.

4. No, señor. No rompimos _____ _____.

5. No, _____ usa drogas.

B. Preparaciones para la fiesta. *Ricardo has offered to help Susana organize her party. When she asks him how he can help, Susana finds out that he hasn't had much experience giving parties. You will hear Ricardo's answers to Susana's questions. Complete her questions, using the appropriate indefinite expressions. The answers will be repeated.*

> **MODELO**   You hear: No, no compré nada para comer.
> You write: ¿Compraste **algo** para comer?

1. ¿Organizaste una fiesta _____?

2. ¿_____ te puede ayudar?

3. ¿Conoces a _____ músico?

4. ¿Tienes vino o _____ cerveza?

5. ¿Tienes _____ refrescos también?

Escuchemos un poco más

Un incendio en casa del vecino. *Graciela le cuenta a su amiga Lorena sobre el incendio que hubo anoche en la casa de los Aranda. Escucha la conversación y luego escribe el nombre de quién dijo o hizo lo siguiente. La conversación se repetirá. Escoge las respuestas de la lista siguiente. Algunas respuestas se usan más de una vez.*

don Francisco   Pedro Aranda   Lorena
los señores Aranda   la hija de los Aranda Graciela
los bomberos

1. Durmió poco anoche.

_____

2. Llamó a los bomberos.

_____

3. Vinieron en seguida.

_____

4. Estuvo inconsciente.

   _____

5. Sufrió lesiones en el brazo y en la pierna.

   _____

6. Durmió en el cuarto de la hija de Graciela.

   _____

7. No pudieron ir al hospital en la ambulancia.

   _____

8. Dijo: «Gracias a Dios que no murió nadie».

   _____

Paso 3
En preparación
10.4 Preterite of stem-changing *-ir* verbs
Talking about past events

A. ¡Ladrón! *There was an attempted robbery last night at the dorm. Listen to Marisol as she describes what happened. Then indicate if the statements below are* **cierto (C)** *or* **falso (F)**. *The story will be repeated.*

1.	C	F	Hubo una fiesta en la habitación de Marisol anoche.
2.	C	F	Marisol se acostó a la una de la mañana.
3.	C	F	Ella vive sola en la residencia.
4.	C	F	Cuando oyó al ladrón Marisol gritó.
5.	C	F	El ladrón se escapó con su libro de español.

B. Robin Hood. *You and your four-year-old brother are watching an old Robin Hood movie on TV. During the movie, he keeps asking you questions. Listen to each of his questions, which will be followed by a cue verb in the infinitive. Then, complete the answers to his questions, using the preterite form of the cue verb you hear. The questions and cues will be repeated.*

1. El bandido _____.

2. Lo _____ en el palacio.

3. Lo _____ los malos.

4. Todos _____ del rey *(king)*.

5. Robin Hood _____ de religioso.

C. Programa de televisión. *Daniela is telling her friend Elena about the episode of the TV series she saw last night. Listen to her account of what happened and then indicate which member of the couple did each of the things listed below. The narration will be repeated.*

	el esposo	la esposa
1. Mintió.	☐	☐
2. Trajo flores.	☐	☐
3. Esperó en casa.	☐	☐
4. Salió con otra persona.	☐	☐
5. Llamó a la oficina.	☐	☐
6. Prefirió no seguir preguntando.	☐	☐

10.5 *Hacer* in time expressions

Describing what has been happening

A. Un hijo perfecto. *Ramiro's mother is complaining about her son to her sister. Why? Listen and she will tell you. Then fill in the missing information below. The statement will be repeated.*

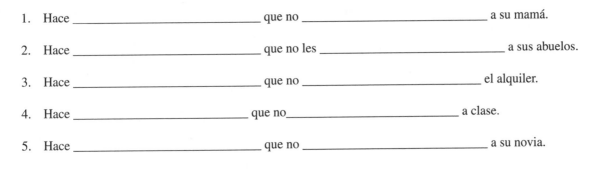

1. Hace _____ que no _____ a su mamá.

2. Hace _____ que no les _____ a sus abuelos.

3. Hace _____ que no _____ el alquiler.

4. Hace _____ que no_____ a clase.

5. Hace _____ que no _____ a su novia.

B. Un amor que no resultó. *Carla is going to tell you about a love affair gone sour. As you listen to her, circle the correct answer to the questions below. Her story will be repeated.*

1. ¿Cuánto tiempo hace que Carla conoció a Juan Antonio?

   a. 10 meses

   b. 1 mes

   c. 10 días

   d. 1 día

2. ¿Cuánto tiempo hace que Juan Antonio invitó a Carla a salir por primera vez?

   a. 11 meses

   b. 10 meses

   c. 9 meses

   d. 8 meses

3. ¿Cuánto tiempo hace que Juan Antonio conoció a los padres de Carla?

   a. 10 meses

   b. 1 mes

   c. 10 días

   d. 1 día

4. ¿Cuánto tiempo hace que Juan Antonio invitó a Carla a ser su esposa?

   a. lo hizo anoche

   b. hace 1 día

   c. hace 10 días

   d. hace 1 mes

5. ¿Cuánto tiempo hace que Carla sabe que Juan Antonio ya no la ama?

   a. hace 1 día

   b. hace 1 semana

   c. hace 1 mes

   d. hace 10 meses

Escuchemos un poco más

¡Otro delito! *Los señores Maldonado son víctimas de un robo. Ahora están en la estación de policía contando lo que ocurrió. Escucha su conversación con un policía. Luego indica si las oraciones que siguen son **ciertas (C)** o **falsas (F)**. La conversación se repetirá.*

1.	**C**	**F**	Los señores Maldonado estaban en su coche cuando ocurrió el robo.
2.	**C**	**F**	El ladrón les dijo: «O su dinero o la vida.»
3.	**C**	**F**	El señor Maldonado perdió casi $300 y todas sus tarjetas de crédito.
4.	**C**	**F**	El ladrón se despidió cortésmente de sus víctimas.
5.	**C**	**F**	Los señores Maldonado le dijeron al policía que el ladrón era muy alto y que tenía ojos negros.

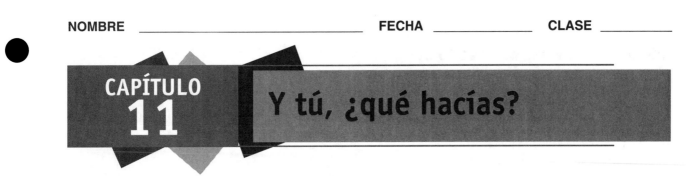

CAPÍTULO 11

Y tú, ¿qué hacías?

Paso 1

En preparación

11.1 Imperfect of regular verbs

Talking about past events

A. Nostalgia de la niñez. *Francisco Blanco is now a prominent, but overworked lawyer in San José, Costa Rica. As he works 16-hour days, he thinks back to how wonderful summers were when he was a boy. Listen to his reminiscences and then match each person with his or her role in Francisco's childhood. The narration will be repeated.*

_____ 1. Su hermano mayor...

_____ 2. Los clientes de su padre...

_____ 3. Su mamá...

_____ 4. Sus tíos...

_____ 5. Francisco y sus amigos...

_____ 6. El padre de Francisco...

a. invitaban a toda la familia a su casa a pasar el domingo.

b. llevaba a Francisco a la playa.

c. tenía una tienda de ropa.

d. iban al cine cuando hacía mucho calor.

e. lo saludaban cuando estaba en la tienda.

f. hacía ensaladas maravillosas con los vegetales de su jardín.

B. ¡Cómo cambiamos con los años! *Listen to Lidia Carrasco talk about how her family has changed over the years. Then choose either the present or the imperfect of the verb in each sentence below, according to what you hear. The narration will be repeated.*

1. La familia de Lidia (vive / vivía) en la ciudad.

2. Su padre (trabaja / trabajaba) en un banco.

3. Su madre (se queda / se quedaba) en casa con los cinco hijos.

4. La abuela de Lidia (trabaja / trabajaba) de dependiente.

5. Lidia (piensa / pensaba) cambiar de profesión.

11.2 Uses of the imperfect

Talking about what we used to do

A. La escuela primaria. *While cleaning the basement, María Luisa found an essay she had written in elementary school. Listen as she reads it and then summarize it by completing the sentences below with the imperfect tense of the verbs used in her essay. The composition will be repeated.*

1. Los amigos de María Luisa la _____ Mari.

2. María Luisa _____ a su mamá todos los días.

3. María Luisa siempre _____ que hacer la tarea antes de mirar la televisión.

4. Los fines de semana María Luisa _____ a jugar con su amiga Pepita.

5. Cuando María Luisa escribió esta composición, su hermano menor _____ cuatro años.

6. Su hermano era tan malo que a veces María Luisa _____ más a su perrito que a su hermano.

B. ¡Hogar, dulce hogar! *Life on one's own is not always easy. Listen as Enrique complains about all the things he has to do now to take care of himself. In each case, complete the sentences below with the imperfect tense of the verb you hear to find out who used to do those things when he lived at home. The sentences will be repeated.*

1. Antes la _____ mi mamá.

2. Antes las _____ mi papá.

3. Cuando vivía en casa, la _____ mis padres.

4. Cuando vivía en casa, _____ mi mamá.

5. Antes, todos nosotros _____ la casa.

11.3 Imperfect of *ser, ir,* and *ver*

Describing how you used to be, where you used to go, what you used to see

A. Nos interesa el béisbol tanto como antes. *Magali's family has always loved baseball. Complete the sentences below with the correct imperfect form of **ser, ir,** or **ver** to show that they do the same things now that they did when she was a child. The sentences will be repeated.*

> **MODELO** You hear: El béisbol es muy especial para nosotros.
> You write: También cuando yo era niña, el béisbol **era** muy especial para nosotros.

1. También cuando yo era niña, _____ a un partido de béisbol todos los fines de semana.

2. También cuando yo era niña, mis hermanos y yo _____ muy aficionados al deporte.

3. También cuando yo era niña, los Yanquis _____ nuestro equipo favorito.

4. También cuando yo era niña, siempre _____ a los Yanquis cuando jugaban en nuestra ciudad.

5. También cuando yo era niña, nuestros padres _____ con nosotros.

B. Trabajo social. *You and a fellow social worker are interviewing a child who is having trouble in school. Your colleague tells you what you need to know. Rephrase your colleague's statements as questions, using the imperfect tense, as in the model. The statements will be repeated.*

> **MODELO** You hear: Es necesario saber si este chico era muy rebelde.
> You write: ¿**Eras** muy rebelde?

1. ¿_____ a todas tus clases?

2. ¿_____ mucho la tele?

3. ¿En qué materias _____ bueno?

4. ¿_____ a casa después del colegio?

5. ¿_____ a tus amigos todos los días?

Escuchemos un poco más

Ah, los niños. *Mercedes le cuenta a su padre sobre lo que ocurrió entre ella y su hermanito Ricardo. Escucha su conversación y luego indica si las oraciones que siguen son **ciertas (C)** o **falsas (F)**. La conversación se repetirá.*

1.	C	F	El problema era que Ricardo le dio golpes a Mercedes.
2.	C	F	Mercedes y Marcela estaban en la iglesia.
3.	C	F	Ricardo traía una pistola de agua.
4.	C	F	Los golpes continuaron hasta que llegó la madre de los chicos.
5.	C	F	El padre de Mercedes no la perdonó.

Paso 2

En preparación

11.4 Preterite and imperfect: Completed and continuous actions

Describing completed actions and actions in progress in the past

A. Explicaciones. *Pedro has an excuse for everything he didn't do. Listen to his father's questions, which will be followed by a cue. Then complete Pedro's answers below, using either the preterite or imperfect tense, as appropriate. The questions and cues will be repeated.*

> **MODELO** You hear: ¿Por qué no compraste sellos? (tener)
> You write: No **tenía** dinero.

1. _____ de ver una película.

2. _____ demasiado calor.

3. _____.

4. No _____ el número.

5. _____ demasiado tarde.

B. ¿Por qué no viniste? *Maruja is trying to explain why she didn't attend her friend's party last night. Complete her explanation as you hear it read. Her story will be repeated.*

Yo **(1)** _____ a salir cuando me llamó una amiga por teléfono. Ella me dijo que **(2)** _____

ayuda urgentemente. Estaba sola y se sentía muy enferma. **(3)** _____ en seguida a su casa. Cuando

la vi le dije que a mí me parecía que **(4)** _____ ir al hospital. La llevé al hospital en mi coche

y **(5)** _____ con ella toda la noche. No regresé a casa hasta esta mañana. **(6)**_____

tanto sueño que me acosté en seguida y dormí unas tres horas.

11.5 Preterite and imperfect: Beginning/end and habitual/customary actions

Describing the beginning or end of actions and habitual past actions

A. ¡Maldita computadora! *Listen as a friend tells you what happened last night while he was working on a term paper. Circle **C** if each action listed below was a completed action and **P** if the action was in progress. The narration will be repeated.*

C	P	1.	trabajar en la computadora
C	P	2.	sonar el teléfono
C	P	3.	contestarlo

C   P   4. nadie decir nada

C   P   5. regresar a la computadora

C   P   6. haber un corte de electricidad

C   P   7. tratar de recuperar el trabajo

C   P   8. no haber nada en la memoria

B. Alejandro el mecánico. *Listen to Alejandro tell about how he became a mechanic. Complete his story as he tells it to you. The story will be repeated.*

De niño, siempre **(1)** _____ con coches de juguete. Cuando me ofrecían regalos,

nunca **(2)** _____ un animal de peluche. Me interesaban solamente los coches y otras

máquinas. A los dieciséis años me compraron mi primer coche y me **(3)** _____

más estudiar el motor que manejar. Pasaba mucho tiempo en el garaje arreglando los coches de mis amigos. Fui a la

universidad, donde **(4)** _____ derecho y me hice abogado. Conseguí un empleo muy

bueno y ganaba mucho dinero, pero siempre pensaba en la felicidad que tenía cuando **(5)** _____

motores. Un día, decidí cambiar de vida. Les dije en la oficina que me **(6)** _____ .

Con el dinero que tenía en el banco **(7)** _____ un taller. Ahora me dedico a los

coches como mecánico profesional. Tengo las manos sucias, pero el corazón contento.

Escuchemos un poco más

Y más excusas... *Abelardo está hablando con su profesor de la tarea. Escucha su conversación y luego marca la letra de la frase que mejor complete cada oración. La conversación se repetirá.*

1. Abelardo no terminó la tarea para la clase de informática porque...

    a. no había electricidad.

    b. su computadora estaba enchufada.

    c. el autobús que va al centro de informática nunca llegó.

    d. Todas estas respuestas.

2. En casa de Abelardo no tuvieron electricidad por...

    a.   un día.

    b.   una noche.

    c.   veinte minutos.

    d.   Ninguna de estas respuestas.

3. Cuando Abelardo llegó al centro de informática de la universidad...

    a.   su profesor le pidió la tarea.

    b.   estaba cerrado.

    c.   cancelaron las clases porque no había electricidad.

    d.   Todas estas respuestas.

4. El profesor insistió en que Abelardo...

    a.   no tenía la culpa porque no funcionó su computadora.

    b.   debía hacer la tarea para el día siguiente.

    c.   tenía que organizarse mejor en el futuro.

    d.   Ninguna de estas respuestas.

5. El profesor...

    a.   perdonó a Abelardo.

    b.   no aceptó la excusa de Abelardo.

    c.   decidió darle un examen a Abelardo.

    d.   decidió que Abelardo no tenía la culpa.

Paso 3
En preparación
11.6 Present perfect
Talking about what people have or haven't done

A. ¡Qué vacaciones! *Mrs. Alvarado is very nervous because the family is supposed to fly to Costa Rica on vacation today and nobody is ready. Listen to her complaints. Then complete the summary of her story below with the present perfect of the appropriate verbs. The story will be repeated.*

1. hacer / comprar

    Jorge no _____ la maleta.

2. cerrar / arreglar

    El padre no _____ una ventana.

3. encontrar / comprar

La hija no _____ un traje de baño.

4. sacar / poner

La madre no _____ dinero del banco.

5. traer / llevar

Nadie _____ el perro.

B. Una vida nueva. *Your friends have already begun implementing recommendations for a healthier lifestyle. Complete the following sentences with the appropriate verb in the present perfect to tell how things have changed. The statements will be repeated.*

> **MODELO** You hear: Todos debemos comenzar una nueva vida.
> You write: Ya **hemos comenzado** una nueva vida.

1. Ya _____ de fumar.

2. Ya _____ a dieta.

3. Ya _____ una bicicleta.

4. Ya _____ a comer bien.

5. Ya _____ miembros de un gimnasio.

Escuchemos un poco más

Unas vacaciones en Costa Rica. *Tomás y Fabiola Salas están de vacaciones en Costa Rica. Regresan a los Estados Unidos en dos días y están hablando de todo lo que han hecho y lo que les falta por hacer. Escucha su conversación y luego indica cuál de las posibilidades que aparecen a continuación contesta mejor las preguntas. La conversación se repetirá.*

1. ¿Cuánto tiempo han estado Tomás y Fabiola en Costa Rica?

   a. Cinco días.

   b. Un poco más de una semana.

   c. Casi una semana.

2. ¿Cuándo van a regresar a los Estados Unidos?

   a. El viernes.

   b. El miércoles.

   c. En una semana.

3. ¿Adónde van a hacer una excursión el jueves?

    a.   Al Teatro Nacional.

    b.   Al Museo de Oro.

    c.   Al volcán Poas.

4. ¿A quién no le ha escrito Tomás?

    a.   A la madre de Fabiola.

    b.   A su madre.

    c.   A unos amigos.

5. ¿A quién no le ha comprado un regalo Fabiola?

    a.   A su madre.

    b.   A la madre de Tomás.

    c.   A Jaime y Josefina.

CAPÍTULO 12 — ¡Qué vacaciones!

Paso 1

En preparación

12.1 Future tense of regular verbs

Talking about the future

A. ¡Fama y dinero! *Complete the paragraph below to find out what Martín Vega's future plans are. The paragraph will be repeated.*

Yo **(1)** _____ en junio de la universidad. **(2)** _____

el verano en Europa, y después empezaré mis estudios en la facultad de derecho. En enero mi novia y yo nos

(3) _____. Viviremos en un apartamento. Después de terminar nuestros

estudios de derecho, los dos seremos abogados. Ella **(4)** _____ para una

empresa privada y yo, para el gobierno. Compartiremos todas las responsabilidades. Reuniremos un poco de dinero

y nos **(5)** _____ una casa bonita. Nuestros padres nos **(6)** _____

con frecuencia. Creo que nuestra vida será muy agradable.

B. Planes. *Listen to Carlos talk about what he would like to do in the future. Circle the letter of the sentences below that best describe what he will do. The sentences will be repeated.*

1. a. Volverán de los Estados Unidos.

   b. Conocerán a unos centroamericanos.

   c. Viajarán por los Estados Unidos.

2. a. Estudiará derecho.

   b. Consultará con un abogado.

   c. Dejará su práctica legal.

3. a. Buscaré mi propio apartamento.

   b. Mis padres vivirán conmigo en mi casa.

   c. Seguiré viviendo con mis padres.

4. a.   Les prestaré dinero a mis padres.

    b.   Pediré un préstamo en el banco.

    c.   Pagaré los estudios sin problema.

5. a.   Carlos ayudará a sus padres.

    b.   Los padres de Carlos no le ayudarán.

    c.   Los padres de Carlos le darán dinero.

12.2 Future tense of verbs with irregular stems

Talking about the future

A. Tranquilízate. *Your friend Mari Carmen is concerned about a number of things. Listen to her concerns. Then reassure her in each case that everything will be all right by completing your responses with the future tense of the appropriate verb. Her statements will be repeated.*

> **MODELO** You hear: ¿Por qué no me llama Alicia?
> You write: No te preocupes. Pronto **te llamará.**

1. No te preocupes. Pronto _____.

2. No te preocupes. Pronto _____.

3. No te preocupes. Pronto _____.

4. No te preocupes. Pronto _____.

5. No te preocupes. Pronto _____.

B. La cena del año. *The Figueroas are having dinner guests and everything seems to be going wrong. Listen to Mrs. Figueroa's problems, each of which will be followed by a cue. Then complete the sentences below with the future tense of the verbs given in the cue. Her statements will be repeated.*

1. No sabe si _____ para preparar la comida.

2. No sabe si Juan Pedro _____ la sala.

3. No sabe si los Michelena _____ o no.

4. No sabe cuándo Ana María _____.

5. No sabe quién _____ a comprar flores.

Escuchemos un poco más

Planes para una fiesta. *Teresa quiere dar una fiesta y habla de sus planes con su amiga Corazón. Escucha su conversación y luego contesta las preguntas que siguen. La conversación se repetirá.*

1. ¿Qué tipo de fiesta quiere hacer Teresa?

_____

2. ¿Para quién quiere hacer la fiesta?

_____

3. ¿De qué va a estar cansado el padre de Teresa?

_____

4. ¿Qué va a pedir Corazón?

_____

5. ¿Qué va a hacer Corazón?

_____

Paso 2
En preparación
12.3 Conditional of regular and irregular verbs
Stating what you would do

A. ¡Lotería! *Some students are talking about what they would do if they won the lottery. Complete the sentences below to find out how they would spend the money. The comments will be repeated.*

1. Yo me _____ unas vacaciones fabulosas de un mes. _____

    un viaje alrededor del mundo.

2. Yo no _____. _____ todo el dinero en una cuenta

    de ahorros.

3. Yo _____ de estudiar inmediatamente. Probablemente no _____

    tampoco.

4. Yo _____ todo el dinero. Con poca suerte, _____

    millonario en unos cuantos años.

5. Yo _____ el dinero con mis familiares. De esa manera, nadie en la familia

    _____ que trabajar.

6. Yo _____ un contrato para trabajar en una película. Y si no me lo quisieran dar,

    ¡_____ la empresa!

B. Conversando a la hora del almuerzo. *A group of employees is having lunch together. Listen to their conversation. Then match the items in columns A and B to tell what they would do if they were elected president of Peru. The conversation will be repeated.*

	A		**B**
_____	1. Ana María...	a.	desarrollaría los recursos naturales.
_____	2. Alfredo...	b.	eliminaría la pobreza.
_____	3. Isabel...	c.	pediría dinero a los Estados Unidos.
_____	4. Carlos...	d.	invertiría todos los ahorros.
_____	5. Susana...	e.	crearía mucho empleo.

Escuchemos un poco más

¿Vas a Cuzco? *Lorenza y Angelita, dos viudas* (widows) *peruanas, están de paseo y se encuentran en la Plaza de Armas en Lima. Escucha su conversación. Luego contesta las preguntas a continuación. La conversación se repetirá.*

1. En tu opinión, ¿qué edad tiene Angelita?

   _____

2. ¿Dónde vive la hija de Angelita?

   _____

3. ¿Quién está en casa de la hija de Angelita?

   _____

4. Según Lorenza, ¿qué derecho tiene Angelita?

   _____

5. ¿Qué dice Lorenza que haría?

   _____

6. Si Angelita visita a su hija, ¿cómo podrá ayudarla?

   _____

Paso 3

En preparación

12.4 *Tú* commands: A second look

Requesting, advising, and giving orders to people

A. ¿Podrías decirme...? *A friend wants you to meet him at the* **Iglesia de San Antón.** *Draw a line on the map below according to his directions. The directions will be repeated.*

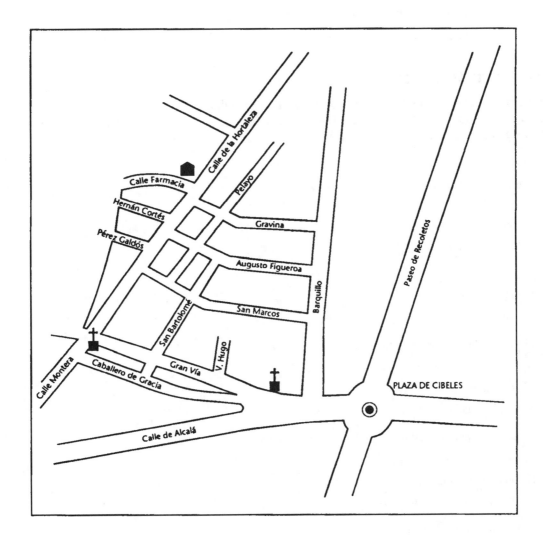

B. Empacando. *Before leaving on vacation, Lupita phones her husband, Álvaro, to ask him to finish the packing. Unfortunately, she gets a bad connection. Check off which commands Lupita gives her husband. The phone conversation will be repeated.*

Travel vocabulary

bolso *purse, pocketbook*	gafas de sol *sun glasses*	máquina de afeitar *electric shaver*
cepillo de dientes *tooth brush*	jabón *soap*	pasaporte *passport*
champú *shampoo*	maleta *suitcase*	pasta dental *toothpaste*

1. _____ a. Busca la libreta roja.

   _____ b. Busca la maleta roja.

2. _____ a. Saca mi cepillo de dientes.

   _____ b. No hables con mis parientes.

3. _____ a. Baja mi bolso.

   _____ b. Pon mis gafas de sol al lado de mi bolso.

4. _____ a. No olvides mi pasaporte.

   _____ b. Sal con el reporte.

Escuchemos un poco más

Unas vacaciones «fenomenales». *Alberto y Lola siguen hablando de las vacaciones de las muchachas. Escucha su conversación y luego indica cuál de las posibilidades que aparecen a continuación contesta mejor las preguntas. La conversación se repetirá.*

1. ¿Adónde invita Alberto a Lola?

   a. A estudiar en la biblioteca.

   b. A un café.

   c. A comer.

2. Según Lola, ¿qué debe hacer ella?

   a. Estudiar.

   b. Ir a clase.

   c. Tomar un refresco.

3. ¿Qué ha decidido Lola no hacer nunca más?

   a. Viajar a Perú.

   b. Visitar Arequipa.

   c. Viajar con Chela.

4. ¿Qué hizo Chela para molestar a Lola durante sus vacaciones?

   a. Repitió «fenomenal» demasiado.

   b. Habló constantemente.

   c. Las respuestas **a** y **b** son correctas.

5. ¿Qué sospechaba Alberto?

   a. Que el viaje de las chicas fue fenomenal.

   b. Que el viaje de las chicas no fue tan bueno como decían.

   c. Que Lola y Chela están organizando otro viaje.

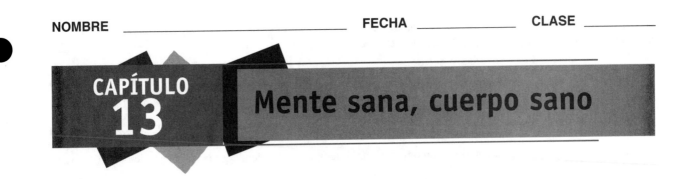

CAPÍTULO 13 — Mente sana, cuerpo sano

Paso 1

En preparación

13.1 Present subjunctive: Theory and forms

Giving advice and making recommendations

A. ¡Cuídate! *What advice do parents give their sons and daughters when they go off to college? Listen to the advice these Panamanian parents give their children who are attending the **Universidad de Panamá**. Then select the best completion for each sentence below. The advice will be repeated.*

1. La mamá insiste en que su hijo...

   a. coma bien.

   b. duerma más.

   c. estudie más.

2. El padre aconseja que su hija...

   a. corra todos los días.

   b. estudie todos los días.

   c. escriba todos los días.

3. La madre prefiere que sus hijos...

   a. no beban muchas bebidas alcohólicas.

   b. beban bebidas alcohólicas con moderación.

   c. no beban bebidas alcohólicas.

4. La mamá quiere que su hija...

   a. les escriba.

   b. les llame por teléfono.

   c. les visite con frecuencia.

5. El padre le pide a su hija...

   a. que los visite con frecuencia.

   b. que los invite con frecuencia.

   c. que los llame con frecuencia.

B. Un entrenador muy exigente. *As you listen, complete the soccer coach's advice to his players at the* **Universidad de Panamá.** *The paragraph will be repeated.*

Insisto en que ustedes **(1)** _____ un buen desayuno. Hay muchas posibilidades,

pero, por ejemplo, sugiero que **(2)** _____ huevos y salchicha. El jugador de

fútbol tiene que estar en forma. Por esa razón pasamos tanto tiempo ayer haciendo gimnasia y ejercicios aeróbicos.

Quiero que **(3)** _____ los ejercicios que les expliqué todos los días. También

les aconsejo que **(4)** _____ a correr por la mañana, antes de desayunar. Y les repito

algo muy importante. Insisto en que no **(5)** _____ porque no hay nada más

peligroso para la salud de un atleta. Y no olviden que somos un equipo y que tenemos que aprender a jugar juntos.

Por eso insisto en que **(6)** _____ a las prácticas todos los días.

13.2 Subjunctive with expressions of persuasion
Persuading

A. ¡Anímate! *Your Panamanian friend is having a difficult semester and asks you for some advice. Indicate what you would suggest in each case. The questions and statements will be repeated.*

1. Es una buena idea. Recomiendo que...
   a. ayudes a un tutor.
   b. estudies con un tutor.
   c. estudiemos con un tutor.

2. La solución es fácil. Recomiendo que...
   a. no estudies en la biblioteca.
   b. estudies en la biblioteca.
   c. estudies en tu cuarto.

3. Eso no está bien. Aconsejo que...
   a. coman tres buenas comidas diarias.
   b. coma tres buenas comidas diarias.
   c. comas tres buenas comidas diarias.

4. Escúchame. Insisto en que...
   a. vayas a la fiesta conmigo.
   b. lleves tus libros a las fiestas.
   c. vengas a estudiar a mi cuarto.

5. Recomiendo que...
   a. hables con tus profesores.
   b. hable con tus profesores.
   c. hablen con tus profesores.

B. ¡Sí, doctora! *Serafina Sánchez, a student at the **Universidad de Panamá,** complains of having no energy and of having gained weight. Listen to the advice her doctor gives her. Then select the sentence below that summarizes what the doctor tells her to do. The doctor's advice will be repeated.*

1. La doctora le recomienda a Serafina que...

   a. siga fumando con moderación.

   b. no fume más de una cajetilla de cigarrillos al día.

   c. no fume.

2. La doctora insiste en que Serafina...

   a. no beba alcohol.

   b. beba sólo cerveza.

   c. no coma tantas calorías.

3. La doctora sugiere que Serafina...

   a. coma una pizza al mes, nada más.

   b. no coma postres.

   c. coma verduras y frutas.

4. La doctora le aconseja a Serafina que...

   a. no haga tantos ejercicios.

   b. vea más televisión.

   c. haga ejercicios.

5. La doctora recomienda que Serafina...

   a. deje de comer carne de res.

   b. coma un bistec todos los días.

   c. no coma tanto pescado.

Escuchemos un poco más

Para la buena salud. *Escucha estos anuncios en Radio Panamá. Luego indica si el consejo es bueno o malo para la salud. Los anuncios se repetirán.*

1. bueno   malo   4. bueno   malo

2. bueno   malo   5. bueno   malo

3. bueno   malo

Paso 2

En preparación

13.3 *Usted* and *ustedes* commands

Telling people what to do or not to do

A. ¡Vamos, arriba! *To keep in shape, Serafina Sánchez is watching* **Richard Simmons en español** *on TV in Panama City. Listen to a sample workout and then circle below which commands were actually given. The workout instructions will be repeated.*

1. a. Corran rápido por la habitación. b. Corran rápido en su lugar.

2. a. Estiren el cuerpo. b. Estiren las piernas.

3. a. Levanten las rodillas. b. Levanten las manos.

4. a. Doblen dos veces la cintura. b. Doblen diez veces la cintura.

5. a. Tómense el pulso. b. Tómense la temperatura.

B. Teleadicto. *Complete this couch potato's advice for attaining his level of physical fitness. The advice will be repeated.*

A mí me parece que la vida ideal es la vida sin esfuerzo. Escúcheme bien y voy a decirle cómo relajarse totalmente.

Primero, **(1)** _____ una cerveza bien fría. No se preocupe en buscar un vaso —es

mejor beber de la botella. **(2)** _____ la tele y siéntese cómodamente en el sofá. Para

cambiar de un canal a otro, **(3)** _____ solamente el control remoto. Si empieza a

tener hambre, levántese y **(4)** _____ al refrigerador. Si usted es un buen

teleadicto, el refrigerador estará lleno de helado. **(5)** _____ un plato de helado y

mire un partido de fútbol en la tele. Verá que el espectador se cansa menos que el jugador. Después,

(6) _____ una siesta. Creo que le hará mucho bien.

C. Dar su sangre. *A student at the* **Universidad de Panamá** *goes to give blood for the first time. Listen to the nurse's instructions and rephrase them below, using* **usted** *commands. The nurse's instructions will be repeated.*

> **MODELO** You hear: Usted tiene que completar este formulario.
> You write: **Complete** este formulario.

1. _____ en la sala de espera.

2. _____ y _____ la mano al dar la sangre.

3. _____ la cabeza entre las piernas.

4. _____ 15 minutos.

5. _____ jugo de fruta antes de salir.

13.4 *Ojalá* and present subjunctive of irregular verbs

Expressing hope

A. Deseándole suerte. *Ligia and Ramón, students at the **Universidad Santa María la Antigua,** are talking about their friend José who wants to date Daniela, a student at the **Universidad de Panamá.** As Ligia mentions what the problems are, Ramón expresses the hope that things will be all right. Complete his sentences below. Ligia's statements will be repeated.*

1. Ojalá que Simón lo _____.

2. Ojalá que Daniela _____ bien.

3. Ojalá que _____ una buena película.

4. Ojalá que Daniela no _____.

5. Ojalá que _____ posible.

B. Preocupado por su salud. *A Panamanian friend of yours who worries about his health is going to the doctor because he has a slight fever and a cough. Listen to his health concerns and complete the paragraph below. The narration will be repeated.*

Siempre estoy muy preocupado cuando tengo que ir al médico. Ahora tengo fiebre. Quizás **(1)** _____

algo muy grave. No sé qué pensar. Ojalá que yo no **(2)** _____ muy enfermo. A veces los

síntomas más comunes indican un problema muy serio. Si estoy muy mal, el médico me va a recetar unos

antibióticos muy fuertes que me van a poner peor. Ojalá que no me **(3)** _____ nada tan

fuerte. ¿Y qué pasa si tengo cáncer o algo peor? Tal vez el médico no **(4)** _____ lo que

tengo. Si me dice eso, me voy a deprimir. Quizás no **(5)** _____ a ver al médico. El remedio

puede ser peor que la enfermedad.

Escuchemos un poco más

Un entrenador estricto. *Escucha al entrenador que habla con el equipo de fútbol de la Universidad de Panamá. Luego indica si las oraciones que siguen son ciertas (C) o falsas (F). La narración se repetirá.*

1.   C   F   El entrenador cree que no van a tener mucha competencia este año.

2.   C   F   El entrenador insiste en que no coman mucha pasta ni carne.

3.   C   F   El entrenador pregunta si los jugadores comprenden las reglas.

4.   C   F   Los jugadores no deben acostarse muy tarde.

5.   C   F   Al entrenador no le gustó el chiste de Rodríguez.

Paso 3

En preparación

13.5 Subjunctive with expressions of emotion

Expressing emotion

A. ¡Pobrecito! *Pablo tells us about his brother Ignacio, who is overweight and on a rigid diet. As you listen to Pablo tell how Ignacio is doing, complete the following paragraph. The narration will be repeated.*

Mi hermano Ignacio está a dieta. Toda la familia siente mucho que **(1)** _____ que

pasar por esto, pero mis padres se alegran de que **(2)** _____ a dieta. Todos sus

compañeros esperan que **(3)** _____ perder el peso sin problema. Él también teme

que **(4)** _____ a aumentar de peso tan pronto como deje la dieta. Pero ahora

Ignacio tiene que concentrarse en perder el peso. Su novia viene todos los días y habla con él. Yo me alegro mucho

de que ella **(5)** _____ con frecuencia. Ignacio se pone muy contento cuando está

ella y se olvida de que está a dieta.

B. ¡Estoy muerta! *Listen to the conversation between Lourdes and Dino as they talk about their exercise class. Then indicate whether the sentences below are* **cierto (C)** *or* **falso (F)**. *The conversation will be repeated.*

1.	C	F	Al principio, Lourdes teme que no vaya a poder continuar en la clase de ejercicio.
2.	C	F	Dino espera poder continuar también.
3.	C	F	Lourdes se alegra de que la clase sea sólo de media hora.
4.	C	F	Lourdes cree que la entrenadora sabe lo cansados que están.
5.	C	F	Los dos quieren continuar con la clase.

13.6 Subjunctive with impersonal expressions

Expressing opinions

A. ¡Fanáticos de estar en forma! *Raúl, a Panamanian exchange student, is very curious about Americans' desire to be in shape. Listen to each of his opinions about this topic and then paraphrase it by completing the corresponding sentence below. Indicate in each case whether you* **agree (A)** *or* **disagree (D)** *with Raúl. His opinions will be repeated.*

A   D   1. Es verdad que los estadounidenses _____ fanáticos de estar en forma.

A   D   2. Es obvio que todos los estadounidenses _____ dos o tres veces a la semana.

A   D   3. No es lógico que los estadounidenses se _____ todo el tiempo haciendo ejercicio.

A   D   4. Es increíble que _____ ejercicio hasta que mueran.

A   D   5. Es una pena que mucha gente no _____ al mediodía para tener tiempo para hacer ejercicio.

B. No necesitas bajar de peso. *Luis Alfredo is lecturing his friend Andrea about Andrea's intention to try to lose ten kilos in a month. Listen to what Luis Alfredo says and indicate whether the statements below are **cierto (C)** or **falso (F)**. The narration will be repeated.*

1.	C	F	Es ridículo que Andrea quiera bajar diez kilos en un mes.
2.	C	F	Es evidente que Andrea es demasiado gorda.
3.	C	F	No es necesario que Andrea consulte con un médico.
4.	C	F	Será necesario que Andrea llame a un entrenador antes de empezar.
5.	C	F	Según Luis Alfredo, es probable que Andrea no necesite bajar de peso.

Escuchemos un poco más

¿Qué hacemos el sábado? *Eduardo y su novia Melisa están de vacaciones en la Ciudad de Panamá. Ahora están hablando de lo que van a hacer el sábado. Escucha su conversación y luego elige la respuesta que mejor complete las oraciones que siguen. La conversación se repetirá.*

1. Eduardo invita a Melisa a...
   a. un partido de fútbol.
   b. ver una película.
   c. un club deportivo.

2. Melisa prefiere...
   a. ir al cine.
   b. ir al club deportivo.
   c. mantenerse en forma.

3. Eduardo quiere...
   a. ir al cine, luego al club deportivo.
   b. ir al club deportivo, luego al cine.
   c. ni ir al cine ni al club deportivo.

4. Es probable que... la película que Eduardo quiere ver.
   a. sea aburrida
   b. no sea hasta la semana próxima
   c. no puedan conseguir entradas para verla

5. Al final, Melisa sugiere...
   a. que se queden en casa.
   b. que vayan a ver otra película menos popular.
   c. que consigan boletos para otro día.

CAPÍTULO 14 — ¡Qué partido!

Paso 1

En preparación

14.1 Subjunctive with expressions of doubt, denial, and uncertainty

Expressing doubt, denial, and uncertainty

A. Tomás el incrédulo. (Doubting Thomas.) *When friends are sitting at the **Universidad de Camagüey** cafeteria having a cup of coffee and chatting, you can always count on Tomás to add a note of doubt to what they are talking about. Complete the sentences below to find out what Tomás's reservations are.*

1. Dudo que _____ fáciles.

2. No creo que _____ bistec.

3. Es poco probable que te _____ una beca *(scholarship).*

4. Yo dudo que _____ sol.

5. Es posible que yo no _____ ir.

B. ¿Cómo va a salir esta fiesta? *Consuelo, a student at the **Universidad de La Habana,** is giving a birthday party for her Colombian roommate María Elena. She is worried now that the party is not going to be very successful. As she explains why, complete the paragraph below. The explanation will be repeated.*

Estoy segura que la fiesta que planeé para el sábado **(1)** _____ a ser un desastre. María Elena

me dijo que llegaban hoy sus parientes de Bogotá y que tiene que pasar el fin de semana con ellos. Dudo que ella

(2) _____ venir. Juan Luis tiene que estudiar y es poco probable que **(3)** _____ .

José Antonio iba a tocar la guitarra en la fiesta, pero se rompió el brazo jugando fútbol y es evidente que no

(4) _____ a tocar. Y mi amiga Bárbara, que pensaba ayudarme a preparar la comida, se

enfermó ayer y no puede venir. ¡Es increíble que **(5)** _____ todas estas cosas en el peor

momento posible! No sé lo que voy a hacer. Creo que **(6)** _____ cancelar la fiesta e ir al cine.

¿Qué crees tú?

Paso 2

En preparación

14.2 Subjunctive in adjective clauses

Referring to unfamiliar persons, places, and things

A. Después de la universidad. *A group of seniors at the **Universidad de La Habana** is sitting around discussing what kind of jobs they would like to get after graduation. Listen to each one and then indicate if the corresponding sentence below is **cierto (C)** or **falso (F)**. The descriptions will be repeated.*

---

1. **C** **F**   Esta chica quiere un empleo donde pueda utilizar sus conocimientos de lenguas extranjeras.

---

2. **C** **F**   Este chico quiere un empleo que empiece muy temprano.

---

3. **C** **F**   Esta chica quiere un trabajo que no tenga mucha responsabilidad.

---

4. **C** **F**   Este muchacho va a buscar un trabajo que pague mucho dinero, aun si le quita todo su tiempo.

---

5. **C** **F**   Esta muchacha desea encontrar un trabajo que la lleve a otros países.

B. A trabajar. *The Rendón family needs more money, so Mrs. Rendón is looking for a part-time job in **La Habana**. Since she has a lot of responsibilities at home, the job must fulfill certain requirements. Listen carefully and complete her description of the type of job she is looking for. The description will be repeated.*

Espero que sea posible encontrar un trabajo que me **(1)** _____ ocuparme de mis hijos. Tengo

tres: la mayor está en su último año de la escuela secundaria, el segundo tiene doce años y el menor tiene diez.

Necesito un puesto que me **(2)** _____ salir a las dos de la tarde. Voy a buscar una oficina que

(3) _____ cerca de mi casa y un jefe que **(4)** _____ simpático. Si encuentro un

trabajo que me guste, tanto mejor, pero lo más importante para mí es estar disponible si me necesitan mis hijos.

¿Conoce usted a alguien que **(5)** _____ ayudarme a conseguir tal empleo?

Escuchemos un poco más

Un partido que nunca se olvidará. *Acaba de terminar el partido de béisbol entre los Azucareros de Camagüey y las Avispas de La Habana en el campeonato regional. Escucha los comentarios del famoso comentarista deportivo Horacio Jiménez. Luego, selecciona la frase que mejor complete las oraciones que se encuentran que siguen. El comentario se repetirá.*

1. El comentarista Jiménez afirma que...

    a. ganaron los Azucareros.

    b. fue fantástico el partido.

    c. Paquito Sánchez es el mejor jugador de los Azucareros.

2. Momentos después del jonrón espectacular marcado por Paquito Sánchez, las Avispas...

    a. perdieron el juego.

    b. hicieron dos goles.

    c. empataron con los Azucareros.

3. En el último inning los Azucareros marcaron _____ jonrones.

    a. cinco

    b. dos

    c. tres

4. En el último inning las Avispas marcaron _____ jonrones.

    a. cinco

    b. dos

    c. tres

5. Al final, el comentarista Jiménez dice que...

    a. las Avispas van a tener que mejorar su defensa.

    b. los Azucareros ganaron cuatro a tres.

    c. este partido fue uno de los más impresionantes del siglo.

Paso 3

En preparación

14.3 Subjunctive in adverb clauses

Stating conditions

A. Tengo ganas de cambiar de trabajo. *Ramón is complaining to his wife Romelia about his job. Listen to their conversation and then indicate whether the statements below are **cierto (C)** or **falso (F)**. The conversation will be repeated.*

1.	C	F	La empresa donde trabaja Ramón gana poco dinero.
2.	C	F	Ramón ha empezado a estudiar los clasificados.
3.	C	F	Ramón piensa dejar su puesto antes de que le ofrezcan otro.
4.	C	F	Romelia es muy optimista respecto a la situación.
5.	C	F	Ramón piensa en todas las cosas que puede comprar si consigue un nuevo trabajo.

B. Día de limpieza. *Elena and one of her roommates, Laura, are planning their day of housekeeping. Listen to their plans and then indicate if the statements below are **cierto (C)** or **falso (F)**. Their conversation will be repeated.*

1.	C	F	Laura y Elena tienen que limpiar su apartamento hoy.
2.	C	F	Laura va a lavar los platos.
3.	C	F	Las chicas invitaron a unos amigos a almorzar mañana.
4.	C	F	Las chicas deciden salir a comprar ropa por la tarde.
5.	C	F	Es probable que las chicas no hagan los quehaceres domésticos esta tarde.

Escuchemos un poco más

¡Viene mamá a visitar! *Angelita, la madre de Esmeralda, viene a visitar a Esmeralda y su esposo Gerardo en Guantánamo. Ahora Gerardo y su esposa hablan de los preparativos que tienen que hacer. Escucha su conversación y luego selecciona la frase que mejor complete cada oración. La conversación se repetirá.*

1. Gerardo y Esmeralda acaban de mudarse...

   a. a la casa del papá de Gerardo.

   b. a una casa nueva.

   c. a la casa de la mamá de Esmeralda.

2. Antes de llegar su visita, Gerardo y Esmeralda tienen que comprar...

   a. una casa nueva.

   b. una cama nueva.

   c. un carro nuevo.

3. Gerardo espera que le paguen por un trabajo...

   a. que ya hizo.

   b. que va a hacer.

   c. que hará por *La Prensa*.

4. A Esmeralda le gustaría comprar...

   a. ropa nueva.

   b. muebles nuevos.

   c. toda la comida para la semana que viene.

5. Eduardo cree que Esmeralda quiere...

   a. ahorrar su dinero.

   b. gastar sólo una parte de su dinero.

   c. gastar todo su dinero y mucho más.

Manual de laboratorio
Answer Key

PARA EMPEZAR

Paso modelo

En preparación

P.1 *Tú* and *usted* and titles of address

Addressing people

A. 1. tú
2. usted
3. usted

4. tú
5. tú

B. 1. b   2. c   3. c   4. a   5. c

P.2 The Spanish alphabet and pronunciation

Spelling

A. 1. ACUÑA
2. PADILLA
3. PANTOJA

4. LEYVA
5. VALDEZ

B. 1. Juanita Montoya

2. Javier Santiago

Escuchemos un poco más

1. informal
2. formal
3. informal

4. informal
5. ambos

Dictado

1. el apretón de manos
2. el abrazo
3. el beso

CAPÍTULO 1

Pronunciación

Diptongos

A. 1. ND   2. D   3. ND   4. ND   5. ND   6. D   7. D   8. ND

B. 1. ue   2. ui   3. ie   4. eu   5. ue

Silabeo

A. 1. te - lé - fo - no
2. sa - lu - dos
3. e - lla

4. ca - pi - tal
5. cu - ba - no
6. a - me - ri - ca - na

B. 1. des - pe - di - da
    2. us - ted
    3. doc - tor

    4. en - can - ta - do
    5. can - tan - te
    6. im - por - tan - te

C. 1. e - jem - plo
    2. ex - tran - je - ro
    3. pro - fe - so - ra

    4. ha - blar
    5. i - gle - sia
    6. re - pú - bli - ca

D. 1. le - ón
    2. te - a - tro
    3. ca - no - a

    4. mu - se - o
    5. po - e - ta
    6. i - de - a

E. 1. gra - cias
    2. dí - a
    3. a - diós

    4. tin - to - re - rí - a
    5. a - vión
    6. sué - ter

Paso 1

En preparación

1.1 Subject pronouns and the verb *ser:* Singular forms

Clarifying, emphasizing, contrasting, and stating origin

A. 1. Paco
    2. Pablo
    3. Elena

    4. Lupita
    5. Antonio
    6. Gloria

B. 1. Profesor
    2. Estudiante
    3. Estudiante

    4. Profesor
    5. Profesor
    6. Estudiante

1.2 Gender and number: Articles and nouns

Indicating specific and nonspecific people and things

A. 1. **unos** libros
    2. **una** mochila
    3. **un** bolígrafo

    4. **unos** cuadernos
    5. **una** calculadora
    6. **un** lápiz

B. 1. El   2. Los   3. La   4. El   5. Las   6. Los

1.3 Adjectives: Singular forms

Describing people, places, and things

A. 1. El professor
    2. Teresa
    3. Tomás
    4. Teresa
    5. Teresa

    6. Tomás
    7. El profesor
    8. El profesor
    9. El profesor
    10. Tomás

B. 1. Mujer
    2. Mujer
    3. Hombre

    4. Mujer
    5. Hombre
    6. Hombre

Escuchemos un poco más

A. 1. C   2. F   3. F   4. C   5. C

B. 1. Carlos—Ecuador
2. Elena—Chile
3. Jorge—Uruguay

4. Lupe—Colombia
5. Yolanda—Paraguay
6. Patricio—Perú

Paso 2

En preparación

1.4 Infinitives

Naming activities

1. leer
2. ir (de compras)
3. preparar

4. escribir
5. hablar

1.5 Subject pronouns and the verb *ser:* Plural forms

Stating origin of several people

A. 1. ellos
2. ellos
3. nosotras

4. ellas
5. nosotros
6. nosotros

B. 1. F   2. C   3. C   4. F   5. C   6. C   7. F   8. F

1.6 Gender and number: Adjectives

Describing people

A. 1. Yolanda y Paco
2. Paco
3. Yolanda y Paco
4. Yolanda

5. Yolanda y Paco
6. Paco
7. Yolanda y Paco

B. 1. buenos
2. conservadora
3. divertida

4. trabajadores
5. aburrido
6. interesante

Escuchemos un poco más

A. 1. a   2. b   3. a   4. c   5. a

B. 1. F   2. C   3. F   4. C   5. F

C. 1. Lupe—ver la tele
2. Carlos—estudiar
3. Anita—nadar y bailar

4. Pablo—bailar y escuchar música
5. Roberto—comer
6. Ana—ver la tele y leer

Paso 3

En preparación

1.7 Present tense of -ar verbs

Stating what people do

A. 1. mira
2. prepara
3. mira
4. busca
5. estudia
6. necesita

B. 1. yo—llamar a un amigo
2. nosotros—mirar la tele
3. Papá—preparar la cena
4. Pepito y yo—bailar en el patio
5. yo—no estudiar
6. Mamá—comprar refrescos

C. 1. necesito
2. estudio
3. estudiamos
4. miro
5. preparo

1.8 The verb ir

Stating destination and what you are going to do

1. Gilberto—pasar el día con unos amigos
2. Tina—escribir cartas
3. Tú y Carmen—mirar la tele
4. Yo—banco
5. Nosotros—estudiar en la biblioteca
6. Carlos y Roberto—preparar la cena

Escuchemos un poco más

A. 1. c   2. c   3. a   4. b   5. b

B. 1. F   2. C   3. C   4. C   5. C

C. 1. F   2. F   3. F   4. C   5. C

Dictado

1. escuchar música popular
2. hablar por teléfono
3. ir de compras

CAPÍTULO 2

Pronunciación

Acentuación

A. 1. <u>tar</u> - des
2. <u>gran</u> - de
3. o - <u>ri</u> - gen
4. pro - fe - <u>so</u> - ra
5. ca - pi - <u>ta</u> - les
6. <u>pa</u> - dre
7. <u>no</u> - ches
8. se - ño - <u>ri</u> - ta

B. 1. bus - <u>car</u>
2. es - pa - <u>ñol</u>
3. mu - <u>jer</u>
4. a - mis - <u>tad</u>

5. ac - <u>triz</u>
6. in - te - lec - <u>tual</u>
7. li - ber - <u>tad</u>
8. sen - ti - men - <u>tal</u>

C. 1. ca - fé
2. fran - cés
3. Jo - sé
4. a - le - mán

5. na - ción
6. lá - pi - ces
7. Pé - rez
8. sim - pá - ti - co

Paso 1
En preparación
2.1 Present tense of *-er* and *-ir* verbs
Stating what people do

A. 1. decide
2. vende
3. vive
4. abre

5. llega
6. necesita
7. Escribe
8. va

B. 1. trabajo
2. Aprendo
3. compartimos
4. vende
5. trabajamos

6. leo
7. escribo
8. vivo
9. salimos
10. comemos

Escuchemos un poco más

A. 1. c   2. f   3. d   4. b   5. e   6. a

B. 1. c   2. e   3. b   4. f   5. a   6. d

C. 1. C   2. F   3. F   4. F   5. C   6. C

Paso 2
En preparación
2.2 Numbers 0–199
Counting, solving math problems, and expressing cost

A. 1. a   2. c   3. a   4. b   5. b

B. 1. c   2. b   3. c   4. a   5. b

2.3 Possessive adjectives
Indicating ownership

A. 1. su   2. sus   3. mi   4. su   5. nuestra   6. mis

B. 1. Mis   2. Nuestra   3. Su   4. Nuestro   5. Su

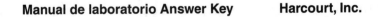

2.4 Three irregular verbs: *Tener, salir, venir*

Expressing obligations, departures, and arrivals

A. 1. b   2. a   3. c   4. a   5. b   6. c

B. 1. salimos
2. salgo
3. tengo
4. vienes

5. tenemos
6. tenemos
7. salimos

Escuchemos un poco más

1. c   2. b   3. c

Paso 3

En preparación

2.5 Telling time

Stating at what time things occur

A. 1. C   2. C   3. F   4. F   5. F

B. 1. en la cafetería
2. en el trabajo
3. en una oficina

4. en una clase
5. en una clase
6. en el trabajo

2.6 Days of the week, months, and seasons

Giving dates and stating when events take place

1. el veinte de junio
2. diez de noviembre
3.   el seis de enero

4. el veinte de marzo
5. el veinticinco de diciembre
6. el catorce de febrero

2.7 Verbs of motion

Telling where people are going

A. 1. c   2. c   3. a   4. b   5. b

B. 1. regresan a casa
2. sale a Europa
3. vienen a nuestra casa

4. va al supermercado
5. salgo al aeropuerto
6. llegan a Los Ángeles

Escuchemos un poco más

Autobuses del norte

Autobús	Salidas	Destino	Días
#50	**10:00**	Ponce	l m^a m j v s
#13	**12:00**	Ponce	l m^a m j v s
#79	**16:30**	Ponce	l m^a m j v s
#3	11:30	Ponce	**d**
#81	17:30	Ponce	**d**
#32	**10:30**	Arecibo	m^a j
#16	**15:40**	Arecibo	m^a j
#90	**13:15**	Mayagüez	**l m^a j v s**

CAPÍTULO 3
Pronunciación

Las letras *b, v*

1. H   2. S   3. H   4. S   5. H   6. S

Más acentos

A. 1. se / ño / ri / ta
2. te / lé / fo / no
3. a / me / ri / ca / no
4. Mé / xi / co
5. za / pa / tos
6. re / ser / va / ción

B. 1. sa / <u>lu</u> / dos
2. sim / <u>pá</u> / ti / co
3. in / for / ma / <u>ción</u>
4. res / tau / <u>ran</u> / te
5. pos / ter / <u>gar</u>
6. o / pe / ra / <u>do</u> / ra

C. 1. pa / ga / mos
2. dó / la / res
3. fran / ce / ses
4. es / pec / tá / cu / lo
5. mú / si / ca
6. ca / len / da / rio

Paso 1
En preparación
3.1 The verb *estar*
Giving location and indicating change

A. 1. estamos
2. estamos
3. está
4. estás
5. Estoy
6. estamos
7. está

8. está
9. Está
10. estamos
11. está
12. estás
13. estoy

B. 1. están
2. está
3. están

4. está
5. Está

3.2 Interrogative words
Asking questions

A. 1. Cuántas
2. Dónde
3. Cómo

4. Adónde (Cuándo)
5. Quiénes
6. Cuándo

B. 1. b 2. c 3. a 4. a 5. c

Escuchemos un poco más

1. b 2. c 3. a 4. c

Paso 2
En preparación
3.3 Present progressive tense
Describing what is happening now

A. 1. Está saliendo
2. Están trabajando
3. Está escribiendo

4. Estoy comiendo
5. Estamos tomando

B. 1. a 2. c 3. c 4. b 5. a

3.4 Superlatives
Stating exceptional qualities

A. 1. a 2. c 3. a 4. c 5. a

B. 1. Buenísima.
2. Grandísima.
3. Simpatiquísimas.

4. Riquísima.
5. Contentísimos.
6. Altísimo.

Escuchemos un poco más

    1. b   2. c   3. c   4. a   5. b

Paso 3
En preparación

3.5 *Ser* and *estar* with adjectives

Describing attributes and indicating changes

A. 1. es
     2. están
     3. estamos

    4. es
    5. están
    6. son

B. 1. Estoy
     2. Son
     3. Es

    4. es
    5. Está
    6. está

3.6 The verb *gustar*

Talking about something you like or dislike

A. 1. Le gusta
     2. Les gustan
     3. Les gusta

    4. Te gustan
    5. Me gusta

B. 1. No. No me gustan.
     2. No. No me gusta.
     3. No. No me gusta.
     4. No. No me gustan.
     5. No. No me gusta.

Escuchemos un poco más

    1. C   2. F   3. C   4. F   5. C   6. F

CAPÍTULO 4
Pronunciación

La letra *d*

    1. D   2. TH   3. D   4. TH   5. TH   6. D   7. TH   8. TH

Las letras *r, rr*

    1. R   2. RR   3. RR   4. R   5. RR   6. R   7. R   8. RR

Paso 1

En preparación

4.1 Demonstrative adjectives

Pointing out specific people, places, events, or things

A.
1. Este; Ese
2. Este; Ese
3. Esas; Estas
4. Esos; Estos
5. Esta; Esa

B.
1. ese
2. esta
3. Esa
4. esta
5. Esas

4.2 Present tense of *e* > *ie* and *o* > *ue* stem-changing verbs

Describing activities

A.
1. Quiero
2. puede
3. Quiere
4. almuerza
5. Prefiere
6. vuelvo
7. podemos
8. Pienso
9. Prefiero

B.
1. entienden
2. encuentran
3. cuesta
4. Prefieren
5. Cierran

Escuchemos un poco más

1. Paco
2. Rosa
3. Rosa
4. Paco
5. Rosa
6. Guardia
7. Paco
8. Guardia

Paso 2

En preparación

4.3 Numbers above 200

Counting and writing checks

A. 1. b   2. a   3. c   4. c   5. a

B. 1. c   2. a   3. a   4. c   5. b

4.4 Comparisons of equality

Stating equivalence

A.
1. tantas casas como
2. tan inteligente como
3. tanto como
4. tan larga como
5. tantas corbatas como

B. 1. tan bonitas como
    2. tantas universidades como
    3. tan elegante como

    4. tanto como
    5. tantos lugares bonitos como

Escuchemos un poco más

1. c   2. a   3. a   4. d   5. c

Paso 3
En preparación

4.5 Idioms with *tener*

Expressing feelings, obligations, and age

A.   __4__ Tiene miedo.   __1__ Tiene hambre.

        __6__ Tiene suerte hoy.   __3__ Tiene prisa.

        __2__ Tiene frío.   __5__ Tiene razón

B. 1. Tengo sed
    2. no tengo frío
    3. Tengo hambre

    4. no tengo prisa
    5. tengo sueño
    6. tengo suerte

4.6 Preterite of *ir, ser, poder,* and *tener*

Narrating in past time

A. 1. F   2. C   3. C   4. F   5. F

B. 1. pude
    2. tuve
    3. fue

    4. fueron
    5. fuimos

Escuchemos un poco más

1. C   2. C   3. F   4. F   5. F

CAPÍTULO 5
Pronunciación

Las letras *j, g*

1. G   2. J   3. G   4. J   5. G   6. G   7. G   8. J

Paso 1

En preparación

5.1 Adverbs of time

Expressing time and frequency

A. 1. c   2. a   3. b   4. a   5. a

B. 1. b   2. c   3. c   4. c

5.2 Prepositions

Describing the position of things

A. 1. a   2. c   3. b   4. b   5. a

B. 1. F   2. F   3. C   4. F   5. C

Escuchemos un poco más

1. b   2. c   3. b   4. c

Paso 2

En preparación

5.3 *Ser* and *estar:* A second look

Describing people and things and telling time

A.
1. es
2. Es
3. está
4. son
5. está
6. estoy

B.
1. es
2. es
3. son
4. están
5. está
6. estoy

Escuchemos un poco más

1. a   2. c   3. a   4. c

Paso 3

En preparación

5.4 Comparisons of inequality

Comparing and contrasting

A.
1. alto
2. menor
3. mayor
4. mayor

B. 1. menos
2. más

3. más
4. menos

5.5 *Por* and *para:* A first look

Expressing direction and means

A. 1. a   2. b   3. b   4. a

B. 1. Para
2. por
3. por
4. por

5. por
6. Para
7. para

Escuchemos un poco más

1. c   2. b   3. d   4. a   5. b

CAPÍTULO 6

Paso 1

En preparación

6.1 Preterite of regular verbs

Providing and requesting information about past events

A. 1. C   2. C   3. F   4. F   5. C

B. 1. b   2. c   3. a   4. c   5. b

Escuchemos un poco más

1. C
2. F El sospechoso confesó el crimen.
3. F Anunció que pronto van a saber qué causó el accidente.
4. C
5. F El equipo de Antigua era el favorito.

Paso 2

En preparación

6.2 Preterite of verbs with spelling changes

Describing in past time

A. 1. llegué
2. llegó
3. Comenzó

4. comencé
5. saqué

B. 1. leímos
2. jugué
3. empecé

4. Llegué
5. ofrecí

Escuchemos un poco más

1. b   2. c   3. a   4. c

6.3 Preterite of *estar, decir,* and *hacer*
Narrating about the past

A. 1. estar   4. decir
2. hacer   5. estar
3. estar   *Nombre:* Abraham Lincoln

B. 1. Fueron   4. hice
2. dijiste   5. Estuvimos
3. hizo

6.4 The Pronoun *se:* Special use
Making announcements

A. 1. a   2. b   3. a   4. b   5. a

B. 1. no se alquilan   4. no se preparan
2. no se reparan   5. no se compran
3. no se busca

Escuchemos un poco más

1. F La exhibición del Popol Vuh es en la Biblioteca Nacional.
2. F Norma y Eduardo no van a la exhibición porque ya son las siete y la biblioteca cierra a las siete y media.
3. C
4. F Los Quetzales tienen un equipo terrible.
5. C

CAPÍTULO 7
Paso 1
En preparación

7.1 Direct-object nouns and pronouns
Agreeing and disagreeing, accepting and refusing

A. 1. a   2. c   3. d   4. c   5. d

B. 1. lo   4. te
2. la   5. las
3. los; los

7.2 Irregular *-go* verbs
Telling what people do, say, or hear

A. 1. él   4. yo
2. nosotros   5. ellas
3. ellas

B. 1. Esteban
   2. Julieta
   3. Mamá

   4. Papá
   5. Roberto
   6. Esteban

Escuchemos un poco más

   1. c   2. d   3. a   4. b   5. a

Paso 2
En preparación

7.3 Present tense of *e* > *i* stem-changing verbs
Stating what people do

A. 1. d   2. b   3. a   4. c

B. 1. digo
   2. Sigo
   3. sirven

   4. pido
   5. repito
   6. consigues

Escuchemos un poco más

   1. F No es la primera vez.
   2. C
   3. F Dice que va a buscarla a las seis.
   4. C

Paso 3
En preparación

7.4 Review of direct-object nouns and pronouns
Referring to people and things indirectly

A. 1. c   2. c   3. a   4. b   5. b

B. 1. la   2. te   3. las; las   4. los   5. te; la

7.5 The verbs *saber* and *conocer*
Stating what you know and who or what you are acquainted with

A. 1. sé
   2. conozco
   3. sé

   4. conozco
   5. sé

B. 1. conoce
   2. sabe
   3. sabe

   4. conoce
   5. sabe

Escuchemos un poco más

   1. d   2. b   3. c   4. b

CAPÍTULO 8

Paso 1

En preparación

8.1 Indirect-object nouns and pronouns

Stating to whom and for whom people do things

A. 1. a mí

2. a ti

3. a nosotros

4. a ustedes

5. a mí

B. 1. nos   2. te   3. Te   4. Nos   5. Te

8.2 Review of *gustar*

Talking about likes and dislikes

A. 1. Le gusta

2. Les gustan

3. Les gusta

4. Te gustan

5. Me gusta

B. 1. Sí. Me gustan

2. Sí. Me gusta

3. No. No me gusta

4. Sí. Me gustan

5. No. No me gusta

Escuchemos un poco más

1. c   2. b   3. d   4. b   5. b

Paso 2

En preparación

8.3 Double object pronouns

Referring indirectly to people and things

A. 1. a   2. c   3. b   4. b   5. c

B. 1. se las

2. se lo

3. se los

4. se los

5. te la

6. te los

Escuchemos un poco más

1. F   2. C   3. F   4. F   5. C

Paso 3

En preparación

8.4 Review of *ser* and *estar*

Describing, identifying, expressing origin, giving location, and indicating change

A. 1. es
2. es
3. está

4. está
5. es
6. están

B. 1. F　2. F　3. C　4. C　5. C

8.5 The verb *dar*

Telling what people give

A. 1. doy　2. damos　3. dan　4. da　5. das

B. 1. Le di　2. Les dieron　3. Me dieron　4. Le di　5. Te di

Escuchemos un poco más

1. F　2. C　3. C　4. C　5. F

CAPÍTULO 9

Paso 1

En preparación

9.1 Weather expressions

Talking about the weather

A. 1. c　2. b　3. b　4. a　5. a
B. 1. F　2. C　3. F　4. F　5. F

9.2 *Mucho* and *poco*

Expressing indefinite quantity

1. b　2. a　3. a　4. a　5. a

Escuchemos un poco más

Hoy	El resto de la semana
cielo sin nubes	cielos con nubes
35 a 37° C	35 a 37° C
poco viento	poco viento
no va a llover	lluvia

Paso 2

En preparación

9.3 Reflexive verbs

Talking about what people do for themselves

A. 1. verano
2. invierno
3. verano

4. invierno
5. invierno
6. verano

B. 1. b   2. b   3. a   4. c   5. c

Escuchemos un poco más

1. E   2. D   3. D   4. E   5. D   6. E   7. D   8. D   9. E   10. D

Paso 3

En preparación

9.4 *Por* and *para:* A second look

Explaining how, when, why, and for whom things are done

1. por
2. por
3. para
4. para

5. por
6. por
7. para
8. Para

9.5 Affirmative *tú* commands

Giving orders and directions

A. 1. Lee (Estudia)
2. Escribe
3. Escucha

4. Aprende
5. Ve

B. 1. haz
2. ve
3. báñate

4. ven
5. vístete

Escuchemos un poco más

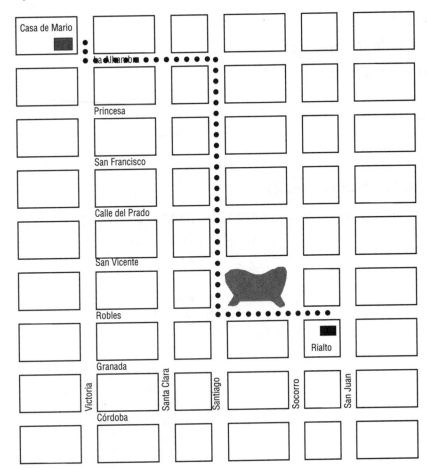

CAPÍTULO 10

Paso 1

En preparación

10.1 Adverbs derived from adjectives

Expressing how an event happened

1. románticamente
2. increíblemente
3. constantemente
4. totalmente
5. afortunadamente

Escuchemos un poco más

1. Inmediatamente
2. cuidadosamente
3. calmadamente
4. cortésmente
5. precisamente
6. detalladamente

Paso 2

En preparación

10.2 Irregular verbs in the preterite

Describing what already occurred

A. 1. salimos
2. puse
3. quiso
4. anduvo
5. trajo
6. pudimos

B. 1. F   2. C   3. C   4. F   5. C

10.3 Negative and indefinite expressions

Denying information and referring to nonspecific people and things

A. 1. Nunca
2. Nadie
3. Ninguno
4. nunca; nada
5. nadie

B. 1. alguna vez
2. Alguien
3. algún
4. alguna
5. algunos

Escuchemos un poco más

1. Graciela
2. Graciela
3. los bomberos
4. Pedro Aranda
5. don Francisco
6. la hija de los Aranda
7. los señores Aranda
8. Lorena

Paso 3

En preparación

10.4 Preterite of stem-changing *-ir* verbs

Talking about past events

A. 1. F   2. C   3. F   4. F   5. F

B. 1. murió
2. consiguió
3. persiguieron
4. se rieron
5. se vistió

C. 1. el esposo
2. el esposo
3. la esposa
4. el esposo
5. la esposa
6. la esposa

10.5 *Hacer* in time expressions

Describing what has been happening

A. 1. dos semanas; llama
2. tres meses; escribe
3. más de un año; paga
4. una semana; va
5. seis días; ve

B. 1. a   2. c   3. b   4. d   5. a

Escuchemos un poco más

1. F   2. C   3. F   4. C   5. F

CAPÍTULO 11

Paso 1

En preparación

11.1 Imperfect of regular verbs

Talking about past events

A. 1. b   2. e   3. f   4. a   5. d   6. c

B. 1. vivía
2. trabaja
3. se quedaba
4. trabajaba
5. piensa

11.2 Uses of the imperfect

Talking about what we used to do

A. 1. llamaban
2. ayudaba
3. tenía
4. salía
5. tenía
6. quería

B. 1. lavaba
2. pagaba
3. compraban
4. cocinaba
5. limpiábamos

11.3 Imperfect of *ser, ir,* and *ver*

Describing how you used to be, where you used to go, what you used to see

A. 1. íbamos
2. éramos
3. eran
4. veíamos
5. iban

B. 1. Ibas
2. Mirabas
3. eras
4. Ibas
5. Veías

Escuchemos un poco más

    1. F   2. F   3. C   4. C   5. F

Paso 2
En preparación

11.4 Preterite and imperfect: Completed and continuous actions

Describing completed actions and actions in progress in the past

A. 1. No tenía ganas
     2. Hacía
     3. Estaba enfermo

     4. sabía
     5. Era

B. 1. iba
     2. necesitaba
     3. Fui

     4. debía
     5. me quedé
     6. Tenía

11.5 Preterite and imperfect: Beginning/end and habitual/customary actions

Describing the beginning or end of actions and habitual past actions

A. 1. P   2. C   3. C   4. P   5. C   6. C   7. C   8. P

B. 1. jugaba
     2. pedía
     3. gustaba
     4. estudié

     5. arreglaba
     6. iba
     7. abrí

Escuchemos un poco más

    1. a   2. c   3. b   4. c   5. b

Paso 3
En preparación

11.6 Present perfect

Talking about what people have or haven't done

A. 1. ha hecho
     2. ha arreglado
     3. ha comprado

     4. ha sacado
     5. ha llevado

B. 1. han dejado
     2. se ha puesto
     3. se ha comprado

     4. he vuelto
     5. nos hemos hecho

Escuchemos un poco más

    1. b   2. a   3. c   4. c   5. b

CAPÍTULO 12

Paso 1

En preparación

12.1 Future tense of regular verbs

Talking about the future

A.
1. me graduaré
2. Pasaré
3. casaremos
4. trabajará
5. compraremos
6. visitarán

B. 1. c 2. a 3. a 4. b 5. c

12.2 Future tense of verbs with irregular stems

Talking about the future

A.
1. vendrá
2. la hará
3. saldré (a comprarlos)
4. podrán venir (vendrán)
5. te lo dirá

B.
1. tendrá tiempo
2. podrá ordenar
3. vendrán (podrán venir)
4. pondrá la mesa
5. saldrá (podrá salir)

Escuchemos un poco más

1. Quiere hacer una fiesta de bienvenida.
2. La fiesta es para sus padres.
3. Va a estar cansado de la comida peruana.
4. Va a pedir una torta.
5. Va a hacer unos entremeses especiales.

Paso 2

En preparación

12.3 Conditional of regular and irregular verbs

Stating what you would do

A.
1. tomaría; Haría
2. viajaría; Pondría
3. dejaría; trabajaría
4. invertiría; sería
5. compartiría; tendría
6. firmaría; compraría

B. 1. b 2. e 3. a 4. c 5. d

Escuchemos un poco más

Answers may vary.

1. Es una persona mayor, de unos cincuenta o sesenta años.
2. La hija vive en Cuzco/Lucma.

3. El padre del esposo de su hija está allí.
4. Tiene tanto derecho de visitar a su hija como el padre de Gerardo.
5. Dice que llamaría a una agencia de viajes y que haría una reservación en el próximo vuelo.
6. Podría ayudar con los niños.

Paso 3

En preparación

12.4 *Tú* commands: A second look

Requesting, advising, and giving orders to people

A.

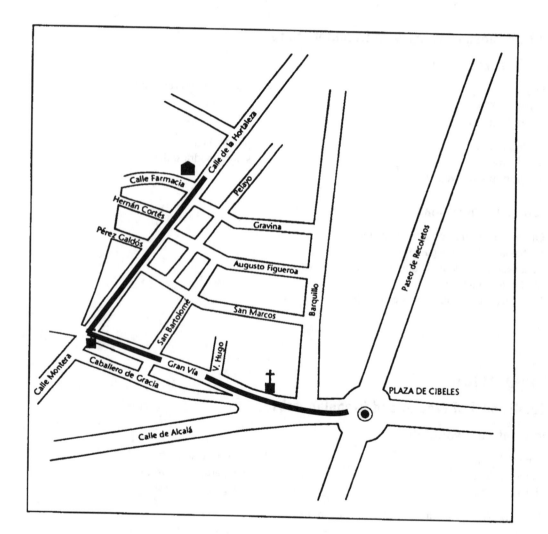

B. 1. b   2. a   3. b   4. a

Escuchemos un poco más

1. b   2. a   3. c   4. c   5. b

CAPÍTULO 13

Paso 1

En preparación

13.1 Present subjunctive: Theory and forms

Giving advice and making recommendations

A. 1. a   2. b   3. c   4. a   5. c

B. 1. tomen
2. desayunen
3. hagan
4. salgan
5. fumen
6. vengan

13.2 Subjunctive with expressions of persuasion

Persuading

A. 1. b   2. b   3. c   4. c   5. a

B. 1. c   2. a   3. b   4. c   5. a

Escuchemos un poco más

1. bueno   2. bueno   3. malo   4. malo   5. bueno

Paso 2

En preparación

13.3 *Usted* and *ustedes* commands

Telling people what to do or not to do

A. 1. b   2. a   3. a   4. b   5. a

B. 1. abra
2. Ponga
3. use
4. camine
5. Coma
6. duerma

C. 1. Espere
2. Abra; cierre
3. Ponga
4. Descanse
5. Tome

13.4 *Ojalá* and present subjunctive of irregular verbs

Expressing hope

A. *Answers may vary.*

1. sepa
2. esté
3. den (sea / haya)
4. vaya
5. sea

B. 1. sea   4. sepa
2. esté   5. vaya
3. dé

Escuchemos un poco más

1. F   2. F   3. C   4. C   5. C

Paso 3

En preparación

13.5 Subjunctive with expressions of emotion

Expressing emotion

A. 1. tenga   4. empiece
2. esté   5. venga
3. pueda

B. 1. C   2. C   3. F   4. F   5. C

13.6 Subjunctive with impersonal expressions

Expressing opinions

A. 1. son   4. hagan
2. corren   5. coma
3. pasen

B. 1. C   2. F   3. F   4. F   5. C

Escuchemos un poco más

1. c   2. a   3. b   4. c   5. a

CAPÍTULO 14

Paso 1

En preparación

14.1 Subjunctive with expressions of doubt, denial, and uncertainty

Expressing doubt, denial, and uncertainty

A. 1. (los exámenes) sean   4. haga
2. sirvan   5. pueda
3. den

B. 1. va   4. va
2. pueda   5. pasen
3. venga   6. debo

Paso 2

En preparación

14.2 Subjunctive in adjective clauses

Referring to unfamiliar persons, places, and things

A. 1. C   2. F   3. C   4. F   5. C

B. 1. permita
2. permita
3. esté

4. sea
5. pueda

Escuchemos un poco más

1. b   2. c   3. b   4. c   5. c

Paso 3

En preparación

14.3 Subjunctive in adverb clauses

Stating conditions

A. 1. F   2. C   3. F   4. C   5. F

B. 1. C   2. C   3. C   4. F   5. C

Escuchemos un poco más

1. b   2. b   3. a   4. b   5. c